湘潭大学旅游管理国家一流本科专业建设经费
湘潭大学旅游管理国家级特色专业建设经费
国家社科基金项目（17BJY151）资助

农旅融合机制研究
——基于长江经济带粮食主产区的分析

NONGLÜ RONGHE JIZHI YANJIU
——JIYU CHANGJIANG JINGJIDAI LIANGSHI ZHUCHANQU DE FENXI

方世敏◎著

湘潭大學出版社
XIANGTAN UNIVERSITY PRESS

前　言

农业是国民经济发展的基础，旅游业是国民经济的战略性支柱产业。近年来，在乡村振兴战略实施、农业产业升级和全域旅游发展背景下，农业与旅游业融合（后文简称“农旅融合”）衍生出更多旅游产业、现代农业新业态、新模式。农旅融合对产业链延伸、产业结构重塑及产业竞争力的提升具有重要意义。作为我国综合实力最强、战略支撑作用最大的区域之一，长江经济带近年来在积极推进工业化、新型城镇化和农业现代化的同时，农旅融合发展趋势明显，休闲农业与乡村旅游发展势头强劲，但在发展过程中也存在农产品供求结构失衡、要素配置不合理、资源环境压力增大、农民收入持续增长乏力等问题，还呈现出农产品生产与旅游服务产品提供、基本农田保护与旅游建设用地需求、农业生态保护与城镇化建设等一系列冲突，尤其是该区域中受国家主体功能区划限制开发的农产品主产区（涵盖财政部 2003 年认定的“农业主产区”中的“粮食主产区”）与重点开发城市群交叠区域的功能实现呈现矛盾，亟待剖析该类区域农旅融合现象及科学发展的实践问题，从理论上探求农旅融合有效发展机制，从实践上寻求优化策略。因而，本研究立足系统论、自组织理论、产业融合理论、系统动力学理论等相关理论，在梳理农旅融合系统演化过程基础上，透视农旅融合机理，结合融合效率、融合效应及系统动力学分析，探究农旅融合的发展机制和优化对策。

农旅融合系统是农业产业系统和旅游产业系统打破系统边界，通过资源、技术、功能、市场、资本等融合路径而形成的交叉复合系统。本研究基于自组织理论，发现我国农旅融合系统演化共经历两次循环，形成观光农业、休闲农业两个关键节点。农旅融合系统演化受农业产业发展需求、旅游产业强关联性、市场需求、范围经济追求、产业政策、资源环境导向、技术创新、经济发展水平等系统内外部要素的交互作用与非线性影响。

本研究对长江经济带特别是该区域农产品主产区的农业和旅游业发展情况、农旅融合动态演化和农旅融合效应展开实证分析。运用 DEA-BCC 模型和 Malmquist 生产率指数模型对长江经济带农产品主产区中粮食主产区农业效率、旅游效率进行测算和分解；归纳总结长江经济带农旅融合发展历程、现状及主要实体品牌概况；以洞庭湖区典型区域个案，对其农旅融合效率进行评价；此外，以长江经济带粮食主产区六个省域农旅融合效应展开实证分析，揭示农旅融合带来的影响。

鉴于保障粮食安全是国家重大战略，也是财政部 2003 年认定的“农业主产区”“粮食主产区”和《全国主体功能区规划》中“农产品主产区”功能区划的根本要义，本研究深入剖析粮食安全与农旅融合的互动关系。在利用门槛面板回归模型检验乡村旅游对粮食安全影响门槛效应的基础上，构建粮食安全水平与农旅融合发展水平指标体系，运用面板 VAR（Vector Autoregresive，向量自回归）模型分析揭示长江经济带粮食主产区的粮食安全与农旅融合之间的互动关系。

继而，根据系统动力学原理，通过农旅融合系统子系统划分、因果反馈关系与函数关系分析、系统流图设计等步骤构建农旅融合 SD（Systems Dynamics，系统动力学）模型，运用 Vensim PLE 软件进行建模及仿真。选取关键变量作为调控参数，设定多种仿真情景，通过比较不同情景模式下的农旅融合发展状况，揭示农旅融合发展的内在机理和趋势特征，为长江经济带粮食主产区农旅融合发展优化调控提供方向性指引。

最后，基于综合分析结果，从生态意识、融合机制、综合效应、规划引导、粮食安全、保障支撑等六个方面系统提出并阐发长江经济带粮食主产区农旅融合优化建议，为促进农旅有效融合、休闲农业、乡村旅游健康发展提供理论支撑、实践指导及参考借鉴。

值得说明的是，本研究前后历时五年，进行到关键阶段适逢疫情时期，影响了我们在理论研究基础上选择研究区域范围典型样本地展开实地调查，获取一手数据，以便更深入了解地区农业、旅游业和农旅融合发展情况及效应，同时采用回归分析方法展开中微观层面的农旅融合力机制实证分析，从而寻求更实际更可靠研究结论的原计划。我们彷徨一年有余，适时调整研究方案，转而主要采用二手数据，即主要运用从数据库、国家和各省（市）统计局、各类统计年鉴和政府门户网站等获取的二手数据展开分析；同时，鉴于疫情几年对社会经济运行特别是旅游业发展的冲击，结合本研究的目标和重点，本研究量化分析数据搜集截至2019年。另外，本书是在国家社科基金项目（17BJY151）《长江经济带农产品主产区农业与旅游业融合机制研究》研究报告修改完善基础上整理出来的成果，考虑到项目研究报告因篇幅体例等因素限制导致的局限，为方便读者更全面深入了解我们在农旅融合演化机制、农旅融合力、粮食安全与农旅融合发展关系等重要问题上的思考，特以附录形式将作者与研究团队成员合作完成的、于2018—2022年在学术期刊上刊发的主要相关论文一并列入，以求更好地与读者您交流探讨。

目　录

第1章 绪 论

1.1 研究的社会经济背景

1.1.1 产业融合成为发展趋势

21世纪以来，信息技术的发展与进步带来的溢出效应和技术融合，跨国公司的迅猛发展和企业跨产业并购行为的增加，市场需求不断提高并日趋层次化、多元化和享受性，政府放松经济性规则等促进了技术、产品、业务以及市场的融合，使得产业融合成为发展趋势。产业融合是产业发展的内在规律和社会经济发展的共同结果，是现代产业发展和经济增长的新动力。产业融合能够促进产业创新、提升产业竞争力、拓宽产业链、实现价值增值、催生新业态以及推动区域经济一体化和经济全球化发展。同时，生态文明建设战略的贯彻落实、资源节约型和环境友好型“两型社会”建设要求、农村发展不充分以及农业现代化在“四化”中的短板效应，都必然要求农业与其他产业融合发展从而确保农业拓展多功能和落实可持续发展。而旅游产业与其他产业融合创新是调整产品结构拓宽旅游功能、推动旅游产业转型升级、满足新的消费需求和高质量发展的必然要求，也是“双循环”经济发展格局以科技赋能推动旅游信息化和智能化的必然结果。旅游业是具有与其他产业融合开放性和引导性的行业，旅游业与农业的融合发展是解决“三农”问题，实现农业现代化、乡村振兴、城乡一体化发展，以及催生农村新产业新业态的重要推手，也是实现“以农促旅，以旅兴农”发展道路的内在要求。

1.1.2 农旅融合引导性政策纷纷出台

在当前中国经济发展进入新常态，农业发展面临资源环境刚性约束日趋凸显、生产成本持续增加及农业环境污染日益紧张的背景下，国家对如何继续强化农业基础地位、促进农业农村现代化和农旅融合发展给予了充分的重视。2004年至2023年，中共中央、国务院为指导全国“三农”工作，历年均发布中央一号文件，政策主题依次聚焦于：农民增收、农业综合生产能力、社会主义新农村建设、现代农业、农业基础设施建设、农业稳定发展、统筹城乡发展、水利改革发展、农业科技创新、现代农业、农村改革、农业现代化、农业供给侧结构性改革、乡村振兴战略、农业农村优先发展、确保如期实现小康社会、农业农村现代化、全面推进乡村振兴①。可见，实现农业农村现代化是“三农”工作的目标，而“三农”问题的解决可以通过实施乡村振兴战略来实现。2009年提出大力推进旅游与文化、体育、农业等相关产业的融合发展到全域旅游的全面展开；2014年中央农村工作会议提出要大力推动农业产业化发展，促进一、二、三产业融合互动，并在之后的中央一号文件中均强调促进农村“三产融合”，即延长农业产业链和价值链，实现发展方式创新，不断生成新业态、新技术、新模式和合理空间布局。此外，国家对于乡村振兴、“三产融合”等提供土地、财税等大力度的政策，如2017年中央一号文件明确提出“探索建立农业农村发展用地保障机制”。一系列政策的出台表明农旅融合发展已经上升到国家战略地位，探究我国农旅融合发展的机制以及提出相关策略具有重要意义。

1.1.3 休闲农业和乡村旅游寻求高质量发展

自2016年提出“大力发展休闲农业和乡村旅游”，到2019年强调“发展壮大乡村产业，拓宽农民增收渠道”，再到2021年明确提出“构建现代乡村产业体

① 其中2015年和2016年主题均聚焦于“农业农村现代化”，2022年和2023年主题均聚焦于“全面推进乡村振兴”。

系”，“农家乐”、全国农业旅游示范点、民俗村、特色小镇、国家现代农业示范区以及田园综合体的蓬勃发展都显示了休闲农业成为农业和农村经济发展的新亮点。而旅游扶贫占整个扶贫总任务的17%—20%则展示了乡村旅游成为脱贫攻坚与乡村振兴的重要支柱。休闲农业和乡村旅游在加快转变农业发展方式，实现农业提质增效；加大改革创新力度，实现农业现代化；建设生态宜居的美丽乡村；促进农村“三产融合”，加快农民脱贫增收等“三农”工作中具有重要作用，同时也是优化农业和旅游产业结构，实现乡村振兴的重要举措。但休闲农业与乡村旅游发展的过程中也存在规划不合理、效益不明显、基础设施不完善、特色不突出、资源开发与保护矛盾等问题，而根据《全国乡村产业发展规划（2020—2025年）》，在规划期内乡村休闲旅游业优化升级。农业多种功能和乡村多重价值深度发掘，业态类型不断丰富，服务水平不断提升，年接待游客人数超过40亿人次，经营收入超过1.2万亿元。这必然要求未来我国休闲农业和乡村旅游要进入到“提质提量”的阶段，以更好地满足人们日益多元化、多层次的需求，而休闲农业和乡村旅游的高质量发展的关键是农业和旅游业的融合健康发展。

1.1.4 长江经济带农旅融合发展实践具有典型意义

长江经济带主要包括上海、江苏、浙江、安徽、江西、湖北、湖南、重庆、四川、云南、贵州11个省级行政区，区域总面积约占全国的1/5，但人口和生产总值均超过全国的2/5。长江经济带区域具有较强的综合实力，对全国经济社会发展具有重要战略支撑作用，区域生态文明建设状况关乎国家文明兴衰。长江经济带发展是国家发展重大战略，是实现“两个一百年”奋斗目标和中华民族伟大复兴的中国梦重要举措。位于长江经济带中部的洞庭湖区、江汉平原、鄱阳湖生态经济区等，同属于国家主体功能区划的限制开发农产品主产区（涵盖财政部2003年认定的“农业主产区”中的“粮食主产区”）和重点开发城市群交叠功能区域。近年来，该区域在贯彻落实国家长江经济带发展战略，积极推进工业化、新型城镇化和农业现代化的同时，农旅融合发展趋势明显，乡村旅游作为统筹城乡、互动三次产业的重要媒介发展势头强劲，但在发展过程中也存在农产品供求结构失衡、要素配置不合理、资源环境压力大、农民收入持续增长乏力等问题，还呈现出农产品生产与旅游服务产品提供、基本农田保护与旅游建设用地需求、农业生态保护与城镇化建设等一系列矛盾，亟待剖析农旅融合机制及该区域双重功能定位特性条件下农旅融合的发展问题，从理论上探求乡村旅游的农旅融合发展系统、运行机制和科学决策模式，寻求科学的理论指导。

1.2 国内外相关研究动态

1.2.1 农旅融合内涵

国外对农旅融合概念的提法极少，主要关注农业旅游内涵及定义。菲利普（Phillip）等对现有文献中的农业旅游定义进行了澄清和分类，对以往研究中农业旅游、农场旅游、以农场为基础的旅游和乡村旅游等概念进行了辨析，提出农业旅游的特征包括从事农业活动的工作农场、旅游者接触农业活动、旅游者农业体验的真实性。基于这些特征，将农业旅游划分为：① 没有农场的农业旅游（例如，农场遗产景点、基于改建农场的旅游活动）；② 农场、被动接触的农业旅游（例如，户外空间和以前废弃的附属建筑）；③ 农场、间接接触的农业旅游（例如，参观酿酒厂或观看黄油制作示范）；④ 农场、直接接触、舞台化的农业旅游（例如，挤奶牛、牧羊犬展示、牛驱车）；⑤ 农场、直接接触、真实的农业旅游（例如，“WWOOFing”，即有机农场的全球机会）。阿罗约（Arroyo C G），巴比里（Barbieri C），里奇（Rich S R）对已有农业旅游定义进行了解构，发现不一致主要体现在环境类型（例如，农场、任何农业环境）、农业设施或者经历的真实性、所涉及的活动类型（例如，住宿、教育）等三个方面。通过调查密苏里州和北卡罗来纳州农民、居民和教育型经营者三个主要利益相关者对农业旅游定义的看法，发现影响农业旅游的关键要素为“农业环境”“娱乐”“农场”和“教育”；非工作农场提供的活动不是农业旅游；农业旅游包括阶段性或真实的农业活动。弗拉尼根（Flanigan S），布莱克斯托克（Blackstock K），亨特（Hunter C）调查了农业旅游供需双方对“农业旅游”的看法，结果支持早先提出的通过旅游活动是否在农场发生、旅游者参与农业活动的本质联系和旅游者的体验是否是真实的农业活动三个方面区别不同类型的农业旅游。斯泰芬尼德（Streifeneder T）提出农业旅游应以农业为先导，认为真正的农业旅游往往是在一个功能齐全的农场进行的，农业活动优先于旅游活动，并分析了各类利益相关者定义农业旅游时的政治意图和目标，从供需两侧分析了真正的农业旅游所具备的关键要素和特征。蔡斯（Chase L C），斯图尔特（Stewart M），谢林（Schilling B）等从产业分析角度，提出了一个包含核心和外围层以及五类活动的农业旅游概念框架，包括直销、教育、酒店、户外休闲和娱乐。

关于农旅融合的内涵，国内已有不少界定，但各有侧重。总体来说，主要从产业功能拓展、活动要素转变、融合价值影响等视角展开。从产业功能拓展视角，曾磊等认为农业旅游是现代农业功能拓展的最佳载体，赵航在剖析休闲农业这一农旅融合新业态的产业融合特征时，强调农业与旅游产业功能的融合。从农旅融合过程、要素视角，张文建等认为农旅融合的新内涵表现为劳动内容、劳动人群、劳动所在地的转变，并呈现出休闲化、专业化、定制化的新形态。李进军等认为农旅融合是农业与旅游产业在活动、产品和要素等维度的结合与统一。从融合价值影响视角出发，聂磊等认为农旅融合凸显为旅游业对农业系统的造血功能，强调对产业结构、利润增值、产业形式多样化等的影响。此外，还有学者从旅游学科出发研究农旅融合内涵，杨颖等认为旅游业与农业融合的特征是产业边界模糊化、新型产业业态涌现、产品渗透结合、服务增值功能凸显。朱海艳在研究旅游产业融合模式中，将旅游产业融合模式划分为主动、被动与互动融合模式，并验证了旅游业对农业的主动融合，即旅游业与农业融合是旅游服务跨越产业边界，在农业中应用和推广。

1.2.2 农旅融合机理

学界对农旅融合的机理探讨不尽相同。国外关于农业旅游发展机理的研究主要包括两个方面。从微观视角看，研究发现农场特征、相关利益者特征、旅游者需求影响农业旅游的发展。朱（Choo H），帕克（Park D B）根据从韩国196个涉及农业旅游的农场收集的数据，分析发现经营时间长短、员工人数、旅游项目类型、景点的可用性、财务资源的可用性以及商业（或营销）的可用性计划对农业旅游农场的绩效产生积极影响。巴比里（Barbieri C），梅森加（Mshenga P M）研究发现农业旅游企业和所有者特征会影响企业总收入。具体而言，经营时间长短、员工数量和农场面积的增加对业绩有积极影响。农民的年龄与则与总销售额成反比关系。位置、是否是工作农场、经营者是否有商业和营销计划、启动资金来源和企业家的教育水平等特征与这些农场的表现没有显著关系。胡贝尔（Huber M），霍夫施泰特尔（Hofstetter P），霍楚里（Hochuli A）调查了农业旅游的潜在客户和实际客户，从需求驱动视角分析了影响农业旅游的因素，包括舒适度和消费、乡村生活、亲近自然、农场的乐趣和放松、区域产品、简单的住宿，以及美食优惠。从宏观视角看，研究主要从农业旅游可持续发展经济学框架、利益相关者系统、创新等角度剖析农业旅游发展机理。莫托西（Mogomotsi P K）就奥卡万戈三角洲旅游业与农业之间的冲突，基于新制度经济学（NIE）和可持续旅游理论提出了一个新的农业和旅游业可持续发展的框架，以期通过旅游业为奥卡万戈三角洲农村社区带来更好的社会经济效应。迈克吉（McGehee N G）分析了利益相关者作为农业旅游提供者、目的地营销组织（DMO）和农业旅游者的需求和障碍，并开发了一个三方利益相关者互利的模型来解决参与农业旅游系统的动机和需求，为提高农业旅游系统的成功概率提出具体策略。罗曼（Roman M），普鲁斯（Prus P）通过对波兰 81 家个体经营的农业旅游农场创新程度的调查，基于层次聚类法对创新程度进行了分组，证明了创新对农场竞争力及可持续发展的重要性。

国内关于农旅融合机理的研究可概括为四种逻辑：

（1）要素渗透说

旅游业与农业融合使原本各自独立的旅游服务产品和农产品，通过共同的标准束或集合后渗透结为一体。危浪等基于系统动力学模型，研究了农旅融合系统要素之间的关系，发现农业转型发展和旅游消费升级是驱动农业与旅游产业融合的核心动力，市场需求、农业生态保护和政策支持是影响系统模型的重要因素。方世敏等从系统论的角度出发，认为农旅融合的本质是系统内部要素的非线性作用。农业与旅游产业融合系统从无序向有序发展关键在于农业产业发展自身需求、旅游产业强关联性、市场需求、范围经济追求等自组织因素和产业政策、技术创新、经济发展水平、资源环境生态导向等他组织因素之间的非线性相互作用。

（2）产业关联说

旅游业与其他产业的融合是由旅游业关联度高、综合性强的内在本质决定的。产业关联是产业融合的基础，旅游业与农业融合发展形成农业旅游新业态并成为新价值的增长点和动力源。张祝平认为农业和旅游业之间的产业关联性是农旅融合的内在动因。

（3）耦合关系说

产业耦合促进产业融合，并能够保证主要联结部分的融合与子系统时时紧密关联，它在更大空间和更多元素上产生系统优化功能。

（4）共生关系说

旅游对本土农业发展提供了潜在的激励，加强农业和旅游业之间的联系促进了两者共生。农业与旅游业的共生属于差异性产业共生，是不同产业中具有经济联系的业务模块所出现的融合、互动、协调的发展状态。在共生关系理论下，农旅融合需要各利益主体之间通力合作、互惠共生、求同存异。

1.2.3 农旅融合程度

学界已关注农旅融合程度的测评，利用不同的定量分析方法对农旅融合程度进行了研究，包括投入产出法、向量自回归、熵值法、耦合协调、层次分析法等。

（1）投入产出法

从产业关联视角出发，分析了农旅融合的关联融合程度。刘红等通过消耗系数、分配系数分析了江苏省农业和旅游业的产业关联程度，通过影响力系数和感应度系数分析了旅游业对农业的产业波及程度，将其归纳为农业和旅游业的关联融合程度，结果发现两产业之间后向关联强而前向关联弱。

（2）向量自回归模型

基于滞后数据分析农旅产业互动关系。夏杰长等运用向量自回归 VAR 模型、格兰杰因果检验、方差分解分析了中国农业增长对旅游业增长的因果互动关系。林海丽等运用 VAR 模型探析了英国农业与旅游业的互动关系。刘广宇等在运用 VAR 模型分析云南省农旅融合互动关系的基础上，运用共生理论构建了云南省农旅产业融合发展模式。聂磊等运用协整检验、格兰杰因果关系检验、脉冲响应函数分析等计量方法探讨了海南省农旅融合发展的相互关系，发现海南省农业与旅游业相互促进。张红智等采用皮尔斯曼相关系数与VAR模型研究了滨海旅游业与海洋渔业之间的互动关系，发现其产业关联较强且存在长期均衡关系。

(3) 指标体系评价法

通过熵值法、层次分析法等构建农旅融合程度指标体系来测算农旅融合程度。杨歌谣等从产业关联程度、融合新业态和融合发展的经济社会效应三个方面构建了农业与旅游业产业融合程度评价指标体系，采用因子分析和熵值法计算出我国30个省级行政区不同年度的农业与旅游业产业融合综合指数。陈洁采用层次分析法对农业与旅游业的融合度进行评价分析。

(4) 耦合协调模型

测度农旅融合的耦合协调程度。王丽芳运用耦合协调度测度了山西11个地级市农旅融合的程度，并根据农业与旅游业综合评价指数比对农旅融合发展类型进行了划分。王瑞雪等运用耦合协调模型对云南省农旅融合协调情况进行分析，并运用灰色模型进行了预测。王公为以“万里茶道”中国段沿线8省区为例，基于2000—2016年的省际面板数据，运用耦合协调度模型对茶产业和旅游业融合互动发展水平进行了研究。

(5) 其他方法

田晓霞等通过构建修正的自然生态系统种群间的作用关系模型，并运用Maple软件对该模型进行验证，进而判断旅游业与农业整体融合程度。

1.2.4 农旅融合效应

农旅融合效应从反馈机制角度分析农旅融合机制，已有研究涉及经济、社会、生态等方面。

农旅融合带来的经济效应主要体现在产业创新及产业结构优化效应，杨振之提出农业产业化发展与乡村旅游之间的渗透融合能够延伸产业链、优化产业结构、增加产业价值。除此之外，保尾（Yasuo Ohe）分析了日本品牌农产品与旅游业之间的互补共生关系所带来的影响，提出应基于广泛和长期的地方资源管理视角加强地方品牌农产品经济效益与旅游开发之间的互补关系。恩月亚（Njoya E T），尼基塔斯（Nikitas A）评估了塞内加尔农业与旅游业的联系，通过结构路径分析（SPA）发现旅游业可以为农民和当地食品供应链创造需求，从而减少加工食品进口。

农旅融合带来的社会效应主要体现在农民就业、农村减贫、农业社会化服务、消费者购买模式等方面。加西亚·雷蒙（Garcia-Ramon M D），卡诺瓦斯（Canoves G），瓦尔多维诺斯（Valdovinos N）分析了在西班牙农旅融合过程中妇女的角色认知及变化，提出农旅融合能够为农民尤其是妇女创造就地替代农业的就业机会，拓宽收入来源且能维持农村小规模农作方式、保护乡村环境。拉美西斯·蒙胡伦蒙胡伦（Ramseook-Munhurrun P），奈杜（Naidoo P）利用问卷调查方法调查毛里求斯居民对旅游发展的态度，研究发现大多数居民支持该地区的旅游业发展，并认为旅游发展带来了诸多好处。罗文斌从社区居民感知角度出发，以长沙黄兴镇为例，运用因子分析和方差分析法分析了农旅融合对社区居民收入水平、来源及用途，就业趋势及观念等的影响。梁伟军从农户视角出发，对全国5个省级行政区20个村农户进行入户调查，发现在农旅融合之后，农业产业结构从传统产业向多功能发展；农户收入来源得到拓展，增收空间提高；农村生态环境发生了较大改善。杨歌谣等基于中国30个省级行政区数据，通过构建静态和动态面板数据模型验证了农旅融合对农村减贫的积极影响。胡平波等在测度全国农业生态效率的基础上，以地级市中全国休闲农业与乡村旅游示范县个数占所辖县级行政单位个数的占比表征政府支持下的农旅融合水平，以农业生态效率表征农业可持续发展，从国家、区域层面检验了政府支持下的农旅融合对农业可持续发展的促进机制，并剖析了农旅融合水平对农业生产投入要素的影响机制。钟真等基于2016年北京市“三农普”村级数据，发现乡村旅游收入对农业社会化服务收益具有显著正向作用。托雷斯（Torres R），莫姆森（Momsen J H）研究发现将墨西哥坎昆的旅游和农业联结起来有助于实现扶贫旅游目标。布龙（Brune S），诺伦伯格（Knollenberg W），史蒂文森（Stevenson K T）等通过对美国北卡罗来纳州农场的调查分析，发现“农家乐”能够有效地增加消费者购买当地食品的意愿。金姆（Kim S），李（Lee S K），李（Lee D）等的研究证明农业旅游长期来看也会影响消费者未来食品购买模式。

农旅融合带来的生态效应体现在农村景观保护、农村环境等。卢皮（Lupi C），贾乔（Giaccio V），马斯特罗纳迪（Mastronardi L）等在分析意大利旅游农场经济特征的基础上，研究了农业旅游与农村发展之间的关系，认为农业旅游为景观保护和农村发展作出了贡献。翟付顺认为农旅融合发展既存在促进经济发展、提高生活质量、保护环境、带动传统民俗文化复兴等正面效应，也存在污染环境、危害农民权益、消减民俗文化多样性等负面效应。

此外，方世敏等基于社会、经济、生态效应维度建立了农旅融合效应评价指标体系，并用熵值法对南洞庭湖区旅游业与农业融合效应进行了测度。刘佳雪从系统耦合理论入手，利用耦合协调模型对南京江心洲农旅融合的耦合效应进行了实证分析。袁中许从产业互动与要素凝聚理论视角出发，阐述了旅农耦合对农村第一、第三产业分别产生牵动效应和促动发展效应的机理，并基于序列经验数据，运用模型进行了实证分析。

总体来看，农旅融合效应相关研究主要集中在四个方面：一是对农旅融合效应的定性分析，辩证地分析了农旅融合产生的正面和负面效应；二是从社会、经济、生态维度对融合效应进行综合评价分析；三是从当地社区农户视角出发，分析农旅融合带来的“三农效应”；四是从乡村旅游业可持续发展的途径出发，分析旅游业与农业耦合对农村第一、第三产业发展的效应。相关研究为农旅融合效应研究奠定了一定的理论基础。然而，现有研究极少重视农旅融合带来的经济、社会、生态效应之间的耦合协调关系，刘佳雪以南京江心洲为例分析了农业旅游带来的经济社会效应与生态效应两个维度的耦合效应，但其未将经济效应与社会效应剥离开来，且其以某一具体农业旅游地为基准构建农业旅游开发的效应指标体系，是基于微观视角的指标体系构建，指标未细分维度，分析较笼统。另外，已有研究缺乏对农旅融合文化传承、村貌改善等效应的定量分析与综合考虑。

1.2.5 农旅融合路径及发展策略研究

学界对农旅融合路径及策略的研究多以二者融合的实践模式、机制、途径等形式表现出来，涉及融合路径、区域集群、供需、营销、项目管理等。麻学峰等认为当前各产业与旅游产业的融合主要通过资源融合、技术融合、市场融合和功能融合四条路径来实现。佐夫斯基（Kazlouski V），甘斯基（Ganski U），普拉托宁卡（Platonenka A）等通过构建农业旅游发展背景下农村地区社会、环境和经济可持续性的模型，从而确定其可持续发展的主导因素，模拟和优化农村地区特定旅游投资项目的可持续发展，以及在区域农业旅游集群层面选择投资区域，为农业旅游管理决策提供支持。罗杰斯（Rogerso C M）提出农业和旅游业之间构建可持续联系的关键在于供需和营销相关方面的问题，政策应在这些方面给予支持。舒马耶夫（Shumaev V A），莫什科夫斯基（Morkovkin D E），尼萨诺夫（Nikonorova A V）等从项目管理创新入手，在研究俄罗斯农业旅游的现状和前景的基础上提出了农业旅游项目管理的创新维度。

此外，杨惠玲等以四川省级示范农业主题公园为例，通过问卷调查分析了创新农旅融合面临的困境，从服务、科技、运作、品牌方面提出了融合发展路径。颜醒华等认为农旅融合发展可依靠企业核心能力的产品投资组合、战略联盟、营销网络的扩张与互动机制构建、双向的行业资源整合、供应链的调整与优化等路径来实现，同时要加强农业旅游的统一规划、理顺并健全管理体制、构建旅游区发展的利益驱动机制、灵活运用各种营销策略、搞好农业生态环境保护、构建农业旅游创新体系。刘霞提出农旅融合发展要避免经济导向为主的盲目性、敏感环境、迎合消费等路径依赖。

1.2.6　长江经济带农旅融合相关研究

学界对长江经济带农旅融合区域整体的研究不多。张军在其研究中着眼于区域合作，主张整合长江经济带各省级行政区的城乡旅游资源，以及加强乡村旅游市场衔接与融合。王晶晶等关注农旅融合的影响，基于2007—2018年长江流域和黄河流域19个省级行政区的数据，基于线性和非线性模型检验了农旅融合对农业生态效率的影响。

相关研究多以省级行政区、片区、具体的案例分析为主。包括区域农旅融合环境及动因、发展模式、融合水平等方面。① 区域农旅融合环境及动因方面，刘锐从主客观两方面分析了环巢湖地区乡村旅游开发的驱动机制。覃永晖等用门槛分析法对环洞庭湖区乡村旅游资源的概况进行了分析。② 农旅融合模式方面，刘广宇等基于向量自回归模型分析了云南农旅融合的互动因果关系，发现农业波动受旅游业波动影响不大，旅游业波动主要受自身波动和农业波动的影响，并基于共生理论探析了云南农旅融合发展模式。解巍提出四川省休闲农业应走产业化、组织化经营模式。张威等对湖北咸宁市不同农业景观生态区进行了针对性的旅游开发模式和产品设计。③ 农旅融合水平方面，曹祎遐等基于投入产出分析法对上海及其他与上海城镇化水平接近的北京、天津等九个省（市）农业与其他产业的融合水平进行了研究，发现上海农业与二、三产业融合结构与观测省（市）存在差异。杨光明等运用灰色系统理论和耦合协调模型，分析了川渝地区近十年农业一旅游业系统的耦合协调发展情况，研究发现川渝地区农旅融合整体关联度较高，耦合度整体呈上升趋势，但耦合协调度水平整体较低。王瑞雪等基于耦合协调模型对云南省农旅融合水平进行了测度及预测，发现云南省农旅耦合协调整体水平较低，预测则显示 2018—2027 年耦合协调水平呈上升趋势。刘红等基于投入产出法研究了江苏农旅融合的关联融合水平。④ 农旅融合发展策略方面，李继承等提出湖南省休闲农业发展目标及战略重点是长株潭经济发展区重点发展特色休闲农业；湘中南区重点发展丘陵生态观光农业、风景区观光农业和农耕文化休闲农业；环洞庭湖区重点发展水乡特色的农渔风光等特色体验休闲农业，建设观光、保护等于一体的湿地休闲基地；湘西山区大力发展森林生态休闲，大力发展和挖掘民俗风情，体验民俗文化。李欢等在分析茶文化旅游发展现状的基础上，认为江苏茶文化旅游开发应从品牌、营销、产品等方面着手不断优化发展。

1.3 学术价值和应用价值

1.3.1 学术价值

学界已基本构建产业融合的概念框架和理论体系，并对长江经济带农旅融合的内涵、机理、效应、路径、发展策略等方面展开研究，但缺乏整体性的系统研究。本课题充分吸取前人研究经验和相关研究成果，以系统论、自组织、产业融合、可持续发展和系统动力学理论为支撑，在梳理农旅融合必然性、概念、特征及演化过程的基础上，指出我国农旅融合系统共经历两次循环，并形成两个关键节点；引入“农业效率”“旅游效率”“农旅融合效率”和“农旅融合效应”等概念，构建相关评价指标体系，同时结合长江经济带国家战略发展脉络和区域发展使命、农业效率和旅游效率特征及时空演化、农旅融合发展历程和主要农旅融合实体品牌发展概况、农旅融合效率和农旅融合效益时空演化规律分析，探析长江经济带农产品主产区、粮食主产区农旅融合与粮食安全的互动关系，同时构建该区域以旅游子系统、农业旅游子系统、农业子系统和区域环境子系统所形成的农旅融合系统，并进行系统建模与模拟仿真分析，选择关键调控因素，构建出四种农旅融合发展模式，从而丰富了农旅融合、休闲农业、乡村旅游发展与粮食安全的研究成果。

1.3.2　应用价值

本课题在国家长江经济带发展战略、国家政策体系指引产业融合、休闲农业和乡村旅游高质量发展的背景下，针对长江经济带农产品主产区、粮食主产区肩负保证国家粮食安全、食品安全前提下的农业现代化和城镇化、工业化双重任务推进过程中农旅融合发展出现的困境与现实冲突，分析该区域农旅融合演化发展、农旅融合效率、农旅融合效益、农旅融合与粮食安全的互动关系，并构建农旅融合系统和剖析运行机制，通过农旅融合发展机制的理论分析和系统仿真结果，选择适宜的农旅融合模式，进而寻求该区域农旅融合发展的有效对策，对促进长江经济带农产品主产区、粮食主产区农旅融合协调发展、休闲农业与乡村旅游健康发展、国家粮食安全战略实施、政府相关政策的制定、乡村振兴战略实施等具有实践指导意义，同时对其他区域农旅融合发展也具有一定的借鉴、参考价值。

1.4　研究目标与研究内容

1.4.1　研究目标

本课题以长江经济带农产品主产区、粮食主产区农旅融合发展为研究对象，在分析研究区域概况与特性、农业与旅游业发展中的问题和困境、农旅融合发展历程和主要农旅融合实体品牌发展情况的基础上，系统构建长江经济带农产品主产区、粮食主产区农旅融合发展的理论研究框架，并围绕研究区域“农业效率和旅游效率时空演化”“农旅融合效率评价及影响因素”“农旅融合效应”“农旅融合与粮食安全”等问题进行实证研究，从而构建农旅融合 SD 模型，并运用 Vensim PLE 软件进行建模和仿真，以期为长江经济带农产品主产区、粮食主产区农旅融合发展优化调控提供指导。本课题的主要研究具体目标如下所示：

研究分目标之一：明确农业产业体系、旅游产业体系和农旅融合系统的内涵和特征，从理论上论证农旅融合的必然性、农旅融合系统的演化过程和农旅融合机制。

研究分目标之二：构建农业效率和旅游效率的投入产出评价指标体系，运用 DEA-BCC 模型、Malmquist 生产率指数模型和 DEAP2.1 软件分析长江经济带粮食主产区各省级行政区农业效率和旅游效率特征及时空演化，从而准确把脉长江经济带农业和旅游业发展情况。

研究分目标之三：构建农旅融合效率评价指标体系，运用数据包络分析法对长江经济带湖南环洞庭湖区农旅融合效率进行总体评价和地区比较分析，同时通过回归分析影响农旅融合效率的关键因素，从而准确从“量”上分析环洞庭湖区农旅融合发展演化情况。

研究分目标之四：构建农旅融合效应评价指标体系并赋予权重，分析长江经济带粮食主产区经济、社会和生态效益之间的耦合度、协调度和耦合协调度的时空特征，从而准确从“质”上分析长江经济带粮食主产区农旅融合演化发展情况。

研究分目标之五：构建农旅融合发展水平和粮食安全评价指标系统，分析长江经济带粮食主产区农旅融合发展与粮食安全之间的互动关系，从而准确把握长江经济带粮食主产区农旅融合发展的系统机制。

研究分目标之六：基于系统动力学方法构建长江经济带粮食主产区农旅融合 SD 模型，并进行系统建模与仿真分析，从而揭示长江经济带粮食主产区“粮食安全”约束条件下农旅融合发展的内在机理和发展方向，提出区域农旅融合发展优化的策略和政策建议。

1.4.2 研究内容

根据本课题的研究目标和研究逻辑，可将研究内容分为以下部分：

第一部分：绪论。分析研究的社会经济背景、意义、方法、目标、重难点和创新点，并对国内外农旅融合内涵、机理、程度、效应、路径、发展策略和长江经济带农旅融合研究进行回顾与评析；

第二部分：理论基础。主要对系统论、自组织理论、产业融合理论、系统动力学理论、可持续发展理论的内容观点、发展历程和相关分析工具等进行概述，为进一步研究做好理论准备。

第三部分：农旅融合系统的概念与特性。① 从产业经济学视角出发明确农业产业体系的内涵和递阶层次性、地域分异性、开放性、非线性的特点，从而得出农业多功能化和可持续发展必然推动农业产业与旅游产业相互融合的结论。② 从系统论视角确定旅游产业系统内涵，并基于系统要素划分，明确旅游产业系统的四个子系统各自的重要构成要素，从而得出旅游产业系统天然的强关联性特征必然推动旅游产业与农业产业相互融合的结论。③ 从系统论的视角界定农旅融合系统的内涵，并依据自组织理论分析农旅融合系统的耗散特征和两次循环演化过程，同时基于影响系统演化的两类基本变量，从自组织和他组织因素初步探析农旅融合系统的融合力机制。

第四部分：长江经济带农产品主产区农业和旅游业发展概况。① 梳理长江经济带发展的历史脉络和旅游业发展情况及发展格局，并从国家战略层面论述长江经济带发展的重要意义和长江经济带农产品主产区的功能定位与发展使命。② 构建农业效率和旅游效率投入产出测度指标，并从官方资料和各类统计年鉴中搜集测度指标数据，基于数据，运用 DEA-BCC 模型和 Malmquist 生产率指数模型分析 2014—2019 年长江经济带农产品主产区 6 个省级行政区的农业效率和旅游效率的静态特征、动态时空演化特征。

第五部分：长江经济带农旅融合的发展总体状况。① 从农旅融合发展的历程和重要意义出发，同时结合长江经济带农业和旅游业发展基本情况，进一步明确长江经济带农旅融合发展的背景和重要战略意义。② 对长江经济带农旅融合实体品牌研究现状进行总结分析，提出可以选取 10 种主要农旅融合实体品牌探析整个区域的农旅融合主要实体品牌发展情况。③ 根据国家和地方对农旅融合发展的重视程度和政策出台情况，将长江经济带农旅融合发展划分为 3 个阶段；并基于搜集的长江经济带区域 10 种农旅融合主要实体品牌的数量和占比数据，从省级行政区、类别和星级等角度分析 2010—2019 年长江经济带区域农旅融合主要实体品牌的发展规律特征，同时总结出五种农旅融合典型模式。④ 以湖南环洞庭湖区域为长江经济带粮食主产区典型个案，运用数据包络分析方法和Matlab2018b 软件，依据确定的评价指标得出 2011—2019 年湖南环洞庭湖区域、岳阳市、益阳市、常德市的农业对旅游产业的促进效率、旅游产业对农业的促进效率和农旅融合效率，并对三类效率进行总体评价和地区比较分析；依据相关文献研究和数据可获得性等确定 5 个影响湖南环洞庭湖区域农旅融合效率的因素，并构建面板数据模型进行回归，检验影响因素是否显著。⑤ 进一步将农旅融合评价上升到“质”的水平，提出农旅融合效应概念；通过文献检索，结合产业融合和经济社会学相关理论初步构建农旅融合指标体系，采用专家打分法对指标科学性与合理性进行评价，最终确定农旅融合效应评价指标体系，并运用熵权法对不同层级的指标进行赋权；运用菲什拜因－罗森伯格模型、耦合度模型和耦合协调度模型，从“量”的角度分析 2014—2019 年长江经济带粮食主产区的综合、经济、社会和生态效应，从“质”的角度分析 2014—2019 年长江经济带粮食主产区经济、社会和生态效益之间的耦合度、协调度和耦合协调度。

第六部分：长江经济带粮食主产区农旅融合与粮食安全分析。① 首先界定粮食安全的内涵，其次从农业生产力、农业生产关系、粮食流通体制、储备和市场化和粮食安全战略目标角度梳理自新中国成立以来的中国国家粮食安全战略的发展脉络，最后分析 2000—2020 年期间的粮食生产现状。② 总结回顾国内外关于粮食安全与旅游的研究，提出可以进一步探讨粮食安全与农旅融合之间的关系。③ 构建乡村旅游与粮食安全关系测度指标体系，运用变异系数法、门槛面板回归方法和 2008—2017 年中国粮食主产区 11 个省级行政区的面板数据，探讨粮食安全前提下乡村旅游发展门槛效应问题。④ 构建粮食安全水平与农旅融合发展水平指标体系，运用面板 VAR 模型和长江经济带粮食主产区 2005—2019 年 6 个省级面板数据，实证分析粮食安全与农旅融合之间的内在因果关系。

第七部分：长江经济带粮食主产区农旅融合系统构建与运行机制。① 依据系统动力学建模的基本原则和主要步骤，构建由旅游业、农业、农业旅游和区域环境四个子系统构成的开放的农旅融合系统；通过分析各个子系统的主要反馈关系，在 Vensim PLE 软件平台上形成各子系统的因果关系图；最后形成了长江经济带粮食主产区农旅融合系统的因果关系图，即运行机制。② 基于因果关系图，在充分认识与理解农旅融合系统和结合长江经济带农产主产区农旅融合的实际情况下，选取系统运行的主要过程与变量，得到长江经济带农产主产区农旅融合的SD模型；并运用Vensim PLE软件绘制长江经济带粮食主产区农旅融合系统的系统流程图，以2014—2019年历史数据为基础，通过回归分析法、算术平均法、趋势外推法、表函数等方法构建函数关系式，确定系统流图中变量的关系，同时经过反复验证与修改，构建了各变量之间的函数关系式。③ 进行长江经济带粮食主产区农旅融合系统仿真，并通过面谈、研讨会的方式听取专家意见、获取档案材料、回顾相关文献等对模型的适合性进行检验，同时将模型的仿真数据与历史真实数据对比，检验模型的有效性；反复调试并通过检验后利用Vensim PLE软件对农旅融合系统进行仿真分析，选取关键变量作为调控参数，设置多种政策方案，通过比较不同方案下农旅融合发展状况，选择最优的决策方案，进而提出推动长江经济带农产品主产区、粮食主产区农旅融合发展的对策建议。

第八部分：长江经济带农产品主产区、粮食主产区农旅融合发展启示。鉴于长江经济带农业和旅游业发展情况、农旅融合发展总体状况、农旅融合与粮食安全互动关系和农旅融合系统仿真等方面的分析结论，从生态文明意识、融合效率、农旅融合综合效益、粮食安全、区域协调发展等方面形成长江经济带农产品主产区、粮食主产区农旅融合高质量可持续发展的启示。

1.5　研究思路与研究方法

1.5.1　研究思路

通过梳理国内外农旅融合和长江经济带地区农旅融合的相关文献，结合系统论、自组织、产业融合、可持续发展、系统动力学等理论，从理论上厘清农业产业体系、旅游产业体系和农旅融合系统的内涵，并探析农旅融合的融合力机制。在厘清相关内涵和明确农旅融合机制的基础上，首先梳理研究区域农业与旅游业发展中的问题和困境、农业效率和旅游效率静动态特征、农旅融合发展历程和主要农旅融合实体品牌发展情况，并进一步构建农旅融合效率、农旅融合效应、乡村旅游、粮食安全和农旅融合发展水平评价指标体系；其次深入分析研究区域农旅融合效率时空特征，经济、社会和生态效益之间的耦合度、协调度和耦合协调度的时空分异特征，农旅融合与粮食安全之间的关系等；然后基于系统动力学方法构建由多个子系统形成的研究区域农旅融合系统及其运行机制，并基于2014—2019年的历史数据进行系统模型的检验和农旅融合系统的模拟仿真分析，从而比较不同情境模式下的农旅融合发展状况，揭示农旅融合发展的内在机理和趋势特征；最后基于实证研究结果提出长江经济带农产品主产区、粮食主产区农旅融合高质量可持续发展的启示。

1.5.2 研究方法

（1）文献研究法

通过中国知网和图书馆等渠道查阅、收集和整理国内外关于农旅融合特别是长江经济带农旅融合发展的相关研究成果，了解当前国内外在农旅融合发展方面的研究进展，并进行评述，得出一定可以借鉴的文献、研究方法和相关理论，在此基础上形成文章的逻辑框架与结构；结合农旅融合实例，根据文献分析结果初步构建农业效率与旅游效率、农旅融合效率、农旅融合效应、粮食安全水平、乡村旅游发展水平和农旅融合发展水平的评价指标体系。

（2）德尔菲法

在初步构建农旅融合效应水平的评价指标体系后，为提高指标体系的合理性、科学性、可操作性和指标数据的可得性，选定专家对所列指标进行逐个打分，然后综合专家意见确定最终的指标体系。同时，通过面谈、研讨会的方式听取专家对于长江经济带农产品主产区农旅融合系统模型合理性及科学性的意见。

（3）熵值法

熵值法是用来判断某个指标的离散程度的数学方法，即根据各项指标的变异程度，计算出各个指标的权重，为多指标综合评价提供依据且减少主观因素的影响。本课题运用熵值法确定农旅融合效益和农旅融合运行机制指标的权重。

（4）数学建模法

数学建模法是构造刻画客观事物原型的数学模型并用以分析、研究和解决实际问题的一种科学方法。课题构建 DEA-BCC 模型和 Malmquist 生产率指数模型对长江经济带农产品主产区2014—2019年的农业效率、旅游效率进行测算和分解；构建仁慈型DEA交叉效率模型对湖南环洞庭湖区农旅融合效率进行评价；构建面板数据回归模型分析影响湖南环洞庭湖区农旅融合效率的因素；构建非什拜因一罗森伯格模型测度研究区域农旅融合综合效应评价及衍生效应；构建农旅融合经济一社会一生态效应的耦合度模型和农旅融合经济一社会一生态效应的耦合协调度模型测度研究区域农旅融合效应的耦合度、协调度和耦合协调度；构建门槛面板回归模型，通过划分区间来分析乡村旅游与粮食安全之间的非线性关系；构建面板VAR模型分析粮食安全与农旅融合之间的关系；构建研究区域农旅融合发展的SD模型，从而对揭示研究区域农旅融合发展机理和进行系统仿真。

(5）时空分析法

时空分析是指分析具有时间属性并在三维空间中具有绝对位置和相对位置的数据，以及分析这些数据的过程和方法论。本课题将探索性时空数据分析与探索性空间数据相结合，同时运用ArcGIS 10.2软件对空间数据进行了可视化和空间分析。如课题分析研究区域农业效率和旅游效率时空演化特征、研究区域农旅融合效应的耦合度、协调度和耦合协调度的时空分异、长江经济带主要农旅融合实体品牌分布状况和时间变化特征和湖南环洞庭湖区农旅融合效率时空分异。

(6）数理统计和回归分析

利用EXCEL软件对搜集到的相关数据进行数据标准化处理，如对部分缺失指标数据运用指数平滑进行计算补充，并制定相关统计图表。课题运用Hausman检验、Modified Wald检验、Wooldridge检验以及Stata软件确定影响湖南环洞庭湖区农旅融合效率因素的显著性；利用Stata16分析工具，对乡村旅游的门槛效应进行估计，并采用Bootstrap方法进行显著性检验；通过单位根检验、协整检验、GMM估计（Generalized Method of Moments，广义矩估计）、脉冲响应分析、格兰杰因果检验等确定粮食安全水平与农旅融合发展水平之间的互动关系。

(7）系统仿真

系统仿真就是根据系统分析的目的，在分析系统各要素性质及其相互关系的基础上，建立能描述系统结构或行为过程的且具有一定逻辑关系或数量关系的仿真模型，据此进行试验或定量分析，以获得正确决策所需的各种信息。本课题主要运用 Vensim PLE 软件绘制研究区域农旅融合系统和各子系统的因果关系图，并选取关键变量作为调控参数对研究区域的农旅融合系统进行仿真分析。

1.6 重点难点与研究创新

1.6.1 研究重点难点

(1) 研究重点

本研究主要包括以下三大研究重点：

第一，长江经济带粮食主产区农业效率、旅游效率、农旅融合效益和湖南环洞庭湖区农旅融合效率的测算与评价。农业效率和旅游效率的静动态时空分异特征不仅能够反映出整个区域农业与旅游业发展情况，同时也能反映出造成部分地区农业与旅游业发展薄弱的因素，也是厘清农旅融合系统的重要基础；农旅融合效应的测算和评价能够从“质”上反映长江经济带粮食主产区农旅融合系统有序程度，同时也显示农旅融合发展带来的社会、经济、生态效益之间的协调发展水平，能够更深入揭示长江经济带粮食主产区农旅融合发展水平的演化；农旅融合效率是农业和旅游产业促进效率之间的较小值，湖南环洞庭湖区农旅融合效率测算与评价能够从“量”上反映整个区域农旅融合效率的时间变化特征和地区之间的时空分异特征，较为清晰地揭示环洞庭湖区农旅融合发展情况，同时也是进一步探寻农旅融合机制的重要抓手。

第二，长江经济带粮食主产区农旅融合与粮食安全的关系分析。乡村旅游对粮食安全的影响往往是随着时间、地点不断变化甚至可能会出现相反结论的问题，农产品主产区尤其是其中的粮食主产区作为国家主体功能规划区中的限制开发区，强力落实确保国家粮食安全的相关政策是否会影响农旅融合的发展水平，探究粮食安全前提下乡村旅游发展是否存在“限度”问题、与农旅融合和粮食安全之间的因果问题，是进一步贴合国家粮食安全战略的体现，也是进一步识别区域农旅融合系统机制要素的关键。

第三，长江经济带粮食主产区农旅融合系统构建、仿真分析与对策建议。确定长江经济带粮食主产区农旅融合发展的SD模型及模型参数之间的函数关系式，并通过选取关键变量作为调控参数对农旅融合系统进行从2014年到2025年的模拟仿真分析，不仅直观展示农旅融合的内在机理和趋势特征，而且选择提高长江经济带粮食主产区农旅融合发展科学、有效性的策略与模式，最终阐发促进长江经济带农产品主产区、粮食主产区农业与旅游业有效融合、乡村旅游健康发展的对策建议。

（2）研究难点

本研究主要包括以下三大难点：

第一，新冠病毒感染疫情对研究计划执行的干扰。原计划在理论研究基础上，选择研究区域范围样本地展开实地调查，获取一手数据，从而更加深入了解地区农业、旅游业和农旅融合发展情况及产生效应，同时采用回归分析方法展开中微观层面的农旅融合力机制实证分析，但因从2020新年伊始的疫情给实地调研造成极大困扰，当年年底经项目组慎重讨论并征询专家意见，适时适度调整了数据获取渠道、部分分析方法和技术路线。

第二，大量二手数据的搜集与处理。课题组受制于各方面因素的影响，主要运用从数据库、国家和各省（市）统计局、各类统计年鉴和政府门户网站等获取的二手数据，但部分二手数据受到统计口径和时间滞后等问题，存在部分数据有误差或缺失现象，而且由于研究区域空间跨度较大和获取渠道的限制，仍然存在部分数据无法直接获取和利用，需要相关政府、企业的协助，才能切实做好数据采集工作，保证项目研究的质量。

第三，长江经济带粮食主产区农旅融合系统构建与仿真分析。此部分为本研究的关键和复杂部分，不仅需要课题组进行多次讨论沟通，厘清逻辑，同时也需要通过面谈、研讨会的方式听取相关专家意见不断修正融合系统模型，确保分析结论的准确性和可靠性。

1.6.2 研究创新

本课题主要包括以下四大研究创新点：

第一，借鉴国内外学者对其他行业融合机理的分析框架，总结出农旅融合系统耗散性特征，并依据自组织理论分析我国农旅融合系统的演化过程，指出我国农旅融合系统共经历两次循环，形成观光农业、休闲农业两个关键节点，致力于对学界关于农旅融合普遍性机理分析进行补充和完善。

第二，完善农旅融合效应评价指标并扩充了农旅融合效应分析。从经济、社会和生态角度构建农旅融合效应评价指标，综合分析了农旅融合的综合效应、耦合效应、耦合协调度效应等，从“质”的角度深入揭示农旅融合发展情况。

第三，分析长江经济带粮食主产区农旅融合发展与粮食安全之间的互动关系，现有研究当中忽视了粮食安全与旅游互动关系的关键内在因素，农旅融合作为发展乡村经济实现乡村振兴战略的重要路径之一，保证粮食安全是实施乡村振兴战略的首要前提，讨论两者之间的互动关系，从而更好地揭示农旅融合系统的部分内在因果关系。

第四，将长江经济带粮食主产区作为乡村旅游和农旅融合发展研究区域，通过官方资料和统计资料等多种途径获取研究数据，量化分析研究区域农旅融合发展演化，并把脉问题与困境，在此基础上构建农旅融合机制模型，进行模拟仿真分析，这是对该区域农旅有效融合与乡村旅游科学发展管理方略的一次新的科学探索。

第2章　理论基础

2.1　系统论

“系统”最早来源于古希腊语，不仅表示“由部分构成整体”，还有“组合”“集合”“有序”的含义。不同的学者对“系统”的定义有所不同。一般系统论的创立者冯·贝塔朗菲（Ludwig Von Bertalanffy）认为系统是相互联系、相互作用着的诸元素的集或统一体。系统的核心性质是整体性。苏联学者瓦·尼·萨多夫斯基从元理论角度对系统进行了概括，指出具有整体性质的、相互联系的诸元素的集合即系统。我国学者李喜先认为系统是由相互联系、相互作用的要素结合成的特定结构，该结构具有不同于各要素单独存在的整体功能。钱学森定义系统是由相互作用和相互依赖的若干组成部分合成的具有特定功能的有机整体。

系统论的基本观点就是把所要研究和处理的对象看作一个整体，了解系统的功能与结构，探究环境、要素、系统之间的关系和变化规律。系统是普遍存在的，世界上任何一个事物都可以看成一个系统。产业是介于微观经济与宏观经济之间，具有某一类相同属性，彼此相互关联、相互影响的经济活动的集合或系统。因而，对于产业的分析，既不能像宏观经济学那样以经济总量为研究对象，也不能像微观经济学那样以某一单独经济主体为研究对象，而是要从系统分析的角度出发，既要研究单个经济主体之间的相互关系，又要研究这些关系是如何通过各个部分的整合形成一个总体，即以整体的观念考虑子系统与子系统、总系统与子系统之间的关系。

表 2.1　系统论的发展

<table>
<tr><th>发展阶段</th><th>代表性事件</th></tr>
<tr><td rowspan="2">20 世纪 40—60 年代：形成和发展</td><td>1937 年，贝塔朗菲（Bertalanffy）第一次提出了一般系统论的概念，标志着研究者们开始直接将系统作为研究对象</td></tr>
<tr><td>二战以后，一般系统论、运筹学、控制论、信息论等相互融合渗透，将系统论的研究从自然界发展到人类社会上来。我国研究者通常把一般系统论、控制论和信息论统称为“老三论”</td></tr>
<tr><td>20 世纪 70—80 年代：自组织理论的建立</td><td>1969 年，普利高津（I. Prigogine）提出了耗散结构理论，论述了系统自组织形成的内部和外部条件。同年，哈肯（Hermann Haken）为研究系统自组织的内在机制与动力，创立了协同学</td></tr>
<tr><td rowspan="2">20 世纪 80 年代中期以来：复杂系统学科的兴起</td><td>复杂适应系统理论是由圣塔菲研究所的科学家们提出的，该理论强调主体（系统的组成元素）具有适应性，即主体与其他主体在交互过程中，不断“改变”以适应环境的变化，促进整个系统的演化与发展</td></tr>
<tr><td>1990 年，钱学森等人首次提出了“开放的复杂巨系统”，认为“复杂性是开放的复杂巨系统的动力学特征”</td></tr>
</table>

2.2　自组织理论

自组织是复杂系统演化时出现的一种现象，主要研究系统如何从无序走向有序，从低级走向高级的自我进化过程。自组织是指系统在内在机制的驱动下，自发、有序地进化成较为复杂的系统。而他组织是系统外界环境的组织者对系统施加了决定性影响而形成有序行为。自组织与他组织的不同之处在于系统外部有无组织者，系统内部自发有序地形成一定结构成为自组织，而系统之外有一个组织者，在其安排、协调下完成组织活动，形成的组织结构成为他组织。

形成自组织需要以下条件：

（1）非平衡态，系统的平衡态具有两个特征：① 系统的状态变量不随时间变化；② 不存在物理的宏观流动。非平衡态是指不具备上述任一特征的状态。系统只有在远离平衡区时，才能演化成新的有序结构。

（2）涨落，涨落使系统原有结构与外界环境进行物质、能量等交换时发生非线性作用，从无序状态变成新的稳定有序的系统结构。因此，涨落是形成新的稳定有序结构的关键。普利高津认为最快增长的涨落决定了有序结构的形成，哈肯也强调了涨落的重要性，他认为涨落决定了序参量之间竞争后的系统结构。

（3）非线性相互作用，在自组织中，元素与结构之间，元素与元素之间存在着非线性的因果关系，不满足叠加原理。非线性相互作用是系统形成有序结构的内在原因。

（4）正反馈，非线性相互作用最主要的表现是元素之间存在着反馈关系，而正反馈是系统不断加强、不断演化成新的稳定有结构的内在机制。

（5）分岔，系统丧失原有稳定结构是突变的开始，而这种不稳定的状态就是分岔点。耗散结构理论认为，对于远离平衡的开放系统，在与外界环境进行物质交换时，不断涨落就会发生突变，进而形成新的稳定有序结构。

（6）协同作用，哈肯认为“协同作用是系统对各子系统之间进行协调的内在动力”，协调使得子系统间相互连接、相互促进，产生相干效应，从而形成新的结构。

自组织理论包括耗散结构理论、协同学理论、超循环理论、突变论等，本研究主要应用到耗散结构理论和协同学理论。

（1）耗散结构理论。1969年，化学家普利高津（I. Prigogine）根据几个典型的物理化学实验，提出了耗散结构理论。普利高津认为有序结构的形成与维持需要耗散物质与能量，即耗散结构。他将宏观系统分为孤立系统、封闭系统和开放系统三种。耗散结构是一个开放有序的组织系统，其最核心的特征是有序性。耗散结构出现有四个条件：① 系统是开放的系统；② 系统需要远离平衡状态；③ 系统各要素间存在非线性的相互作用；④ 系统存在涨落现象。

（2）协同学理论。物理学家哈肯（Hermann Haken）于1969年提出协同学。与耗散结构理论不同的是，哈肯认为系统从无序转变到有序的重点不是系统是否平衡，也不是系统离平衡有多远，而是系统内部各子系统之间通过非线性相互作用和协作，在一定前提下，能够自发形成在时间、空间和功能上稳定有序的结构，即自组织结构。协同学的基本原理包括三个方面：① 不稳定性原理：任何新结构的形成都是原来的状态变得不稳定了；② 序参量原理：序参量支配着子系统的行为，掌控着整个系统的演化过程；③ 支配原理：慢变量支配快变量，从而决定系统的演化过程。

本研究认为产业融合系统本质上是自组织系统，具有耗散特征：产业融合系统是开放的；产业融合系统是非均衡、远离平衡态的；产业融合系统存在涨落，产业融合是一个动态演化的过程；产业融合系统存在非线性作用，系统要素相互作用、相互关联、相互制约。农业与旅游产业发生融合时，产业自身结构失稳，产业要素相互交叉、汇融、渗透，在新形成的融合产业链上衍生出新的融合后的产业要素。农业与旅游产业融合本质即农业与旅游产业融合系统内部要素之间的相互作用。

2.3 产业融合理论

产业融合的研究起始于20世纪70年代，在信息革命的驱动下，一些西方发达国家在信息、金融、能源等领域出现产业边界模糊、产业交叉现象。最初，相关学者主要从技术渗透视角阐述产业融合，最具代表性的是1963年罗森博格（Rosenberg）将机械设备产业中同一技术应用于不同产业所形成的技术扩散称为“技术融合”，以及内格罗庞特（Negreoponte）通过三个重叠的圆圈对技术融合进行首次图例演示。此后，随着产业融合实践的延伸及研究的深入，相关学者基于产业经济视角探讨产业融合的内涵，主要侧重产业增长、产品整合、产业竞争与合作、产业融合过程。本研究从系统论的角度定义产业融合，将其理解为由两个及以上产业系统内不同产业构成要素之间在时空维度上均相互关联、交叉、渗透，彼此竞争与协作而形成的、复杂的、运动着的开放性系统。

对于产业融合的分类，国外学者主要是从技术和产品视角进行分类，引入了互补和替代两种机制；国内学者则侧重于产业视角，从宏观层面研究产业融合。产业融合是多种因素相互影响、相互作用的结果，根据相关研究，大致可以概括为政府管制的放松、产业关联、消费者需求变化、技术创新、管理创新及综合因素等。产业融合是一个动态演化过程，涉及技术融合、产品融合、管理融合等阶段。产业融合通过重新整合产业间的资源，减少企业成本，促进产业结构化升级，产生“1+1>2”的经济效益，提升产业绩效。

2.4　可持续发展理论

可持续发展理论可以追溯到 20 世纪 60 年代。1962 年美国莱切尔·卡逊（Rachel Carson）出版了《寂静的春天》，在其书中提到人与自然生物共用一个地球，引发了人们对发展观的重新思考。随后，工业化迅速发展导致资源紧张、环境污染等一系列问题，到 20 世纪 80 年代，可持续发展成了社会发展的主流思想。1984 年爱迪·布朗·维思（Edith Brown Weiss）系统地论述了代际公平理论，该理论被大多数学者认为是可持续发展理论的核心。1987 年，世界环境与发展委员会在《我们共同的未来》的报告中明确阐述了“可持续发展”的概念及定义。

可持续发展理论是旅游可持续发展的理论基础，可持续发展的系统观、资源观、平等观、协调观与全球观同样适用于旅游发展。旅游业可持续发展的实质是实现区域综合效益的最大化，主要体现在资源使用的公平性，资源利用的可持续性，人与环境、人与人的和谐性。除此之外，旅游可持续发展内容不断扩展延伸，如旅游需求可持续、旅游目的地发展的原真性、旅游综合收益、低碳旅游等。旅游可持续发展评价指标的构建和评价方法的研究是学界研究的重点，基本形成了以人口、经济、环境、资源等为基本维度的旅游可持续发展评价指标体系。旅游可持续发展模式是其研究的重要命题，主要在于寻求旅游增长与环境保护之间的长期均衡、重视社区公众参与和增权。农业与旅游业的融合发展，应以农业资源为依托，以经济增长、社会发展与环境保护的和谐统一为原则，贯彻可持续发展理念的科学发展。

2.5　系统动力学理论

系统动力学是一门研究信息反馈系统的学科，是管理科学和系统科学的交叉学科。系统动力学基于系统论，融合了控制论与信息论，能够解决社会、经济、生态等非线性复杂系统问题。

2.5.1 发展历程

系统动力学由福瑞斯特（Jay W Forrester）教授于1956年提出，由于其初期主要是用于研究工业企业管理，因而早期也叫工业动力学。在20世纪60年代，福瑞斯特先后出版了《工业动力学》《系统原理》《城市动力学》等著作，将系统动力学运用到市场营销、R&D（Research and Development，研发）项目管理、管理控制、财务金融等研究领域。这一时期在理论和应用方面的研究进展为系统动力学的成熟与壮大奠定了坚实的基础。1972年罗马俱乐部运用系统动力学的方法研究世界人口增长、资源枯竭等问题，在此阶段，主要成就有系统动力学世界模型、《增长的极限》《世界动力学》等。同一时期，福瑞斯特等人将美国的社会经济问题作为一个整体来研究，建立了美国国家模型。此外，1980年，库珀（K G Cooper）运用SD模型定量分析了大型军事造船工程中成本超支的问题，成为SD模型成功运用到大规模工程管理中的标志。20世纪90年代到现在，系统动力学在世界范围广泛传播，在宏观领域、项目管理领域、学习型组织领域、物流与供应链领域、公司战略领域等广泛应用，发展迅速。

系统动力学于20世纪70年代末被引入中国，王其藩、许庆瑞等专家学者将SD运用到区域和城市规划、企业研究、科技管理、生态保护、海洋经济等研究领域中，取得巨大的成就。

2.5.2 基本观点

系统动力学理论的核心是系统辩证观，其强调系统、整体的观点，联系、运动与发展的辩证观点。系统动力学从系统内部着手建模，构造系统的基本结构，用因果关系图描述要素之间的逻辑关系，然后通过区分系统各个要素的性质，以流图描述整体框架，将要素之间的局部关系量化建立方程，最后将系统动力学模型输入专门的仿真软件中进行仿真预测。整个过程通过采用定性与定量相结合的方法，模拟分析系统的动态行为，来解决非线性、复杂的和带有延迟现象的系统问题。系统动力学所研究的社会、经济、生态系统都是具有自组织耗散结构性质的开放系统，具有整体性、层次性、相关性、相似性等特点。系统动力学把一阶反馈回路作为系统的基本结构，一阶反馈系统回路是耦合系统的状态、速率（或决策）与信息的回路，因此，可以把社会经济系统简单地理解成“回路”“积累”“信息”“延迟”和“决策”。在系统动力学模型中，主要有存量、流量、辅助变量和常量四种变量类型，有物质流和信息流两种独立的“流”。

2.5.3 分析工具

在系统动力学方法诞生初期，分析软件是根据麻省理工学院（MIT）普夫教授递推的思想研发的 DYNAMO Ⅰ，该软件需要使用专门的程序语言对模型进行描述。到了 20 世纪 80 年代，美国 Ventana Systems 公司在基于 Windows 操作系统下推出了 Vensim 软件。本研究运用 Vensim 软件的学习版（Vensim PLE）来分析农旅融合系统模型。Vensim PLE 软件可以利用图示化操作建立模型，对模型提供多种类型的分析方法及真实性检验。

2.5.4 适用性

系统动力学强调整体地考虑系统，了解系统的组成及各部分的交互作用，并能对系统进行动态仿真实验，考察系统在输入不同参数或不同策略因素时系统的动态变化行为和趋势，使决策者可以通过尝试各种情境来采取不同措施并观察模拟结果，打破了从事社会科学实验必须付出高成本的条件限制。

农旅融合是农业产业与旅游产业相互渗透、交叉，通过资源融合、技术融合、功能融合、市场融合、资本融合、人才融合、组织融合等路径，逐步形成一种新型产业系统的动态发展过程。农旅融合系统包含两个主要子系统——旅游产业系统和农业系统，包含资源、技术、功能、市场、资本、人才、组织等要素集合。农旅融合发展机制的研究首先需要明确农旅融合系统中的内部融合力和外部融合力，以及这些融合力相互之间的影响机制和作用过程，探索农旅融合发展机制系统中的动力学原理。由于系统动力学擅长处理高阶、非线性、时变问题，而农旅融合作为一个典型的复杂社会经济系统，是一个多层次、非线性、动态性的开放系统，一般方法很难揭示农旅融合发展的内在机理和趋势特征，模拟并选择农旅融合发展的最优路径。因此，系统动力学方法非常适用于农旅融合发展机制的研究。

第3章　农旅融合系统的相关概念与理论

3.1　农业产业系统

3.1.1　农业产业系统内涵及特征

作为国民经济的重要部门之一，农业的本质是一种生物能量转换活动，以满足社会需要。农业有狭义、中义、广义之分：狭义指种植业，中义指种植业、林业、渔业、牧业，广义在中义的基础上增加了与农业生产其他环节的关联，将农副业包含在内。本研究以现代农业为背景，因而本研究中农业指的是广义的农业。

从产业经济学视角出发，广义的“产业”指的是具有相同原材料、相同工艺或生产产品用途相同的企业的集合，这种定义一般用于考察整个产业或不同产业之间的关联时；狭义的“产业”则指生产同类或密切替代关系产品、服务的企业集合，这种定义一般用于分析产业内部之间的市场关系。本研究将从广义的“产业”理解农业，将农业作为一个产业部门。从经济学视角看，产业系统是“经济系统”的产业层面，微观的产业系统指的是同一产业或同类产业的经济系统，宏观的产业系统是由不同产业及其之间的经济关系组成的有机整体。从生态学视角看，产业系统用生态学原理理解产业系统，强调产业之间的生态关系及产业链之间的循环交换。而从系统论的视角看，系统是由相互作用与制约的若干部分组合而成的有机整体。农业产业系统是指由一定区域内农业经济、社会、技术、生态等子系统相互作用与制约形成的有机整体，具有递阶层次性、地域分异性、开放性、非线性等特征。

(1) 递阶层次性

农业产业系统是一个复杂的大系统，可以根据不同的角度分解为多个子系统，如根据产业细分，可以分解为种植业子系统、林业子系统、牧业子系统、渔业子系统及农村副业子系统。根据功能特征可分解为农业经济子系统、农业社会子系统、农业技术子系统、农业生态子系统等。根据空间划分，可以分解为省级、地市级、县级等农业产业子系统。子系统又可以分解为各个企业。因此，农业产业系统具有递阶层次性。不同层级的子系统在农业产业系统中发挥着不同的作用。而且不同层级的子系统以及企业之间相互关联，对农业产业系统的发展产生影响。

(2) 空间分异性

由于农业很大程度上依赖农业资源的空间分布，因而农业产业系统在地域空间上存在差异。这种空间分异性主要表现为三个方面：一是不同区域农业产业子系统存在差异，例如，由于资源差异，不同区域种植业、林业、牧业、渔业及副业子系统存在差异。二是不同区域农业子系统间的关联关系存在差异，由于产业运行、产业链培育、产业组织等多方因素，不同区域农业子系统之间的作用与依赖程度不同，对整个农业产业系统的影响也不同。三是不同区域产业系统与外部环境之间的作用关系不同。农业产业系统与外界各种因素相互作用，从而促进系统更全面地发展，而这种系统内部与外部之间的刺激关系在地域上存在差异。

(3) 开放性

农业产业系统具有开放性。一方面，农业产业系统与系统外部物质、能量及信息不断进行交换，农业产业系统与区域经济、社会、文化、生态等外部环境进行能量输入与输出，从而促进农业产业系统自身演化发展。另一方面，农业产业系统内部子系统之间具有开放性，子系统之间要素的相互衔接、转换与整合有助于更好地促进农业产业系统的发展。

(4) 非线性

农业产业系统内部子系统、要素之间的层次性、开放性引致其内部非线性的作用关系。不同层级的子系统及要素之间通过非线性作用从而导致系统共生演化。劳动力、资金、农业土地等要素之间通过非线性竞争与协作，在产业系统内部形成一种“通信”联系机制，优化农业资源优化配置，从而促进系统有序发展。

3.1.2 农业产业融合的必然性

产业融合已成为信息时代产业发展的趋势。在这一背景下，农业信息化加速了农业与其他产业的融合。从根本上来说，农业与其他产业融合的必然性体现为农业多功能化与农业可持续发展的客观要求。

（1）农业多功能化的客观需要

相较于传统农业社会农业的单一功能，现代农业呈现多功能特征，包括粮食安全功能、生态保护功能、社会稳定功能、文化教育功能等。现代农业产业体系的健全有赖于农业产业多功能的发挥，农业与其他产业交叉融合为农业多功能的发挥提供了有效路径。现代生物技术产业与农业融合有助于实现农业粮食安全功能；农业内部产业融合发展生态农业有助于农业生态保护功能实现；农业与旅游等服务业融合有助于促进社会稳定、传承农业文明。

（2）农业可持续发展的必然要求

现代农业发展面临可持续发展的挑战。一方面，耕地、淡水、生物等农业资源短缺制约农业发展；另一方面，化肥、农药等的大量施用导致的土地质量下降、生态环境恶化问题也影响生产和生活。农业与其他产业融合为农业可持续发展提供了有效路径，通过资源整合、产业协同推进农业经济、社会、生态可持续发展。有研究分析了农旅融合对农业可持续发展的作用，以全国休闲农业与乡村旅游示范县为例，力证了政府支持下的农旅融合有益于提升农业生态效率，促进农业可持续发展。

3.2 旅游产业系统

3.2.1 旅游产业系统内涵及构成

区别于传统产业基于生产的定义，旅游产业的定义一般基于消费视角，将具有旅游消费属性的企业集合定义为旅游产业。旅游产业生成存在缀块、边缘和混杂特征，产业运行呈现纵向发展特征。从经济学视角看，旅游产业系统是所有与旅游相关产业组成的经济系统；从生态学视角看，旅游产业系统是旅游内部产业之间的生态关系。结合系统论视角，旅游产业系统是一定区域内与旅游相关的经济、社会、技术、生态等子系统相互作用与制约形成的有机整体。

旅游产业系统中的子系统与要素相互关联与作用，形成一个有机整体。对于旅游产业系统的构成，主要有两种分类。一是基于系统要素的划分，可将旅游产业系统划分为经济、社会、生态、政策四大子系统；二是基于产业功能划分，可以划分为客源、目的地、出行、支持子系统等。本研究基于农业产业系统与旅游产业系统之间的关系研究，因而采用更为广泛的系统构成划分，即基于系统要素的划分。基于上述分析，采用数学表达式来表达旅游产业系统的结构：

$$T = (T_1, T_2, \cdots, T_n) \tag{3.1}$$

$$R = T_i R_{ij} T_j (i,j = 1,2,\cdots,n) \tag{3.2}$$

用 T 来表示旅游产业系统，$(T_1, T_2, \cdots, T_n)$ 表示系统的构成要素，R 表示旅游产业系统要素之间存在的非线性作用关系，如因果、隶属、比较等。

旅游经济子系统是旅游产业系统的基础核心内容，旅游总收入及增长速度、旅游产业投资等都是旅游经济子系统的重要构成要素。旅游社会子系统从基础设施、人口资源方面为旅游产业子系统运行提供支撑，如旅游从业人数、星级酒店数量等都是保障旅游社会子系统运行的重要构成部分。旅游生态子系统更多考虑旅游产业带来的生态影响，如游客总量及承载力、旅游地空气污染指数等。旅游政策技术子系统为旅游产业发展提供政策技术支持，包括旅游技术进步、旅游相关政策支持等。

3.2.2　旅游产业系统的特征

从旅游产业的定义即可看出，旅游产业的发展基于消费需求而不是生产供给。因此，旅游产业的发展围绕不断变化的旅游需求展开。甚至学者认为基于消费驱动的旅游产业是一个无边界产业，从产业资源的供给、产业发展的时空演化、产业驱动要素、产业消费需求等维度看，旅游产业的边界存在不确定性，始终围绕动态需求不断延伸。

旅游产业边界的不确定性决定了旅游产业系统具有强关联的天然特征。从旅游产业消费需求来看，旅游需求不断呈现多样化和个性化的发展趋势，旅游要素已在传统的吃、住、行、游、购、娱六要素的基础上增加了商、养、学、闲、情、奇六大新要素。为了满足多样化的旅游需求，新的旅游资源被挖掘或发现，原本其他产业的资源与旅游业因旅游者需求而结合，使得旅游者资源的内涵不断拓展，而互联网等技术的发展进一步助推了旅游产业与其他产业的关联，旅游产业的边界得以延伸。已有研究从投入产出法的视角证明了旅游产业的高度关联性。

3.3 农旅融合系统

3.3.1 农旅融合系统内涵

鉴于农旅融合是农业产业与旅游产业相互渗透、交叉，通过资源融合、技术融合、功能融合、市场融合、资本融合、人才融合、组织融合等路径，逐步形成一种新型产业系统的动态发展过程，农业多功能化和可持续发展的需求使得农业寻求与旅游产业融合，而旅游产业的强关联性进一步促进了农业和旅游业的融合，农旅融合系统可以认为是由农业产业系统和旅游产业系统打破系统边界，通过资源、技术、功能、市场、资本等融合路径而形成的交叉复合系统，所形成的新业态和新要素构成了农旅融合系统。

3.3.2 农旅融合系统特征

农旅融合系统是一个自组织系统，具有耗散特征：① 农旅融合系统具有开放性特征。农旅融合过程中不断与系统外部的物质、能量、信息进行交换。开放是农业与旅游业发生融合的必要前提。② 农旅融合系统内部因资源分布不均、企业竞争、创新能力水平使得农旅融合系统远离平衡态。③ 市场需求、产业政策、科学技术等要素的变动会使得农旅融合产生微涨落，并逐渐显性化，形成规模效应，产生巨涨落，最初“农家乐”这种融合形式在获得成功后，引起了大规模的效仿和响应，并逐步向有序状态发展。④ 农旅融合各子系统之间的关联变量之间存在复杂的非线性作用。农旅融合系统中存在许多参量，包括市场需求、竞争压力、技术创新、利益协调等，这些参量之间的非线性作用影响着农业与旅游产业融合系统时间、空间上的整体演化。

3.3.3　农旅融合系统的演化过程

系统偏离平衡态主要通过涨落，涨落即系统状态参量对平均值的偏离。系统的自组织因素与他组织因素都可能造成系统的随机涨落。农业与旅游业在融合过程中既存在微涨落现象，也存在巨涨落现象。微涨落出现较为频繁，相关部门的产业政策、企业行为都可能形成系统的微涨落，微涨落一般不会影响系统的稳定性；而微涨落积聚超过一定阈值，则会形成巨涨落，形成系统中的一个重要节点。农旅融合系统演化过程经历无序稳定、微涨落、巨涨落、有序稳定四个过程，并不断循环往复。

根据自组织理论分析中国农旅融合系统的演化过程，可以发现农旅融合在不同阶段和关键节点的状态和特征——中国农旅融合系统共经历两次循环，形成观光农业、休闲农业两个关键节点（如图 3.1 所示）：

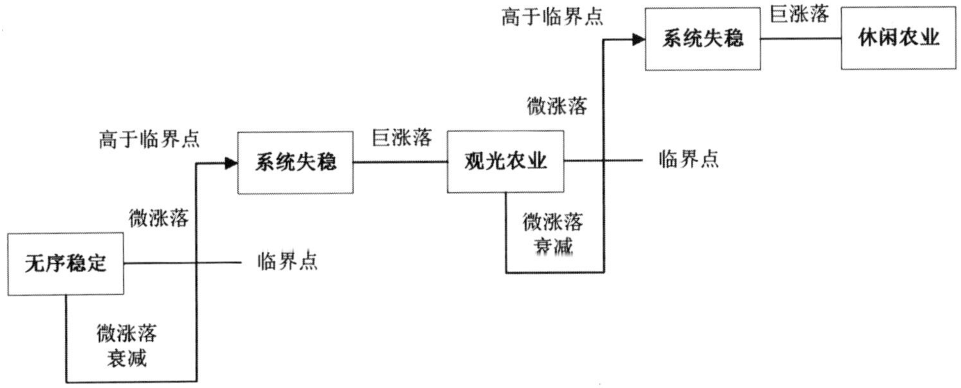

图 3.1　农旅融合系统演化过程

第一次循环。农旅融合系统开始为无序稳定阶段，此时农业产业系统与旅游产业系统各自内部要素之间进行交流，只是缺少一个触碰机制，一旦触碰，系统将失稳。20 世纪 80 年代，鉴于国外农业与旅游结合带来的甜果，我国对农业与旅游业的结合展开探索，徽州、珠海、深圳、北京等一批城市开展旅游农业，农业与旅游业产业自身结构开始失稳，从而开启微涨落阶段。失稳点的微涨落所带来的扩散与规模效应使得微涨落更为频繁，产业政策变动、市场需求变动、科技创新等因素使得系统发生一系列微涨落，一直到20世纪末，形成了以观光为主导功能的有序状态，才趋于稳定。这一阶段的整体特征表现为农旅融合度低，以旅游牵动农业。

第二次循环。由于需求变动，观光已不能满足旅游者的需求。虽然20世纪80年代我国台湾地区就已开始发展休闲农业，经二十多年的发展休闲农业成为在台岛内外颇具影响的特色产业，内陆深受影响，也在20世纪末期开始探索休闲农业的发展，但由于市场需求、产业政策、供给等多因素的影响，形成的微涨落现象直至21世纪第二个十年期才累积形成巨涨落，并进入休闲为主导功能的有序状态。这一阶段整体特征表现为农业与旅游深度融合，农业与旅游业共生发展。

3.3.4 农旅融合系统的融合力机制：自组织与他组织

复杂的系统从无序向有序发展的过程中除了自组织因素，还受来自外部指令的影响，即他组织过程。农旅融合自组织演化是由农业产业系统与旅游产业系统之间要素互动与非线性作用促进的。农旅融合系统中存在许多参量，包括市场需求、竞争压力、技术创新、利益协调等，这些参量之间的非线性作用形成一种势能——农旅融合力，影响农旅融合系统时间、空间上的整体演化。

系统的演化受到两类基本变量——快变量与慢变量的影响。快变量阻尼大、衰减小，不会左右系统的进程；慢变量则阻尼小、衰减慢，主宰着系统演化。慢变量是系统演化的序参量，序参量具有宏观性、命令性。通过相关文献分析结合农旅融合实践，可以认为农旅融合的系统的主要参量有农业产业发展需求、旅游产业强关联性、市场需求、范围经济追求、产业政策、资源环境导向、技术创新、经济发展水平，具有自组织与他组织的复合性。

农旅融合系统演化参量中的自组织因素主要表现在：① 农业产业发展需求。农业是国民经济的基础，其在发展过程中面临各种问题，“三农”问题一直是国家和社会关注的重要问题。农业自身短窄的产业链附加值低，造成农业资源一定程度的浪费，同时农民收入增长无力、农民就业问题突出。农业资源优化配置、农民创收、农民就业等因素是农旅融合的初始动力并一直驱动着农旅融合的系统演化。② 旅游产业强关联性。旅游产业自身具有强关联的特性，易与各产业发生融合渗透。开放的、多层次的旅游产业系统能够在任何创造“旅游体验”的环节对自身及其他产业链进行解构与整合，形成产业融合。③ 市场需求。有消费能力和精神消费需求的城市居民渴望远离喧嚣、回归自然、体验乡村生活，诱发了农业与旅游业的融合。而随着旅游者消费经验日益丰富、消费能力日趋提升，不断变动、个性化的市场需求对农旅融合的广度、深度有了更高的要求，影响着农业与旅游产业融合的路径。④ 范围经济追求。企业的逐利性使得其在发展过程中都追求范围经济，农业与旅游业也不例外。借助于范围经济，农旅融合可以使农业、旅游业中的部分生产要素具有甚至增强“公共性”，降低成本。农业与旅游业企业对范围经济的追求始终影响着农旅融合系统演化。

农旅融合系统演化参量中的他组织因素则体现在以下四个方面：① 产业政策。政府相关部门对农业与旅游业产业活动的政策干预对其资源配置有重要影响，成为系统外部重要指令之一。纵观我国农旅融合的产业政策（详见表 3.1），呈现以下特征：初期（1998—2006 年）以旅游部门为主，旅游业在融合过程中发挥主导作用；中期（2007—2014 年）由旅游部门带动，农业部门开始发力，农业开始发挥融合主动性；后期（2014—2017 年）农业部门加大政策支持力度，充分发挥其在融合过程中的主动性，并积极推动与其他部门的联合，促进农业与旅游业深度融合。② 资源环境生态导向。对资源节约和环境保护的绿色理念引发并促进农业与旅游业的融合发展。旅游业最初被认为是无污染产业，农业与旅游业的融合能够充分利用闲置农业资源与劳动力。然而，随着生态理念的发展，旅游带来的环境污染也越来越重，而农业生态保护既是粮食安全的重要防线，也是旅游吸引力的源泉，生态导向对农旅融合路径起着重要作用。③ 技术创新。现代农业发展依赖农业科技创新，生物、信息高新技术的发展有利于增强农产品保障能力，把劳动力解放出来。另一方面，农业技术创新业也为农业观光、农业文化展示提供技术保障。技术创新因素在一定阶段以命令指令输入系统，引导着农旅融合产品供给。④ 经济发展水平。经济整体发展水平对农业与旅游业的融合系统演化有重要推动作用，为系统融合发展提供有力保障。经济发展水平越高，整体消费能力越强、基础设施越完备、融资能力更强，使得农旅融合向更加有序的状态演进。

表 3.1　1998—2017 年中国农旅融合的产业政策

时间	发布单位	内容
1998 年	国家旅游局	“华夏城乡游”，宣传口号为“吃农家饭，住农家院，做农家活，看农家景，享农家乐”
2001 年	国家旅游局	推进工业旅游和农业旅游作为重点，年底公布了首批农业旅游示范点候选名单
2002 年	国家旅游局	《全国农业旅游示范点、工业旅游示范点检查标准（试行）》，推进了农业旅游产品的标准化
2006 年	国家旅游局	“2006 中国乡村游”旅游主题，宣传口号为“新农村、新旅游、新体验、新风尚”
2007 年	国家旅游局	“中国和谐城乡游”，宣传口号为“魅力乡村、活力城市、和谐中国”
2007 年	国家旅游局与农业部联发	《关于大力推进全国乡村旅游发展的通知》，通过开展“百千万工程”建设，进一步推动乡村旅游发展，加快传统农业转型升级，促进农村生态和村容村貌改善，吸纳农民就业，增加农民收入
2008 年	国务院	《关于切实加强农业基础建设进一步促进农业发展农民增收的若干意见》，提出“要通过非农就业增收，提高乡镇企业、家庭工业和乡村旅游发展水平”
2009 年	国务院	《关于 2009 年促进农业稳定发展农民持续增收的若干意见》，提出要“建设现代林业，发展山区林特产品、生态旅游业和碳汇林业”
2010 年	国务院	《关于加大统筹城乡发展力度进一步夯实农业农村发展基础的若干意见》，提出要“积极发展休闲农业、乡村旅游、森林旅游和农村服务业”
2011 年	国家旅游局	《中国旅游业“十二五”发展规划纲要》，深入推进乡村旅游发展和社会主义新农村建设结合
2014 年	国务院	《关于促进旅游业改革发展的若干意见》，提出大力发展乡村旅游，规范乡村旅游开发建设，保持传统乡村风貌
2015 年	农业部	《关于进一步调整优化农业结构的指导意见》，指出大力发展都市现代农业，引导发展传承农耕牧渔文化、科学普及体验的休闲农业、观光农业；大力挖掘农村文化资源，强化农业产品、农事景观、乡土文化的创意设计，提高农业整体效益
2015 年	农业部联合 11 部门	《关于积极开发农业多种功能，大力促进休闲农业发展的通知》，强调各地要充分认识休闲农业在助推农业强起来、农民富起来、农村美起来、建设美丽中国和美丽乡村中的重大作用

续表

时间	发布单位	内容
2016年	农业部 联合14部门	《关于大力发展休闲农业的指导意见》，从加强规划引导、丰富产品业态、改善基础设施、推动产业扶贫、弘扬优秀农耕文化、保护传统村落、培育知名品牌方面提出总体要求
2016年	国家旅游局 与农业部联发	《关于组织开展国家现代农业庄园创建工作的通知》，提出创建国家现代农业庄园，是提高农业质量和效益、实现一、二、三产业融合发展，推进农业和旅游业供给侧结构性改革的具体实践
2017年	国务院	《关于深入推进农业供给侧结构性改革 加快培育农业农村发展新动能的若干意见》，利用“旅游＋”“生态＋”等模式，推进农业、林业与旅游、教育、文化、康养等产业深度融合
2017年	农业部	《关于开展休闲渔业品牌培育活动的通知》，全面叫响休闲渔业品牌，着力构建推动休闲渔业规范健康发展和促进渔业增效、渔民增收的长效机制
2017年	农业部	《关于推动落实休闲农业和乡村旅游发展政策的通知》，促进休闲农业和乡村旅游业态多样化、产业集聚化、主体多元化、设施现代化、服务规范化和发展绿色化
2017年	农业部与中国农业发展银行联发	《关于政策性金融支持农村一二三产业融合发展的通知》，支持农业多种功能开发，增加农村产业融合发展拓展力
2018年	国务院	《关于实施乡村振兴战略的意见》，实施休闲农业和乡村旅游精品工程，建设一批设施完备、功能多样的休闲观光园区、森林人家、康养基地、乡村民宿、特色小镇。对利用闲置农房发展民宿、养老等项目，研究出台消防、特种行业经营等领域便利市场准入、加强事中事后监管的管理办法
2018年	国务院	《乡村振兴战略规划（2018—2022年）》，实施休闲农业和乡村旅游精品工程，发展乡村共享经济等新业态，推动科技、人文等元素融入农业
2018年	农业农村部	《关于开展休闲农业和乡村旅游升级行动的通知》，坚持以农业为基础的发展定位，积极拓展农业多种功能，因地制宜发展休闲观光、体验娱乐、科普教育、健体康养、民俗民宿等特色产业
2018年	文化和旅游部等 17部门联发	《关于促进乡村旅游可持续发展的指导意见》，盘活农村闲置建设用地资源，开展城乡建设用地增减挂钩，优化建设用地结构和布局，促进休闲农业和乡村旅游发展，提高土地节约集约利用水平
2019年	国务院	《关于进一步激发文化和旅游消费潜力的意见》，积极发展休闲农业，大力发展乡村旅游，实施休闲农业和乡村旅游精品工程，培育一批美丽休闲乡村，推出一批休闲农业示范县和乡村旅游重点村

续表

时间	发布单位	内容
2020 年	农业农村部	《关于落实党中央、国务院 2020 年农业农村重点工作部署的实施意见》，建设休闲农业重点县，推介一批乡村休闲旅游精品景点线路
2020 年	国家发展和改革委员会	《关于促进特色小镇规范健康发展意见的通知》，错位发展先进制造类特色小镇，文化旅游、森林、康养等现代服务类特色小镇，以及农业田园类特色小镇
2021 年	农业农村部与中国农业银行联发	《关于加强金融支持乡村休闲旅游业发展的通知》，聚焦支持重点区域内的农户、农村集体经济组织、农业企业、文旅企业、农民合作社等经营主体发展乡村休闲旅游业
2021 年	农业农村部等 10 部门联发	《关于推动脱贫地区特色产业可持续发展的指导意见》，依托田园风光、绿水青山、村落建筑、乡土文化、民俗风情等特色资源，发展乡村旅游、休闲农业、文化体验、健康养老等新产业新业态，突出特色化、差异化、多元化
2021 年	商务部等 17 部门联发	《关于加强县域商业体系建设促进农村消费的意见》，推出一批休闲农业和乡村旅游精品路线，打造乡村休闲旅游聚集区，建设美丽休闲乡村和全国休闲农业重点县
2021 年	农业农村部	《关于落实好党中央、国务院 2021 年农业农村重点工作部署的实施意见》，建设一批休闲农业重点县，推介一批美丽休闲乡村、休闲农业和乡村旅游精品景点路线，认定一批全国“一村一品”示范村镇
2021 年	农业农村部	《关于促进农业产业化龙头企业做大做强的意见》，不断拓展农业的食品保障、休闲体验、生态涵养和文化传承等多种功能，延长产业链、优化供应链、提升价值链，推动产加销服贯通、农食文旅教融合，构建高质高效的现代乡村产业体系
2022 年	国务院	《关于做好 2022 年全面推进乡村振兴重点工作的意见》，鼓励各地拓展农业多种功能、挖掘乡村多元价值，重点发展农产品加工、乡村休闲旅游、农村电商等产业
2022 年	国务院	《“十四五”旅游业发展规划》，深入挖掘、传承提升乡村优秀传统文化，带动乡村旅游发展。有效衔接乡村振兴战略，重点支持脱贫地区乡村旅游发展壮大
2023 年	农业农村部	《关于落实党中央国务院 2023 年全面推进乡村振兴重点工作部署的实施意见》，制定休闲农业高质量发展指导意见和休闲农业行业服务指南。鼓励发展教育农园、研学基地、乡村露营游、乡土文化体验游等新模式

第4章　长江经济带农业和旅游业发展状况

4.1　区域概况

4.1.1　长江经济带基本情况

长江发源于青海省西南部、青藏高原上的唐古拉山脉主峰各拉丹冬雪山，是中国第一、世界第三大河流，货运量位于全球内河第一，被誉为“黄金水道”。长江流域，是指长江干流和支流流经的广大区域，横跨中国东部、中部和西部三大经济区，流经青海、西藏、四川、云南、重庆、湖北、湖南、江西、安徽、江苏、上海、甘肃、陕西、河南、广西、广东、浙江、福建共19个省级行政区，是世界第三大流域。长江流域由江源至河口，整个地势西高东低，形成三级巨大阶梯。长江流域地跨热带、亚热带和暖温带，大部分地区为亚热带季风湿润气候，气候温暖，雨量丰沛，年平均气温呈东高西低、南高北低的分布趋势。长江流域内形成了长江三角洲城市群、长江中游城市群、成渝城市群、江淮城市群、滇中城市群和黔中城市群，聚集地级以上城市50多个，生物资源和矿产资源丰富，具有特色鲜明的美食文化和码头文化，同时还留存类型多样的文化遗址遗迹。

长江经济带则是在改革开放之后为推动区域经济协调发展而形成的地域空间概念。长江经济带思想萌芽于孙尚清提出“建设长江产业密集带”的构想、经济学家马洪提出的“一线一轴”战略构想和1984年陆大道依据“点一轴开发理论”提出的国土空间“T型”发展战略格局。1985年《中华人民共和国国民经济和社会发展第七个五年计划》中首次提出要大力发展长江中、东、西部地区的横向经济联系，这标志着从国家层面上提出发展长江经济带。1996年颁布的《中华人民共和国国民经济和社会发展“九五”计划和2010年远景目标纲要》强调，长江三角洲及沿江地区要“以浦东开放开发、三峡建设为契机，依托沿江大中城市，逐步形成一条贯穿东西、连接南北的综合经济带”，这标志着长江流域发展受到国家的高度重视；此后，各沿江省市虽然签订相关合作协议，积极开展经济协作，但长江经济带发展并未取得较为显著成就。随着中国特色社会主义建设进入到新时期，长江经济带迎来全面高效发展：在理念定位上，2013年李克强总理指示要依托长江这一黄金水道，打造中国经济新的支撑带；2014年中央政治局会议指出“推动京津冀协同发展和长江经济带发展”；2016年习近平总书记在重庆主持召开的座谈会中强调推动长江经济带发展必须从中华民族长远利益考虑，走生态优先、绿色发展之路，使绿水青山产生巨大生态效益、经济效益、社会效益，使母亲河永葆生机活力；2018年习近平总书记指出要重点把握好五大关系，把长江经济带建设成为推动我国经济高质量发展的生力军；在战略规划上，先后出台了《关于依托黄金水道推动长江经济带发展的指导意见》《关于国家长江经济带发展战略的实施意见》《长江经济带发展规划纲要》《长江三角洲区域一体化发展规划纲要》等政策体系明确长江经济带发展的目标、方向和重点等，此外还出台《中华人民共和国长江保护法》为长江经济带区域发展与生态保护提供法律保障。

根据《长江经济带发展规划纲要》，长江经济带横跨中国东中西三大区域，主要包含东部地区的上海、江苏、浙江和安徽，中部地区的江西、湖北和湖南，西部地区的重庆、四川、云南和贵州共11个省市，面积约205万平方公里，约占全国的1/5，人口和生产总值均超过全国的2/5。长江经济带虽然作为七大流域经济带（黄河、长江、珠江、淮河、海河、辽河和松花江）经济之首，但人均GDP仅排第6位，存在较为明显的区域发展不平衡不充分问题，需要通过空间整合、产业整合、投资消费整合、体制整合等进一步释放发展动力。目前，长江经济带在生态环境保护修复、综合立体交通走廊建设、转型升级绿色发展、体制机制改革创新等方面取得了积极进展。往后，做好推进长江经济带高质量发展大文章，要强调“一盘棋”思想，妥善处理好长江经济带发展中的“五个关系”，全面做好长江生态环保修复工作，还要创新体制机制，进一步提高全要素生产率。

综上可见，长江经济带的战略意义重大。首先，长江经济带国家发展战略是国家主动适应经济发展新常态，顺应经济发展的“点一线一带一面”规律的体现，亦是推动长江经济带区域协调一体化的科学探索。其次，长江经济带作为当前中国经济带发展的先行区和经济增长潜力最大的区域，不仅是支撑新世纪中国经济成长的重要轴线，同时也关系到国家发展全局，对实现“两个一百年”奋斗目标和中华民族伟大复兴的中国梦具有重要战略意义，而且长江经济带战略是国家科学谋划以应对全球形势变化的长远发展布局，同时与新旧动能转换目标高度契合，推动长江经济带发展不仅能加快经济增长空间从沿海拓展至沿江内陆，形成良好发展格局，还能打造国际经济合作竞争新优势。最后，长江经济带发展战略是长江经济带走绿色、生态和可持续发展道路的必然选择，从而真正永葆长江经济带区域的生机与活力并发挥“黄金水道”的效益。

4.1.2　长江经济带农业和旅游业发展概况

长江经济带农业总体上处于我国农业产业发展的支柱地位，这主要取决于：首先，长江经济带具有独特的自然优势，长江经济带属于亚热带季风型湿润气候，雨热同期而且热量充足，大部分地区降水量丰沛，从而具有适宜农作物生产和果树木林成长的良好的气候条件；其次，长江经济带贯穿我国东西部，拥有我国最大的长江中下游沿岸带状平原，依据《中国农村统计年鉴（2020）》，2019年，长江经济带的耕地总量为 6.76 亿亩，占全国比重为 33.3%；然后，长江经济带区域农业基础设施不断完善，近年来长江经济带广泛在耕地、播种、收割等农业生产方面采用农业机器代替农民劳动生产，同时不断完善农村电力设施，从而极大地提高了农业生产效率，依据《中国农村统计年鉴（2020）》，2019 年，长江经济带机械播种面积已达 19988.9 千公顷；最后，长江经济带拥有强劲的经济实力、充足的劳动力、完善的交通体系和庞大的农产品加工体系，依据《中国统计年鉴（2020）》，2019 年长江经济带实现地区生产总值 45.8 万亿元，增速高于同期我国国内生产总值，人均 GDP 远高于国内平均水平。依据《中国农村统计年鉴（2020）》，2019 年，长江经济带粮食产量达 2.38 亿吨，约占全国的 36%；油料产量达 1560 万吨，约占全国的 45%，畜牧业总产值达 1.35 万亿元，农林牧渔总产值超全国 40%，水稻产量约占全国 65%；农田有效灌溉面积达到 3.79 亿亩，有效灌溉率约 56%，远超全国平均水平；单位面积的农机动力为 8.6 千瓦/公顷，也远超全国平均水平。总的来说，长江经济带用较少的耕地解决了超 6 亿人的口粮问题，农业发展水平较高，农产品品质也不断提升；在农业现代化、机械设备利用率等方面也有了质的提升。

长江经济带具有丰富的旅游资源、充足的旅游产品供给和旅游企业数量。到 2019 年底，长江经济带地理标志产品共有 701 个，全国乡村旅游重点村 125 个，中国美丽休闲乡村 357 个，全国休闲农业与乡村旅游精品企业（园区）1167 个①。同时长江经济带区域经济发达、旅游基础设施完善、交通能力支撑强和旅游政策体系完善等都有利于发展旅游业；而且旅游产业是绿色无污染产业，长江经济带发展旅游是一种积极有效的开发性保护模式，同时也与长江经济带高质量发展战略相契合，能够引导长江经济带走绿色发展道路，缓解生态环境承载压力，促进生态环境的保护修复。依据《中国文化文物和旅游统计年鉴（2020）》和各省级行政区相关旅游统计公报，截至 2019 年，长江经济带共有 A 级旅游景区 5139 个，旅行社 15890 个，星级饭店 3505 个，旅行社从业人员 190716 人，星级饭店从业人数 50.48 万人，A 级旅游景区从业人数 768767 人，接待旅游总人数高达 88.05 亿人次，同比增长 8.27%，创造旅游总收入达 10.77 万亿元，同比增加 18.22%，旅游业总收入占区域国内生产总值的 21.81%。目前长江经济带致力于在上海打造“沿江沿湾”旅游业发展格局，重点发展都市体验旅游；在江苏构建“两廊两带两区”旅游业发展格局，重点发展文化旅游；在浙江形成“一湾三带四路多点”的旅游发展格局，重点发展现代旅游；在安徽打造“两个中心点、三纵三横和六个特色板块”旅游发展格局，加快推进休闲旅游、夜间旅游等；在江西建设以南昌为中心的城市旅游体系，重点发展红色旅游；在湖北构造“一主一江三区六山九湖”的旅游发展格局，全面发展乡村旅游；在湖南构建

① 据住房和城乡建设部、文化和旅游部、农业农村部等官方网相关数据整理。

"两中心、三门户、五板块、五联动区、四走廊、七线路"旅游发展格局，积极培育夜间文旅、沉浸式旅游等新业态；在重庆形成"一区两群"旅游发展格局，着力打造长江三峡游轮旅游；在四川建造"一核四廊五带十大"旅游发展格局，重点发展文化旅游；在贵州构建"一核八区五带多极"旅游发展格局，重点发展康养业态；在云南发展"一环三带六中心"旅游格局，大力发展红色旅游。

4.1.3　长江经济带农产品主产区及粮食主产区的功能定位与发展使命

农产品主产区是2010年国务院发布的《全国主体功能区规划》（下文简称《规划》）中指出的限制进行大规模高强度工业化城镇化开发的区域，主要开展建立以东北平原、黄淮海平原、长江流域、汾渭平原、河套灌区、华南和甘肃新疆等七区二十三带特色农产品主产区，同时积极支持其他农业地区和其他优势特色农产品的发展，从而实现农业综合生产能力的提高、加快社会主义新农村建设步伐等。而粮食主产区主要是2003年财政部下发的《关于改革和完善农业综合开发政策措施的意见》（下文简称《意见》）确定黑龙江（含省农垦总局）、吉林、辽宁（不含大连）、内蒙古、河北、河南、山东（不含青岛）、江苏、安徽、四川、湖南、湖北、江西、新疆、广西、云南、新疆生产建设兵团等17个省级单位作为农业综合开发的农业主产区，其中前13个省级单位为粮食主产区，而新疆、新疆生产建设兵团为棉花主产区，广西、云南为糖料主产区。可见，2010年国务院发布的《规划》中所指"农产品主产区"与财政部上述《意见》界定的"农业主产区"高度相关。

值得注意的是，2019年长江经济带粮食主产区粮食产量占全国产量的25.6%[①]。关于粮食主产区的定义，不同的学者亦从不同的角度定义粮食主产区，认为应该从粮食种植面积、粮食产量、专业化水平等指标确定粮食主产区。总的来说，粮食主产区是指拥有优越的种植粮食作物的气候、土壤、水文、地理等自然条件，并具有明显的技术优势、资源优势等比较优势的粮食重点种植地区。总的看来，农产品主产区与粮食主产区在范围上存在重叠部分，且均致力于稳定粮食生产和主要农作物的有效供给，保障基本粮食安全和食物安全，增加农

① 数据资料来源：《中国农村统计年鉴（2020）》。

业主产区农民的收入，提高农业生产能力，加快农业现代化进程。

长江经济带农业资源丰富，农业基础设施具有明显优势，农业基础较好。根据上述《规划》和《意见》，全国农产品主产区（农业主产区）在长江经济带11个省级行政区域中，江苏、安徽、江西、湖北、湖南、四川6个省级行政区属粮食主产区，主要涉及四川盆地、鄱阳湖平原、洞庭湖平原、江汉平原、长江下游平原等粮食主产区域；云南省则为糖料主产区。由此可见，长江经济带农产品主产区、农业主产区涵盖我国重要的粮食产区，是国家粮食安全重要保障区，肩负国家粮食安全战略重要使命。

鉴于此，后文选取长江经济带农产品主产区的江苏、安徽、江西、湖北、湖南、四川6个省域粮食主产区相关数据展开实证分析，由此也基本可反映长江经济带农产品主产区农业和旅游业的发展状况，并揭示该区域农旅融合的发展特征与方向。

4.2 研究方法、指标选取与数据来源

4.2.1 研究方法

本章运用DEA-BCC模型和Malmquist生产率指数模型对长江经济带农产品主产区的粮食主产区江苏、安徽、江西、湖北、湖南、四川6个省域单元2014—2019年的农业效率、旅游效率进行测算和分解，以期为区域农业、旅游业提质增效和融合发展提供科学的分析依据。

（1）DEA-BCC模型

数据包络分析（Data Envelopment Analysis，DEA）是基于多个决策单元（DMU）投入产出对比下效率前沿面测算的线性规划方法。DEA-BCC模型打破了CCR（A. Charnes & W. W. Cooper & E. Rhodes）模型规模报酬不变的假定，将可变规模报酬（RTS）下决策单元的静态综合效率（CRS）进一步分解为纯技术效率（VRS）和规模效率（SCAL），运用产出导向BBC模型测算农业、旅游及农旅融合效率，分析农业、旅游及农旅融合要素的利用现状。

(2) Malmquist 生产率指数模型

基于 DEA 的 Malmquist 生产率指数能够将农业、旅游及农旅融合全要素生产率进行分解，反映效率的时间变化趋势和变化产生的主要因素，最终表达式为：

$$M_0(x_t, y_t, x_{t+1}, y_{t+1}) = \frac{D_0^{t+1}(x_{t+1}, y_{t+1})}{D_0^{t+1}(x_t, y_t)} \times \sqrt{\frac{D_0^t(x_{t+1}, y_{t+1})}{D_0^{t+1}(x_{t+1}, y_{t+1})} \times \frac{D_0^t(x_t, y_t)}{D_0^{t+1}(x_t, y_t)}} \tag{4.1}$$

式中：$M_0(x_t, y_t, x_{t+1}, y_{t+1})$ 表示全要素生产率指数（TFPCH），其值大于 1 表示全要素生产率提高，小于 1 表示全要素生产率降低，等于 1 表示全要素生产率不变；等式右侧第一项代表技术效率变化（EFFCH），第二项代表技术进步变化（TECHCH）。

其中技术效率变化可以分解为纯技术效率变化（PECH）和规模效率变化（SECH）。所以，式（1）中 Malmquist 指数可以进一步分解为：

$$M_0(x_t, y_t, x_{t+1}, y_{t+1}) = \frac{S_0^t(x_t, y_t)}{S_0^{t+1}(x_{t+1}, y_{t+1})} \times \frac{D_0^t\left(\frac{x_{t+1}, y_{t+1}}{VRS}\right)}{D_0^t\left(\frac{x_t, y_t}{VRS}\right)} \times \sqrt{\frac{D_0^t(x_{t+1}, y_{t+1})}{D_0^{t+1}(x_{t+1}, y_{t+1})} \times \frac{D_0^t(x_t, y_t)}{D_0^{t+1}(x_t, y_t)}} \tag{4.2}$$

其中，

$$\frac{S_0^t(x_t, y_t)}{S_0^{t+1}(x_{t+1}, y_{t+1})} = \frac{\dfrac{D_0^t\left(\frac{x_t, y_t}{VRS}\right)}{D_0^{t+1}\left(\frac{x_t, y_t}{CRS}\right)}}{\dfrac{D_0^{t+1}\left(\frac{x_{t+1}, y_{t+1}}{VRS}\right)}{D_0^{t+1}\left(\frac{x_{t+1}, y_{t+1}}{CRS}\right)}} \tag{4.3}$$

式中：VRS 表示规模报酬变动，CRS 表示规模报酬不变。等式右侧第一项表示规模效率变化，第二项表示纯技术效率变化，第三项表示技术进步。

4.2.2　指标选取

效率测度结果主要取决于投入和产出指标。

(1) 农业效率测度指标

投入指标方面，古典经济学中最基本的生产要素主要包括土地、劳动和资本。选取农作物播种面积（千公顷）反映农业土地资源投入。农业从业人员是指直接从事农业生产，以农业收入为主要经济来源的人员，其人数是劳动要素最理想的衡量指标，但部分省级行政区该数据年际缺失较大，故选取第一产业从业人数（万人）来代表劳动力投入；资本要素是农业生产的重要支撑，选取利用能体现农业科研技术水平的农业机械总动力（万千瓦）、促进农业增产和增收的重要生产资料农用塑料薄膜使用量（吨）、反映农村化肥投放力度的农用化肥施用折纯量（万吨）作为农业生产资源资本要素的替代投入指标。

产出指标方面，选取能以货币形式反映农业在一个生产周期各个构成的生产情况的农业总产值（亿元）和反映农业产出水平的粮食总产量（万吨）作为主要指标。

（2）旅游效率测度指标

投入指标方面，旅游活动受土地要素约束较小，且市域旅游用地数据获取难度大，相关研究大部分不将其纳入投入变量指标；旅游从业人员是旅游服务最直接的提供者，其人数是劳动要素最理想的衡量指标，但多数城市并未对该指标进行统计，故选取第三产业从业人数（万人）指标来替代，虽放大了劳动力要素的投入规模，但在一定程度上考虑了旅游产业的综合性；资本要素是旅游活动的重要支撑，大多数城市并未对旅游业固定投资进行官方统计，故利用能反映旅游资源和旅游服务状况的3A（或三星）级及以上等级旅游景区（点）（个）、星级酒店（个）、旅行社数量（个）作为旅游业资本要素的替代投入指标。

产出指标方面，选取旅游活动最直接的产出旅游总人次数（万人次）和旅游总收入（亿元）作为主要指标。

4.2.3 数据来源

数据主要来源于《中国区域经济统计年鉴》《中国统计年鉴》《中国农村统计年鉴》，以及各省统计年鉴、旅游年鉴、国民经济和社会发展统计公报，部分缺失指标数据运用指数平滑进行计算补充。为保持数据一致性和结果的可比性，以2001年为基期，利用各年当期居民消费价格指数（Consumer Price Index，CPI）对农业总产值、旅游总收入进行平减，以消除价格波动的影响。

4.3　农业效率特征及时空演化

4.3.1　农业效率静态分析

利用DEAP2.1软件对2014—2019年江苏、安徽、江西、湖北、湖南、四川的投入产出指标进行农业效率分析，得到各省农业综合效率值、纯技术效率值、规模效率值（详见表4.1）。

表4.1　2014—2019年长江经济带粮食主产区农业效率

时段	类别	江苏	安徽	江西	湖北	湖南	四川	均值
2014	CRS	1.000	0.660	0.763	1.000	1.000	1.000	0.904
	VRS	1.000	0.730	1.000	1.000	1.000	1.000	0.955
	SCAL	1.000	0.903	0.763	1.000	1.000	1.000	0.944
	RTS	—	irs	irs	—	—	—	
2015	CRS	1.000	0.633	0.778	1.000	1.000	1.000	0.902
	VRS	1.000	0.709	1.000	1.000	1.000	1.000	0.951
	SCAL	1.000	0.893	0.778	1.000	1.000	1.000	0.945
	RTS	—	irs	irs	—	—	—	
2016	CRS	1.000	0.632	0.849	1.000	1.000	1.000	0.913
	VRS	1.000	0.737	1.000	1.000	1.000	1.000	0.956
	SCAL	1.000	0.857	0.849	1.000	1.000	1.000	0.951
	RTS	—	irs	irs	—	—	—	
2017	CRS	1.000	0.636	0.848	1.000	0.861	1.000	0.891
	VRS	1.000	0.733	1.000	1.000	0.902	1.000	0.939
	SCAL	1.000	0.869	0.848	1.000	0.954	1.000	0.945
	RTS	—	irs	irs	—	irs	—	
2018	CRS	1.000	0.617	0.866	1.000	0.809	1.000	0.882
	VRS	1.000	0.718	1.000	1.000	0.876	1.000	0.932
	SCAL	1.000	0.859	0.866	1.000	0.924	1.000	0.942
	RTS	—	irs	irs	—	irs	—	

续表

时段	类别	江苏	安徽	江西	湖北	湖南	四川	均值
2019	CRS	1.000	0.593	0.869	1.000	0.872	1.000	0.889
	VRS	1.000	0.703	1.000	1.000	0.922	1.000	0.937
	SCAL	1.000	0.844	0.869	1.000	0.946	1.000	0.943
	RTS	—	irs	irs	—	irs	—	

注：CRS、VRS、SCAL、RTS、irs分别表示综合效率、纯技术效率、规模效率、规模报酬、规模报酬递增。

从综合技术效率值来看，2014—2019年的农业综合效率均值分别为0.904、0.902、0.913、0.891、0.882、0.889，均未达到DEA有效，有较大进步空间，整体呈波动下降趋势。从省际角度来看，不同区域农业综合效率存在一定差异，安徽、湖南农业效率波动下降，江西则呈上升态势，江苏、湖北、四川始终处于生产前沿面上，农业生产投入实现了最优配置，投资结构合理，投入产出在不同组合下达到最佳效果。

从纯技术效率值来看，2014—2019年的农业纯技术效率均值分别为0.955、0.951、0.956、0.939、0.932、0.937，均未达到DEA有效，整体处于较高范畴，呈波动下降趋势。从省际角度来看，安徽、湖南农业纯技术效率波动下降，应进一步提高农业管理和技术水平，江苏、江西、湖北、四川始终处于生产前沿面上。

从规模效率值来看，2014—2019年的农业规模效率均值分别为0.944、0.945、0.951、0.945、0.942、0.943，均未达到DEA有效，整体处于较高范畴，较稳定。从省际角度来看，江西农业规模效率整体呈上升态势，江苏、湖北、四川始终处于生产前沿面上，在管理和技术等方面较为先进，既定投入实现产出最大化。安徽、湖南农业规模效率波动下降，应注重加强供给管理水平，设计合理激励制度，扩大投入以达到最佳规模。

2014—2016年，农业规模效率低于纯技术效率，说明规模效率较低是导致综合效率较低的主要原因，应调整投资规模，进一步提高规模效益；2017—2019年，农业纯技术效率低于规模效率，说明管理和技术水平是制约长江经济带粮食主产区农业效率的主要因素 。2014—2019年，安徽、江西一直处于规模报酬递增状态，2017—2019 年，湖南也呈现出规模报酬递增，应持续合理加大农业投入力度，从而提高农业综合效率。

4.3.2　农业效率动态演化分析

运用 Malmquist 指数模型分析技术效率和技术进步对全要素生产率的具体影响，进一步分析 2014—2019 年江苏、安徽、江西、湖北、湖南、四川农业效率动态变化及异质性（详见表 4.2、表 4.3）。

表 4.2　2014—2019 年长江经济带粮食主产区农业效率 Malmquist 指数及其分解

时段	EFFCH	TECHCH	PECH	SECH	TFPCH
2014—2015	0.996	1.062	0.995	1.001	1.058
2015—2016	1.014	1.06	1.006	1.008	1.075
2016—2017	0.976	1.009	0.982	0.994	0.986
2017—2018	0.988	1.041	0.992	0.996	1.028
2018—2019	1.006	1.080	1.005	1.001	1.087
均值	0.996	1.050	0.996	1.00	1.046

表 4.3　长江经济带粮食主产区各地区农业效率 Malmquist 指数及其分解

地区	EFFCH	TECHCH	PECH	SECH	TFPCH
江苏	1.000	1.034	1.000	1.000	1.034
安徽	0.979	1.048	0.992	0.986	1.025
江西	1.026	1.055	1.000	1.026	1.083
湖北	1.000	1.042	1.000	1.000	1.042
湖南	0.973	1.044	0.984	0.989	1.016
四川	1.000	1.078	1.000	1.000	1.078
均值	0.996	1.050	0.996	1.000	1.046

注：EFFCH、TECHCH、PECH、SECH、TFPCH 分别表示综合效率变化、技术进步变化、纯技术效率变化、规模效率变化、全要素生产率变化。

（1）整体效率变动分析

2014—2019 年长江经济带粮食主产区农业全要素生产率呈先降后升态势，

均值为1.046，除2016—2017年外全要素生产率指数都大于1，说明农业效率处于稳步上升阶段，农业集约化逐年提高。

分解来看，综合效率变化指数均值为0.996，2018—2019年较2014—2015年上升1.00%，全要素生产率高于综合效率变化，说明综合效率的提高不是导致全要素生产率相对有效的原因，相反，技术进步变化的显著提高是其保持正增长的主要因素，即农业技术进步对综合效率的提高起主要作用，说明长江经济带粮食主产区农业技术水平在持续提升，但通过扩大投入规模实现农业资源的有效供给还有较大空间。技术进步变化指数均值为1.050，且每年都大于1，2018—2019年较2014—2015年上升1.00%，说明技术水平逐年提高，各要素利用效率呈提升状态。纯技术效率变化指数均值为0.996，呈波动上升趋势，技术和资源潜力持续发挥。规模效率变化指数均值为1，规模效率总体上保持不变。在规模效率基本不变、技术进步的情况下，综合效率却总体呈波动下降态势，说明农业要素配置不合理、资源利用效率低下和资源闲置等是农业质量不高的主要原因，需要在提高农业技术进步的同时，适度合理扩大农业投入规模，促进农业综合效率提升。

（2）各地区效率变化对比

2014—2019年，江苏、安徽、江西、湖北、湖南农业全要素生产率指数均大于1，说明长江经济带粮食主产区农业效率不断提升，发展态势良好。增长动因方面，江苏、安徽、湖北、湖南、四川的技术进步变化大于1，规模效率变化小于等于1，全要素生产率的提升主要得益于技术进步；江西的技术进步变化、规模效率变化同步，均大于1，两者协同推动全要素生产率提升。

4.4 旅游效率特征及时空演化

4.4.1 旅游效率静态分析

利用DEAP2.1软件对2014—2019年江苏、安徽、江西、湖北、湖南、四川的投入产出指标进行旅游效率分析，得到各省旅游综合效率值、纯技术效率值、规模效率值（详见表4.4）。

表 4.4　2014—2019 年长江经济带粮食主产区旅游效率

时段	类别	江苏	安徽	江西	湖北	湖南	四川	均值
2014	CRS	1.000	0.848	1.000	0.831	0.870	1.000	0.925
	VRS	1.000	1.000	1.000	0.928	0.877	1.000	0.968
	SCAL	1.000	0.848	1.000	0.896	0.992	1.000	0.956
	RTS	—	irs	—	irs	drs	—	
2015	CRS	1.000	0.932	1.000	0.806	0.978	1.000	0.953
	VRS	1.000	0.991	1.000	0.807	0.986	1.000	0.964
	SCAL	1.000	0.940	1.000	0.998	0.991	1.000	0.988
	RTS	—	irs	—	drs	drs	—	
2016	CRS	0.897	0.958	1.000	0.911	0.996	1.000	0.960
	VRS	1.000	1.000	1.000	1.000	1.000	1.000	1.000
	SCAL	0.897	0.958	1.000	0.911	0.996	1.000	0.960
	RTS	drs	irs	—	irs	drs	—	
2017	CRS	0.971	0.909	1.000	0.881	0.996	1.000	0.960
	VRS	1.000	1.000	1.000	0.898	1.000	1.000	0.983
	SCAL	0.971	0.909	1.000	0.981	0.996	1.000	0.976
	RTS	drs	irs	—	drs	irs	—	
2018	CRS	1.000	1.000	1.000	0.859	0.869	1.000	0.955
	VRS	1.000	1.000	1.000	1.000	0.933	1.000	0.989
	SCAL	1.000	1.000	1.000	0.859	0.932	1.000	0.965
	RTS	—	—	—	irs	irs	—	
2019	CRS	1.000	1.000	1.000	0.820	1.000	1.000	0.970
	VRS	1.000	1.000	1.000	1.000	1.000	1.000	1.000
	SCAL	1.000	1.000	1.000	0.820	1.000	1.000	0.970
	RTS	—	—	—	irs	—	—	

注：CRS、VRS、SCAL、RTS、irs、drs 分别表示综合效率、技术效率、规模效率、规模报酬、规模报酬递增、规模报酬递减。

从综合技术效率值来看，2014—2019 年的旅游综合效率均值分别为 0.925、0.953、0.960、0.960、0.955、0.970，均未达到 DEA 有效，整体水平较高，呈波动上升趋势。从省际角度来看，江苏旅游效率在2016、2017年出现回落又回到生产前沿面，湖北呈波动下降，安徽、湖南则波动呈上升态势，江西、四川始终处于生产前沿面上，旅游生产投入实现了最优配置，投资结构合理，投入产出在不同组合下达到了最佳效果。

从纯技术效率值来看，2014—2019年的旅游纯技术效率均值分别为0.968、0.964、1.000、0.983、0.989、1.000，2016、2019年达到DEA有效，整体处于较高范畴，呈波动上升趋势。从省际角度来看，湖北、湖南旅游纯技术效率波动上升，旅游管理和技术水平有效提升，江苏、江西、四川始终处于生产前沿面上，对技术的掌握和推广力度较好。

从规模效率值来看，2014—2019年的旅游规模效率均值分别为0.956、0.988、0.960、0.976、0.965、0.970，均未达到DEA有效，整体处于较高范畴，且较稳定。从省际角度来看，湖北旅游规模效率波动下降，安徽、湖南旅游规模效率整体呈上升态势，江苏、江西、四川始终处于生产前沿面上，在管理和技术等方面较为先进，既定投入实现产出最大化。

2014—2019年间除2015年外，旅游纯技术效率高于规模效率，说明旅游要素投入规模是制约长江经济带粮食主产区旅游效率的主要因素，规模效率较低是导致综合效率较低的主要原因，应调整要素投入规模，进一步提高规模效益。

2014—2019年，江苏、安徽基本一直处于规模报酬递增状态，湖南由规模报酬递减逐渐向规模报酬递增转变，应持续合理加大旅游要素资源投入力度，从而提高旅游综合效率，获得更大收益；湖北则呈现出规模报酬递减、递增交替出现状态，说明投入规模要素利用水平还不稳定，应注意改善利用手段和水平，加强经验总结、借鉴和推广。

4.4.2 旅游效率动态演化分析

运用Malmquist指数模型分析技术效率和技术进步对全要素生产率的具体影响，进一步分析2014—2019年江苏、安徽、江西、湖北、湖南、四川旅游效率动态变化及异质性（详见表4.5、表4.6）。

表 4.5　2014—2019 年长江经济带粮食主产区旅游效率 Malmquist 生产指数及其分解

时段	EFFCH	TECHCH	PECH	SECH	TFPCH
2014—2015	1.030	1.148	0.995	1.036	1.183
2015—2016	1.010	1.141	1.040	0.971	1.153
2016—2017	0.999	1.115	0.982	1.017	1.113
2017—2018	0.994	1.284	1.006	0.988	1.276
2018—2019	1.016	0.883	1.012	1.004	0.896
均值	1.010	1.106	1.007	1.003	1.117

表 4.6　长江经济带粮食主产区各地区农业效率 Malmquist 指数及其分解

地区	EFFCH	TECHCH	PECH	SECH	TFPCH
江苏	1.000	1.165	1.000	1.000	1.165
安徽	1.033	1.171	1.000	1.033	1.210
江西	1.000	1.088	1.000	1.000	1.088
湖北	0.997	1.105	1.015	0.982	1.102
湖南	1.028	1.033	1.027	1.002	1.062
四川	1.000	1.080	1.000	1.000	1.080
均值	1.010	1.106	1.007	1.003	1.117

注：EFFCH、TECHCH、PECH、SECH、TFPCH 分别表示综合效率变化、技术进步变化、纯技术效率变化、规模效率变化、全要素生产率变化。

(1) 整体效率变动分析

2014—2019 年长江经济带粮食主产区旅游全要素生产率呈波动下降态势，均值为 1.117，除 2018—2019 年外全要素生产率指数都大于 1，说明旅游效率处于稳步上升阶段，旅游业集约化逐年提高。

分解来看，综合效率变化指数均值为 1.010，2018—2019 年较 2014—2015 年下降 1.40%，全要素生产率高于综合效率变化，说明综合效率的提高不是导致全要素生产率相对有效的原因，旅游技术进步的显著提高对综合效率的提高起主要作用。技术进步变化指数均值为 1.106，且每年都大于 1，2018—2019 年较 2014—2015 年下降 5.90%，说明技术水平提高趋势放缓。纯技术效率变化指数均值为1.007，整体呈波动上升趋势，技术和资源潜力持续发挥。规模效率变化指数均值为1.003，规模效率整体呈波动下降趋势。整体上看，2014—2018年间，同年度的技术进步变化较规模效率变化高出10.00%左右，前者对全要素生产率提升的作用更大，需要在提高旅游技术进步的同时，适度合理扩大旅游投入规模，两者齐头并进，从而促进旅游综合效率进一步优化提升。

（2）各地区效率变化对比

2014—2019年江苏、安徽、江西、湖北、湖南旅游全要素生产率指数均大于1，说明长江经济带粮食主产区旅游效率不断提升，发展态势良好。增长动因方面，江苏、安徽、江西、湖南、四川的技术进步变化、规模效率变化同步，均大于1，两者协同推动全要素生产率提升；湖北的技术进步变化大于1，规模效率变化小于1，全要素生产率的提升主要得益于技术进步。

4.5 结　论

2014—2019年，长江经济带粮食主产区农业综合效率和旅游综合效率均未达到DEA有效，不同区域农业综合效率和旅游综合效率存在一定差异，部分省级行政区都存在不同程度的纯技术效率和规模效率的提升空间。

农业综合效率整体呈波动下降趋势，有较大进步空间。农业要素配置不合理、资源利用效率低下和资源闲置等是农业质量不高的主要原因，需要在提高农业技术进步的同时，适度合理扩大农业投入规模，促进农业综合效率提升。江苏、湖北、四川农业在管理和技术等方面较为先进，投资结构合理，投入产出在不同组合下达到了最佳效果；安徽、湖南农业纯技术效率波动下降，应进一步提高农业管理和技术水平，加强供给管理水平，设计合理激励制度，扩大投入以达到最佳规模。

旅游综合效率整体水平较好，呈波动上升趋势，旅游业集约化逐年提高。旅游技术进步的显著提高有效促进了综合效率提高，旅游要素投入规模是制约长江经济带粮食主产区旅游效率的主要因素，规模效率较低是导致综合效率较低的主要原因，需要在提高旅游技术进步的同时，调整要素投入规模，适度合理扩大旅游投入规模，进一步提高规模效益，两者齐头并进，从而促进旅游综合效率进一步优化提升。

从长江经济带粮食主产区的区域协调角度来看，长江经济带农业和旅游业质量也呈现较为明显的区域分异。农业和旅游业发展基础薄弱的区域，需灵活借鉴先进技术和经验，优化农业和旅游业投入回报；农业和旅游业发展动力不足的地区，要充分挖掘自身资源潜质，刺激农业和旅游业发展的活力；农业和旅游业发展较好、进步空间有限的区域，要加快产业调整和技术创新，向发展水平较弱的地区转移部分优势资源。同时，要注重农业和旅游业发展政策的松紧搭配和有效供给，统筹好区域农业和旅游业发展的协调与指导工作，省份、城市、乡村之间可以协商颁布促进农业和旅游业高质量发展的政策制度，进一步健全农业和旅游业的行业体制和运行机制，打破行政区域壁垒，进一步完善交通、网络等基础设施建设，实现长江经济带粮食主产区乃至整个农产品主产区农业与旅游业区域协同发展；逐步增加对农业技术、旅游技术创新的投入，培养农业技术型和旅游技术型、管理型高素质人才，推动农业、旅游业与其他产业融合发展，有力推动区域农业和旅游业产业结构升级。

第5章 长江经济带农旅融合发展总体状况

5.1 长江经济带农旅融合发展及其主要实体品牌概况

5.1.1 农旅融合背景与意义

国际上，“农旅融合”概念是1865年最早由意大利成立的“农业与旅游全国协会”提出，当时用于专指由城市居民前往农村体验自然野趣的现象，此后澳大利亚、法国、德国、日本等相继开启了农旅融合的序章。20世纪70年代，农旅融合首先被引入中国台湾地区，台湾农民通过自发开发蔬菜园、水果园等供游客采摘、观赏来提高农业经营收入和效益，内陆地区的农旅融合在改革开放之后逐渐展开，以农民家庭自主经营的“农家乐”为代表，一些乡村还纷纷举办“荔枝节”等农事节庆活动来吸引游客、增强游客体验。农旅融合的本质是以农为本，旅游赋能。农业与旅游业的融合渗透发展，实现优势互补，必然会带来“1＋1＞2”的效应，依据《中国休闲农业年鉴（2020）》，截至2019年，我国休闲农业与乡村旅游接待游客约32亿人次，营业收入达8500亿元，直接带动吸纳就业人数1200万，带动受益农户800多万户。可见，农旅融合在带动农民就业、促进农民增收、农业农村现代化建设和旅游业转型升级等方面具有重要作用。

在新时代战略背景下，我国经济由高速增长转向高质量发展，社会的主要矛盾转化为人民日益增长的美好生活需要与不平衡不充分的发展之间的矛盾；农业农村经济在得到充分发展的同时也面临劳动力老龄化，农业生产空心化，农村生态环境退化，农业现代化滞后于新型工业化、城镇化、信息化等问题。有鉴于此，党的十九大提出乡村振兴战略，并出台相关规划指导，提供人力、财政、土地等方面的政策支持并提供土地和用电便利，旨在破解城乡二元结构、化解城乡不平衡，从而实现农业农村现代化、农民生活健康富裕和全面建成小康社会。因此，推动新时代背景下农业和旅游业的深度融合发展必将成为我国实现乡村振兴战略目标的重要途径。

长江流域具有优良的农业发展环境条件，历来是我国农业发达地区，农耕文化历史悠久、底蕴深厚。长江经济带作为我国重要的农产品主产区、粮食生产基地，拥有丰富的耕地资源和水资源，农业发展基础良好，在农业产业化、现代化进程中涌现出一些新型农业业态，如高科技农业，但也面临着整体粮食生产能力低于全国生产水平、区域发展不平衡导致部分地区粮食短缺、生态环境脆弱和农业污染日趋严峻等问题。长江经济带上游和中游区域旅游资源丰富，东部区域经济发达，相关旅游基础设施完善，此外长江经济带区域交通便利，旅游相关政策体系完善，但旅游发展过程中也存在东中西部差距较大、部分省级行政区旅游需求和供给不协调等问题。基于此，为促进长江经济带农业和旅游业的高质量可持续发展，加快旅游产业转型升级，实现农业与旅游的区域协调发展，长江经济带需要加快农旅融合发展。长江经济带作为我国的五大国家战略引领之一，不仅是我国“一带一路”倡议中连接“丝绸之路经济带”和“21 世纪海上丝绸之路”的重要纽带，同时也是长江三角洲一体化战略的关键和我国经济发展的重心和活力所在。因而，在一定意义上可以说，长江经济带的高质量发展关系到“两个一百年”奋斗目标和中华民族伟大复兴中国梦的实现。2016 年国家发展和改革委员会公布的《长江经济带发展规划纲要》中明确提出构建长江经济带“一轴、两翼、三极、多点”的发展格局，合理有序的发展空间布局是落实长江经济带功能定位和各项任务的关键。因此，长江经济带农旅融合发展不仅是区域联动协调健康可持续发展的关键，同时也为全国探索区域农旅融合发展提供借鉴和参考。

5.1.2 长江经济带农旅融合发展历程及其特征

长江经济带区域农旅融合起始于20世纪80年代休闲农业和乡村旅游的发展，长江经济带区域优良的经济基础，优越的自然地理环境，丰富的农业、旅游和文化资源，以及中央和地方政策体系的支撑等促进了农旅融合发展，根据中央和地方对农旅融合发展的重视程度和政策出台等情况，可以将长江经济带农旅融合发展划分为自发发展阶段（1980—1997年）、规范快速发展阶段（1998—2009年）、提质增效阶段（2010年至今）共3个阶段：

（1）自发发展阶段（1980—1997年）

改革开放伊始，国家开始关注、重视并推进旅游业发展。长江经济带区域经济社会取得了较大的发展，居民生活水平也得到了进一步的提高和改善，城市居民开始产生前往农村地区进行观光和品尝农村绿色健康美食的旅游休闲需求，旅游活动日益成为一种普遍的消费行为，良好的经济环境和旅游消费需求推动了农旅融合发展。长江经济带农旅融合的萌芽可以追溯到20世纪70年代人们对绍兴上旺大队的参观访问，但长江经济带区域真正意义上的农旅融合则萌芽于20世纪80年代，江苏江阴华西村和张家港依靠优势农业基础设施和现代化的村镇建设风貌，吸引了大批游客前来观光、考察和学习；与此同时，1985年安徽西递村农民自主发展乡村旅游，1986年在四川成都产生了全国第一家“农家乐”——成都郫县友爱“农家乐”；几乎同期，浙江富阳市旅游部门根据当地独特的民俗风情，将“农家乐”作为特殊的旅游产品对外推出。

进入90年代，随着城市化步伐的进一步加快，我国居民收入开始逐渐进入中等水平，消费结构也发生巨大改变，同时5天工作制的实施给人们带来了较多的闲暇时间，更多省级行政区先后拉开农旅融合发展的序幕，由农旅融合衍生出乡村旅游初级形态，许多地方通过举办一些节庆活动吸引游客前往农村地区进行参观游览，在远离城市的一些郊区和风景区附近出现了由农民自主经营的“农家乐”和观光休闲农园，如上海市1991年在南汇举办了第一届桃花节，江西省在南昌和赣州两地郊区附近出现了农民家庭自主经营的“农家乐”，湖南的长沙、益阳也出现了以钓鱼休闲、吃农家饭菜等为主要内容的“农家乐”。

总的来说，这个阶段的农旅融合发展方式为农民自发发展，中央和地方政府并未从战略层面予以足够的重视并出台相关的政策性文件支持、引导，各地也并未自发形成行业协会来规范发展；农旅融合的产业规模较小，农旅融合形式单一且功能较为简单，主要是提供观光和休闲功能的农业园和“农家乐”；农旅融合的综合效益还不显著，农旅融合的发展带来了一定的经济效应，但一定程度上忽视了对生态环境的保护，且分布较为分散，未形成产业集群，对区域经济社会发展的综合效能并未充分显现。

（2）规范快速发展阶段（1998—2009 年）

这一阶段，国家逐渐重视休闲农业与乡村旅游，中央和地方政府逐步通过出台一系列政策法规支持、规范和引导休闲农业与乡村旅游发展，为农旅融合发展赋能并指明了方向。在国家层面上，一方面开展旅游主题年活动并通过全国性的农旅融合实体形态示范创建活动引导、促进农旅融合发展，如 1998 年国家旅游局将“华夏城乡游”定为当年中国旅游业主题，同时提出“吃农家饭，住农家院，做农家活，看农家景，享农家乐”口号，1999 年的“生态旅游年”活动倡议中明确指出开展农业乡村生态旅游，2001 年公布了首批农业旅游示范点候选名单，2002 年发布农业旅游示范点实施标准等。另一方面出台相关扶持政策的同时提出要规范休闲农业和乡村旅游的发展，如 2006 年颁布国家《国民经济和社会发展第十一个五年规划纲要》第一次明确指出发展休闲农业，2007 年国家旅游局、农业部出台《关于大力推进全国乡村旅游发展的通知》，大力推进休闲农业和乡村旅游，2009 年出台《国务院关于加快发展旅游业的意见》指出要规范发展“农家乐”、休闲农庄等旅游产品。

在地方层面上，首先各地在贯彻落实国家层面的要求的同时根据地方特色出台相关政策，如 2006 年和 2007 年湖南省相继出台促进休闲农业和乡村旅游发展的通知。其次各地纷纷编制相关发展规划，如《贵州乡村旅游规划》《休宁县旅游发展总体规划》。同时，各地纷纷制定农旅融合实体形态评定标准并成立了区域性休闲农业与乡村旅游行业组织，如星级农庄服务质量、优秀旅游乡镇、休闲农业示范县（点）认定管理办法，上海奉贤县成立农业旅游行业协会，湖南省组建了省乡村旅游协会和休闲农业协会。此外，各地开展了丰富的乡村旅游推介和节庆活动，如“南京农业嘉年华”“奉贤菜花节”“无锡阳山国际桃花节”等，以此促进区域性休闲农业与乡村旅游发展。此外，这一时期伴随着人均可支配收入显著性增长，我国逐渐步入小康社会，“五一”“十一”黄金周和春节假期的延长带来个人可自由支配时间的增多，加之交通条件的改善等等都成为促进农旅融合发展至关重要的因素。

总的来说，这个阶段的农旅融合发展方式为经营主体自主探索和政府引导规范发展，即多样化经营主体顺应市场需求，开始在自主经营的同时开始探索合作经营的形式，而中央和地方政府适时引导农旅融合快速、规范和专业化发展；在融合的综合效益上，表现出显著的经济和社会效益；融合的形式较为丰富，呈现如全国农业旅游示范点、地理标志产品、现代农业园区、生态园等多样化的形式，融合的功能则为休闲、度假、体验、教育等多种综合功能；在农旅融合的品牌建设上，形成了一批有影响力和代表性的节庆活动，同时积极创建地市级、省级星级“农家乐”、乡村旅游点和休闲农庄等农旅融合实体品牌。

（3）提质增效阶段（2010 年至今）

这一时期，一方面，我国旅游消费已经步入大众化时代，旅游业在激发内需和促进经济增长方面发挥重要作用，但旅游产业存在发展方式粗放导致旅游资源利用率较低、旅游产品供给与旅游需求不相适应等问题，亟需转型发展；另一方面，自 2004 年起，中央一号文件始终聚焦“三农”问题，推动加快发展现代农业、改善农村民生、建设社会主义新农村等。鉴于此，国家层面也高度重视，为推动休闲农业与乡村旅游健康可持续发展，2010 年农业部与国家旅游局联署发表合作框架文件，统筹部署全国休闲农业与乡村旅游相关工作，这也标志农旅融合发展进入提质增效阶段。此后在政策和规划方面，2013 年《中国旅游业十二五发展规划纲要》指出打破旅游产业传统边界，推动旅游产业与其他产业融合发展；2014 年《国务院关于促进旅游业改革发展的若干意见》指出推动乡村旅游与新型城镇化有机结合，并明确到 2020 年休闲农业在产业规模、社会效益等方面的发展目标；2015 年国务院出台的《关于加大改革创新力度加快农业现代化建设的若干意见》提出推进农村一、二、三产业融合发展；2017 年国家发展和改革委员会等 14 部门联合印发《促进乡村旅游发展提质升级行动方案（2017 年）》，并在用地、财政、金融、公共服务等方面出台了一系列支持政策。同时，积极支持创建全国休闲农业与乡村旅游示范工程，培育了一批具有更大品牌和辐射带动效益的国家级农旅融合实体，引领农旅融合的高质量发展，如地理标志产品、中国特色小镇、中国美丽休闲乡村等。

在地方层面上，各地根据中央的意见指示推动政策的落实，如湖北省出台《关于加快推进农村一、二、三产业融合发展的实施意见》。同时，各地根据自身情况制定相关规划和发展目标，如《重庆市乡村旅游发展规划（2013—2020年)》指出到 2020 年接待游客达 1.7 亿人次，乡村旅游总收入超过 800 亿元，吸纳 100 万农民就业。此外，各地在贯彻国家级的农旅融合品牌创建的过程中，依据自身特色和优势，开展了各种形式多样的休闲农业和乡村旅游产品推荐和品牌创建活动，如上海举办长三角休闲农业与乡村旅游博览会、浙江举办休闲观光农业城市广场推介和各种油菜花节、创意农业设计大赛、“百村拍摄”等活动，创建如乡村旅游创新发展示范区、休闲农业与乡村旅游示范乡镇、休闲农业创建村、特色田园乡村等省级示范品牌。

总的来说，这个阶段国家在政策层面通过规划、通知等方式引领、指导和规范农旅融合发展，各地农旅融合程度不断深化，也逐步注重发展布局优化、类型丰富、功能完善、产业集聚和品牌示范带动作用，追求高质量可持续发展。这阶段在融合的规模上迅速扩张；在融合效应上注重经济、社会和环境效应的综合，如通过农旅融合发展助力扶贫攻坚，注重对农耕文化的传承与保护；在融合形式和功能上，各地根据自身资源特色、产业优势、文化底蕴、经济发展水平等形成了类型多样、功能多元的农旅融合实体形态；在融合的品牌培育上，重点打造点线面结合的农旅融合品牌体系，点上开展如中国美丽休闲乡村、特色小镇创建活动，线上开展休闲农业与乡村旅游精品线路推介活动，面上开展如示范县、示范区等创建活动。

5.1.3　长江经济带农旅融合主要实体品牌概况

（1）全国农旅融合主要实体品牌认定及长江经济带相关情况

在农旅融合的发展过程中，中央和地方均积极开展农旅融合实体形态的培育工程，例如，2004 年第一批工、农业旅游示范点名单的公布标志包括农旅融合品牌在内的示范建设工程全面铺开；国家知识产权局 2005 年和 2009 年分别出台《地理标志产品保护规定》和《地理标志产品保护工作细则》推动地理标志产品保护工作，也是对全国休闲农业与乡村旅游特色商品开发的促进；此后，各省级行政区相继开展了对星级休闲农庄、乡村旅游点的评选工作。尤其是随着农旅融合发展步入到第三个阶段，为深入贯彻党的十七大、十七届三中全会、十七届四中全会和中央一号文件精神，促进农业产业升级、农民增收、社会主义新农村建设和休闲农业与乡村旅游的健康可持续发展，充分发挥典型示范和品牌的辐射带动作用，农业农村和旅游相关政府部门、中国旅游协会休闲农业与乡村旅游分会等开展休闲农业与乡村旅游示范创建活动，由此产生了一批具有代表性且带来深远影响的农旅融合主要实体品牌，如表 5.1 所示。

表 5.1　全国农旅融合主要实体品牌类别和批次表

序号	名称	认定主体	起始年份	总批次
1	地理标志产品	国家知识产权局	2009	11
2	国家现代农业示范区	农业部和国家旅游局	2010	3
3	全国特色景观旅游名镇名村示范	住房和城乡建设部	2010	3
4	全国休闲农业与乡村旅游精品企业（园区）	中国旅游协会休闲农业与乡村旅游分会	2010	10
5	中国美丽休闲乡村	农业部	2010	10
6	全国休闲农业与乡村旅游示范县	农业部和国家旅游局	2010	8
7	全国休闲农业示范点	农业部和国家旅游局	2010	6
8	中国重要农业文化遗产	农业部	2013	5
9	中国特色小镇	住房和城乡建设部、国家发展和改革委员会、财政部	2016	2
10	全国乡村旅游重点村	文化和旅游部、国家发展和改革委员会	2019	1

资料来源：据住房和城乡建设部、文化和旅游部、农业农村部等官方网相关数据整理；时间截至 2019 年。

为加快改造传统农业，转变农业发展方式，积极探索中国特色农业现代化道路，农业部自 2010 年开始用 5 年的时间面向优势农产品区域、大中城市郊区和特色农产品区域创建国家现代农业示范区；为促进城乡统筹协调发展和城乡交流，并在保护和利用村镇特色景观资源的基础上，以旅游发展来促进新农村建设，住房和城乡建设部和国家旅游局自 2010 年开始面向具有特色景观和旅游资源丰富的建制镇、集镇、村庄创建全国特色景观旅游名镇（村）；为规范休闲旅游农业产业发展、提高企业（园区）服务质量和水平、提高行业发展质量和效益，中国旅游协会休闲农业与乡村旅游分会面向在中国境内经工商行政管理部门批准设立 1 年以上，且具备协会会员资格的企业（园区、景区）展开创建全国休闲农业与乡村旅游精品企业（园区），通过评选分为三星级、四星级和五星级三个等级，该示范创建工程包含星级休闲农庄、“农家乐”等农旅融合实体形态；为满足城乡居民休闲旅游需求，总结各地休闲农业和乡村旅游发展的经验，农业部开展创建了中国美丽休闲乡村，其中 2010—2013 年开展创建中国最有魅力休闲乡村、2013—2016 年开展创建中国最美休闲乡村、2017 年开始开展创建中国美丽休闲乡村；2010 年农业部、国家旅游局为明晰休闲农业与乡村旅游发展规律、优化发展环境，开始组织创建全国休闲农业与乡村旅游示范县和全国休闲农业示范点。

党的十七届六中全会指出在当前和今后的一个时期内，要推动文化产业成为国民经济支柱性产业，而我国悠久灿烂的农耕文化历史形成的重要农业文化遗产在经济快速发展的过程中面临保护不足、破坏和遗忘等风险；为贯彻党的十七届六中全会的精神，在保护和传承重要农业文化遗产的基础上将其与休闲农业相结合，加快破解“三农”问题，农业部于 2013 年开始展开创建中国重要农业文化遗产品牌，并制定相关的认定标准和管理办法。2016 年出台的《国民经济和社会发展第十三个五年规划纲要》明确指出通过加快培育发展特色小镇，引领全国小镇建设，促进经济转型升级、新型城镇化和新农村建设，因此，住房和城乡建设部、国家发展和改革委员会和财政部联合展开创建中国特色小镇。随着乡村振兴战略的提出，乡村振兴战略规划的出台，实施乡村振兴战略是新时代“三农”工作的总抓手，发展乡村旅游成为实施乡村振兴的重要手段，同时《“十三五”旅游业发展规划》明确指出“建立全国乡村旅游重点村名录”，因此，文化和旅游部与国家发展和改革委员会联合组织创建全国乡村旅游重点村。

截至 2019 年，由表 5.2 可知，农旅融合主要实体品牌已公布批次数：示范点 6 批，示范县 8 批，美丽休闲乡村 10 批，精品企业（园区）10 批，现代农业示范区 3 批，特色景观旅游名镇名村示范 3 批，重要农业文化遗产 5 批，特色小镇 2 批，全国乡村旅游重点村 1 批。其中，长江经济带区域培育地理标志产品 701 个，创建示范点 236 个，示范县 155 个，精品企业（园区）1167 个，现代农业示范区 118 个，美丽休闲乡村 357 个，特色景观旅游名镇名村示范 220 个，重要农业文化遗产 59 个，特色小镇 174 个，全国乡村旅游重点村 125 个。

(2) 长江经济带农旅融合主要实体品牌逐年发展情况

由表 5.2、表 5.3 可知，从农旅融合实体形态数量和占比逐年变化来看，2010—2018 年农旅融合实体品牌主要以地理标志产品或精品企业（园区）为主，2019 年以乡村旅游重点村为主。2010—2013 年美丽休闲乡村实体形态占比最小，2014—2017 年重要农业文化遗产或示范县占比最小，2018—2019 年地理标志产品占比最小，2019 年占比仅 0.6%。这是由于精品企业（园区）面向的评选企业包括前期已经发展较为成熟的“农家乐”、休闲农庄等，地理标志产品自 2005 年开始创建，起步较早，因而在 2019 年之前占据主要地位，而 2019 年开始由于乡村振兴战略的提出和国家对于美丽乡村建设的重视，所以乡村旅游重点村开始占据主导。

2010—2019 年期间，美丽休闲乡村、精品企业（园区）、特色景观旅游名镇名村示范、特色小镇、重要农业文化遗产、现代农业示范区占比整体呈现增加趋势。其中美丽休闲乡村在 2010—2020 年期间数量一直持续增加，但占比动态增加，占比增加速度仅次于特色小镇，呈现 3 个增长较快阶段，即 2013—2014、2015—2016、2017—2019 年分别增长了 10.4%、7.6%、15.5%，2013—2014 年增长速度最快。这一方面是由于国家对于建设美丽乡村的重视和 2017 年乡村振兴战略的提出，从而增加了评选的数量，2014 年开始从评选 10 个最有魅力休闲乡村转为评选最美休闲乡村，2016 年开始从评选最美休闲乡村转为评选美丽休闲乡村；另一方面是 2015 年之后部分农旅融合实体品牌停止了创建活动，如示范点、国家现代农业示范区等，从而占比相对呈现增长趋势。精品企业（园区）占比发展整体呈现两个先增后减的阶段，两个阶段分界点为 2015 年，出现两个增长高峰点 2013、2018 年。在数量增长趋势上虽然也呈现两个先增后减的阶段，但分界点为 2014 年且第二个高峰点为 2017 年，这说明 2014—2015 年虽然数量有增加，但增长速度相对较小，以至占比呈下降趋势，2017—2018 年期间，虽然数量有所减少，但下降速度相对较小，所以占比呈增加趋势。

同期，特色景观旅游名镇名村数量和占比呈现先减后增，增加的幅度相对较大，这也表明国家对于保护和利用村镇特色景观的重视。特色小镇的增长速度最快，增加了 10.1%，可视为特色旅游景观名镇名村的延续。中国农业重要文化遗产数量和占比的增长趋势一致，增长速度最小，2017—2019 期间的增长速度相对较大。现代农业示范区数量上呈持续增长趋势，但占比先增加后减少，这表明其 2012—2015 年增长速度相对其他类型的实体形态较小，从而占比减少。

这一时期，地理标志产品、示范点和示范县数量占比整体呈现减少趋势。其中地理标志产品在数量和占比上呈先增加后减少的趋势，在 2010—2014 年期间动态增加，2014 年占比和数量达到高峰；2015—2019 年期间动态减少，其中 2014—2015 年期间占比和数量减少最快，这主要是由于地理标志产品本身起步较早，关于这方面的创建示范作用已经基本形成，在 2014—2015 年期间其他农旅融合实体品牌数量持续增加，相对占比减少较快。示范点和示范县在数量上均呈增长趋势，其中 2014—2015 年增加速度最快；但在占比上，均呈减少趋势，示范县的占比较少速度最慢，其中示范县占比呈两个先增后减的阶段，形成 2012 和 2016 年两个极值点，示范点占比大致也呈两个先增后减的阶段，2014—2015 年占比下降速度较快。这表明在农旅融合发展的过程中，这两类实体形态的发展速度相对较慢，示范县的发展速度较为稳定。

表 5.2　2010—2019 年长江经济带新增农旅融合主要实体品牌数量情况

类别	2010	2011	2012	2013	2014	2015	2016	2017	2018	2019
中国美丽休闲乡村	3	5	4	2	35	44	58	53	58	95
全国休闲农业示范点	38	36	38	32	30	53	0	0	0	0
全国休闲农业与乡村旅游示范县	14	14	18	17	13	29	27	23	0	0
全国休闲农业与乡村旅游精品企业	26	45	78	129	98	135	162	199	179	116
全国乡村旅游重点村	0	0	0	0	0	0	0	0	0	125
地理标志产品	85	70	76	94	121	86	70	65	32	2
国家现代农业示范区	19	0	40	0	0	59	0	0	0	0
中国特色小镇	0	0	0	0	0	0	56	118	0	0
全国特色景观旅游名镇名村示范	47	40	0	0	0	133	0	0	0	0
中国重要农业文化遗产	0	0	0	9	9	10	0	13	0	18

表 5.3　2010—2019 年长江经济带农旅融合主要实体品牌新增数量占比情况

类别	2010	2011	2012	2013	2014	2015	2016	2017	2018	2019
中国美丽休闲乡村	1.3%	2.4%	1.6%	0.7%	11.1%	8%	15.6%	11.2%	21.6%	26.7%
全国休闲农业示范点	16.4%	17.1%	15%	11.3%	12.4%	9.7%	0%	0%	0%	0%
全国休闲农业与乡村旅游示范县	6%	6.7%	7.1%	6%	4.1%	5.3%	7.2%	4.9%	0%	0%
全国休闲农业与乡村旅游精品企业	11.2%	21.4%	30.7%	45.6%	31.1%	24.6%	43.4%	42.2%	66.5%	32.6%
全国乡村旅游重点村	0%	0%	0%	0%	0%	0%	0%	0%	0%	35.1%
地理标志产品	36.6%	33.3%	29.9%	33.2%	38.4%	15.7%	18.8%	13.8%	11.9%	0.6%
国家现代农业示范区	8.2%	0%	15.7%	0%	0%	10.7%	0%	0%	0%	0%
中国特色小镇	0%	0%	0%	0%	0%	0%	15%	25.1%	0%	0%
全国特色景观旅游名镇名村示范	20.3%	19.1%	0%	0%	0%	24.2%	0%	0%	0%	0%
中国重要农业文化遗产	0%	0%	0%	3.2%	2.9%	1.8%	0%	2.8%	0%	5%

注：每年区域各类农旅融合实体品牌占比为每年各类新增农旅融合实体品牌数量与区域 10 类新增农旅融合实体品牌总数之比。

由表 5.4、表 5.5 可知，长江经济带全国休闲农业与乡村旅游精品企业（园区）三个星级在数量上均呈增长趋势，其中四星级数量增长速度最快，且呈先快后慢的态势，2017 年之后速度迅速下降；三星级逐年增长数量变化不大，增长速度最为平稳，五星级数量增长速度不断加快。在占比上三星级整体呈减少趋势，2013—2014 年减少速度最快，占比最高为 2013 年；四星级占比整体呈动态增加趋势，在 2017 年达到最高，2017 年之后开始减少；五星级占比整体呈减少趋势，减少的速度相对平缓，特别是在 2017 年之后，五星级占比较其他两个等级呈现显著的增加，这表明 2017 年之后对精品企业实体的发展越来越注重提高品质和效益。

表 5.4　2010—2019 年长江经济带休闲农业与乡村旅游精品企业（园区）各星级数量

星级	2010	2011	2012	2013	2014	2015	2016	2017	2018	2019
三星级	8	11	20	41	20	38	44	47	40	28
四星级	8	22	41	63	54	66	83	113	92	50
五星级	10	12	17	25	24	31	35	39	47	38

表 5.5　2010—2019 年长江经济带休闲农业与乡村旅游精品企业（园区）各星级占比

星级	2010	2011	2012	2013	2014	2015	2016	2017	2018	2019
三星级	30.8%	24.4%	25.6%	31.8%	20.4%	28.1%	27.2%	23.6%	22.3%	24.1%
四星级	30.8%	48.9%	52.6%	48.8%	55.1%	48.9%	51.2%	56.8%	51.4%	43.1%
五星级	38.4%	26.7%	21.8%	19.4%	24.5%	23%	21.6%	19.6%	26.3%	32.8%

注：长江经济带休闲农业与乡村旅游精品企业（园区）各星级占比为当年新增各星级企业数量与当年星级企业新增总数之比。

总的来说，农旅融合实体品牌主要以地理标志产品或精品企业（园区）为主转向以乡村旅游重点村为主；各类实体品牌数量上持续增加，占比上地理标志产品、示范点和示范县整体减少，其他类别实体品牌占比整体增加，特色小镇增长速度最快；四星级精品企业（园区）数量和占比增加，五星级数量逐年增加，三星级占比不断减少，农旅融合实体发展更加注重质量和品质。

（3）长江经济带各省（市）农旅融合主要实体品牌发展情况

根据长江经济带各省（市）农旅融合主要实体品牌的数量和占比情况可以分为以下四类，其类别、数量和占比情况如表 5.6、表 5.7 所示：

表 5.6　长江经济带省（市）农旅融合主要实体品牌数量情况

类别	上海	江苏	浙江	安徽	江西	湖北	湖南	重庆	四川	贵州	云南
中国美丽休闲乡村	27	38	37	31	33	34	32	30	33	31	31
全国休闲农业示范点	19	24	23	20	20	19	23	23	24	20	21
全国休闲农业与乡村旅游示范县	3	20	19	14	16	13	16	11	19	12	12
全国休闲农业与乡村旅游精品企业	116	331	213	116	116	33	230	0	0	7	5

续表

类别	上海	江苏	浙江	安徽	江西	湖北	湖南	重庆	四川	贵州	云南
全国乡村旅游重点村	6	13	14	12	12	11	11	9	12	12	13
地理标志产品	4	34	15	57	24	120	62	3	219	122	41
国家现代农业示范区	3	18	13	13	11	13	15	5	14	6	7
中国特色小镇	9	22	23	15	12	16	16	13	20	15	13
全国特色景观旅游名镇名村示范	6	30	24	23	16	20	19	21	20	20	21
中国重要农业文化遗产	0	6	12	4	6	2	7	3	8	4	7

表 5.7　长江经济带省（市）主要农旅融合实体品牌占比情况

类别	上海	江苏	浙江	安徽	江西	湖北	湖南	重庆	四川	贵州	云南
中国美丽休闲乡村	7.6%	10.6%	10.4%	8.7%	9.2%	9.5%	9.0%	8.4%	9.2%	8.7%	8.7%
全国休闲农业示范点	8.1%	10.2%	9.7%	8.5%	8.5%	8.0%	9.7%	9.7%	10.2%	8.5%	8.9%
全国休闲农业与乡村旅游示范县	2.0%	12.9%	12.3%	9%	10.3%	8.4%	10.3%	7.1%	12.3%	7.7%	7.7%
全国休闲农业与乡村旅游精品企业	9.9%	28.4%	18.3%	9.9%	9.9%	2.9%	19.7%	0%	0%	0.6%	0.4%
全国乡村旅游重点村	4.8%	10.4%	11.2%	9.6%	9.6%	8.8%	8.8%	7.2%	9.6%	9.6%	10.4%
地理标志产品	0.6%	4.9%	2.1%	8.1%	3.4%	17.1%	8.9%	0.4%	31.2%	17.4%	5.9%
国家现代农业示范区	2.6%	15.3%	11%	11%	9.3%	11%	12.7%	4.2%	11.9%	5.1%	5.9%
中国特色小镇	5.2%	12.6%	13.2%	8.6%	6.9%	9.2%	9.2%	7.5%	11.5%	8.6%	7.5%
全国特色景观旅游名镇名村示范	2.7%	13.6%	10.9%	10.5%	7.3%	9.1%	8.6%	9.6%	9.1%	9.1%	9.5%
中国重要农业文化遗产	0%	10.2%	20.3%	6.8%	10.2%	3.4%	11.8%	5.1%	13.6%	6.8%	11.8%

注：各省级行政区主要农旅融合实体品牌占比为省份各类农旅融合实体品牌数量与区域2010—2019年各类农旅融合实体品牌总数之比。

第一类以全国休闲农业与乡村旅游精品企业（园区）和中国美丽休闲乡村为主，且在地理标志产品的占比均低于该类总数量的 5%，如上海、江苏、浙江、江西，两类主要实体品牌数量分别为 143、369、250、149；其中上海各类实体品牌发展极不均衡，没有重要农业文化遗产实体品牌，且有 8 类实体品牌在各类实体品牌的总数量占比中最低。江苏农旅融合实体数量丰富，位居长江经济带各省级行政区之首，各类农旅融合实体品牌发展较为均衡，除地理标志产品外，其他类别实体品牌占比均在 10%以上，其中有 6 类总数位于各省级行政区之首，如精品企业（园区）、现代农业示范区。浙江的实体品牌总数量仅次于江苏和湖南，各类实体品牌发展不均，其中有 3 类总数位于各省级行政区之首，如重要农业文化遗产；江西各类实体品牌发展相对均衡，除地理标志产品外，各类实体品牌占比在 6.9%—10.3%之间。

第二类以中国美丽休闲乡村和地理标志产品为主，且在全国休闲农业与乡村旅游精品企业（园区）实体品牌的占比均低于总数量的 3%，如湖北、四川、贵州和云南，两类主要实体品牌数量分别为 154、252、153、72；湖北各类实体品牌发展较为均衡，其中全国休闲农业示范点和重要农业文化遗产占比在各省级行政区中最少；四川各类实体品牌发展不均，其中有 2 类位于各省级行政区之首，即地理标志产品和全国休闲农业示范点，没有休闲农业与乡村旅游精品企业（园区）实体品牌，示范县和重要农业文化遗产占比较其他省级行政区较高；贵州各类实体品牌发展较为均衡，除精品企业（园区）外，各类实体品牌占比在 5.1%—17.4%之间，此外全国乡村旅游重点村占比较其他省级行政区较高；云南各类实体品牌发展存在较大差异，总数量仅高于重庆，此外中国重要农业文化遗产占比较其他省级行政区较高。

第三类是以休闲农业与乡村旅游精品企业（园区）和地理标志产品为主，且国家现代农业示范区占比也较高，如安徽和湖南，两类主要实体品牌数量分别为 173、292，除精品企业（园区）外，两省在各类实体品牌数量较为接近，但湖南实体品牌总数量远高于安徽，且在中国重要农业文化遗产和精品企业（园区）的占比较高，安徽各类实体品牌发展较为均衡，且在乡村旅游重点村和特色景观旅游名镇名村示范的占比较高。

第四类是以中国美丽休闲乡村和全国休闲农业示范点为主，且没有精品企业

(园区)实体品牌的重庆，两类主要实体品牌数量为53，重庆实体品牌发展较为不均，总数量位于长江经济带各省（市）之尾，数量和占比的态势基本一致，在两类主要实体品牌、特色景观名镇名村示范的数量和占比较高，在精品企业（园区)、地理标志产品、重要农业文化遗产的数量和占比较低，其中地理标志产品占比较各省（市）最低。

综上，精品企业（园区)、地理标志产品、现代农业示范区和重要农业文化遗产在各省级行政区发展不均衡，美丽休闲乡村、示范点、示范县、乡村旅游重点村、名镇名村示范和特色小镇在各省级行政区发展较为均衡。江苏、江西、湖北、贵州、安徽各类农旅融合实体品牌发展较为均衡，而上海、浙江、四川、云南、重庆、湖南各类农旅融合实体品牌发展较为不均，存在以某几类实体品牌为主或缺乏某类实体品牌的情况。

(4) 长江经济带各省（市）农旅融合典型资源产品组合模式

长江经济带农旅融合是在尊重农业产业功能基础上，合理开发利用农业旅游资源，将农业农村发展与旅游产业的建立与推广相结合，形成“以农促旅，以旅兴农”的发展之路，表现为以下五种农旅融合典型资源产品组合模式：

① 家庭农场与农事体验组合。家庭农场与农事体验相结合的模式是目前农旅融合实体最主要的形式，数量最多，农户参与度也最高，主要形式有“农家乐”“渔家乐”“茶家乐”“采摘园”等，其经营主体以农户为主，营业场所多为农户的住房、庭院和承包地等，游客在这样的组合模式下，吃农家饭、住农家院、干农家活，享受自然风光与自身劳动果实，体验迥异于日常都市生活的乡野生活。

② 农业景观与观光旅游组合。农业景观与观光旅游相结合的模式呈现出一种典型特征，季节性和淡旺季比较明显，游客的旅游时段往往比较集中。这种模式的游览对象为农业景观，即以作物集中种植区、农区特色地形地貌、农业工程等形成的景观，包括油菜花景观、稻田景观、梯田景观、草原景观、果园景观、花卉景观、水利工程景观等，游客旅游方式多以结伴游览观光、拍照打卡为主。

③ 农业庄园与休闲度假组合。这类结合模式下的旅游经营场所主要包括农业庄园、农业园区、农业嘉年华等，通常主体建筑或园区景观经过专业团队设计和人工建设，往往具有一定的体量和规模，具备餐饮、住宿、康养、商务、会议等多重功能，能满足顾客或者团队的短期休闲需求。

④ 乡土风情与民俗旅游组合。这种结合模式是常规旅游中的常见模式，旅游场所主要包括少数民族村寨、传统村落、历史文化名村名镇、农业文化遗产地等，此类模式通常具有较为深厚的文化底蕴以及特色的民风民俗，包括农耕文化、民风民俗、民族风情等。

⑤ 美丽乡村与健康养生组合。此类结合模式是近年来新兴的一种农旅融合模式，旅游场所为美丽乡村，主要凭借城市周边乡村优美的自然环境和健全的服务设施，甚至包括较为完善的医疗、康健等设施，吸引周边城市居民尤其是中老年和短期休养人群前来健康养生，这种融合模式中的游客具有候鸟式特征。

5.2　农旅融合效率评价及影响因素——基于湖南环洞庭湖区域的个案分析

5.2.1　湖南环洞庭湖区域概况

湖南环洞庭湖区域作为长江经济带的重要组成部分和全国粮食主产区，包括岳阳、益阳、常德三市和长沙市望城区，有东、南、西三个湿地自然保护区，连同湖北荆州市是国家层面的生态经济区。该区域自然条件优越，积淀了深厚的农业基础，历史文化民俗资源丰富，呈现出浓厚的湖湘农业文化与渔业文化特色，农旅融合起步较早且势头强劲，迄今已具相当规模，在长江经济带乃至全国具有典型性和代表性。总体表现为利用洞庭水系，发展集疗养度假、特色水产、水上运动等为一体的农渔风光乡村旅游；依托国家湿地公园资源，发展集生态保护、科普教育、休闲观光等为一体的湿地景观型乡村旅游；围绕国家粮、棉、油产业基地，发展农事活动参与型乡村旅游；依托捕鱼、采莲、挖藕、摘菱角等农业生产活动，发展渔业生产民俗型乡村旅游；依托岳阳楼、君山岛、桃花源等景区，发展景区依托型乡村旅游。近年来，区域农旅融合持续发展，呈现出管理体制不断优化、发展内涵不断提升、类型模式更加丰富、产业规模日益扩大，综合效益同步提升的良好态势。

5.2.2　研究设计

（1）研究方法

数据包络分析法（DEA）最初由美国学者查恩斯（Charnes）、库伯（Cooper）和罗兹（Rhodes）于 1978 年共同提出，它是一种非参数分析方法，用于评估一组具有多输入与多输出特性决策单元（DMU）的相对效率，以其应用广泛和便捷有效的优势受到众多学者青睐，是效率测算和绩效评价中重要的分析工具。DEA 评价各决策单元是否有效的标准为：在运算过程中，若出现决策单元效率等于 1，则表示 DEA 有效；若出现决策单元效率小于 1，则表示 DEA 无效。由于传统 DEA 模型是基于自评的思想，利用最有利于自身决策单元的权重向量进行分析，而在实际分析中常常出现多个决策单元的最优效率值均为 1 的情况，导致难以评价各决策单元之间的效率差异。

1986 年，塞克斯顿（Sexton）等人正式提出 DEA 交叉效率评价，其实质是对每一个 $DMU_i(1 \leqslant i \leqslant n)$ 同时进行自我评价效率和交叉效率测度的运算方式，以自我评价效率和交叉效率的平均值作为各个决策单元的综合效率，这样既解决了评价单元的排序问题，也使得运算结果更加符合实际情况。随后格林（Green）和道尔（Doyle）从交叉效率的角度分别提出了仁慈型交叉效率评价（Benevolent cross-efficiency evaluation）和攻击型交叉效率评价（Aggressive cross-efficiency evaluation）。其中，仁慈型交叉效率评价在各决策单元保证自身效率最大值的前提下，使其他决策单元的交叉效率最大化；攻击型交叉效率评价则是在各决策单元尽可能抬高自身评价效率的前提下，使其他单元效率最小化。基于本研究对象为湖南环洞庭湖区域，研究重点需要对区域各地之间的农旅融合效率进行横向对比，进而分析各地农旅融合差异，故传统 DEA 模型难以在本研究中准确评价产业融合效率的优劣性。为了有效破除传统 DEA 模型带来的局限，更好地测度产业融合效率，本研究选用仁慈型 DEA 交叉效率模型对湖南环洞庭湖区域农旅融合效率进行评价。具体模型设计如下：

假设存在 n 个决策单元，各决策单元有 m 种投入，s 种产出，投入、产出分别为 $\boldsymbol{X}_j=(x_{1j},x_{2j},x_{3j},\cdots,x_{mj})^{\mathrm{T}}$ 和 $\boldsymbol{Y}_j=(y_{1j},y_{2j},y_{3j},\cdots,y_{sj})^{\mathrm{T}}$ 。对决策单元 j，记其第 i 种投入为 x_{ij}（$1 \leqslant i \leqslant m$），第 r 种产出为 y_{rj}（$1 \leqslant r \leqslant s$）。

传统 DEA 模型决策单元 d 的效率为：

$$\begin{cases} \theta_d = \max \dfrac{\boldsymbol{u}^{\mathrm{T}}\boldsymbol{Y}_d}{\boldsymbol{v}^{\mathrm{T}}\boldsymbol{X}_d} \\ s.t.\ \dfrac{\boldsymbol{u}^{\mathrm{T}}\boldsymbol{Y}_i}{\boldsymbol{v}^{\mathrm{T}}\boldsymbol{X}_i} \leqslant 1, (1 \leqslant i \leqslant n),\ \boldsymbol{u} \geqslant 0,\ \boldsymbol{v} \geqslant 0 \end{cases} \tag{5.1}$$

式中，$\boldsymbol{u}$、$\boldsymbol{v}$ 分别为产出、投入权重向量，记最优解为（θ_d^*，$\boldsymbol{u}_d^*$，$\boldsymbol{v}_d^*$）；对其他决策单元 j，同理可得最优解（θ_j^*，$\boldsymbol{u}_j^*$，$\boldsymbol{v}_j^*$）。则决策单元 d 的交叉效率 E_d 可以表示为：

$$E_d = \frac{1}{n}\frac{\sum_{j=1}^{n}\boldsymbol{u}_j^{\mathrm{T}}\boldsymbol{Y}_d}{\sum_{j=1}^{n}\boldsymbol{v}_j^{\mathrm{T}}\boldsymbol{X}_d} \tag{5.2}$$

当决策单元 d 达到 θ_d^* 时，决策单元 k 相对于决策单元 d 的仁慈型 DEA 交叉效率为：

$$\begin{cases} \theta_{dk} = \max \dfrac{\boldsymbol{u}^{\mathrm{T}}\boldsymbol{Y}_k}{\boldsymbol{v}^{\mathrm{T}}\boldsymbol{X}_k} \\ s.t.\ \dfrac{\boldsymbol{u}^{\mathrm{T}}\boldsymbol{Y}_i}{\boldsymbol{v}^{\mathrm{T}}\boldsymbol{X}_i} \leqslant 1, (1 \leqslant i \leqslant n) \\ \dfrac{\boldsymbol{u}^{\mathrm{T}}\boldsymbol{Y}_d}{\boldsymbol{v}^{\mathrm{T}}\boldsymbol{X}_d} \leqslant \theta_d^*, \boldsymbol{u} \geqslant 0, \boldsymbol{v} \geqslant 0 \end{cases} \tag{5.3}$$

令 $t = \dfrac{1}{\boldsymbol{X}_j^{\mathrm{T}}\boldsymbol{v}}, \boldsymbol{\omega} = t\boldsymbol{v}, \boldsymbol{\mu} = t\boldsymbol{u}$，故其等价的线性规划为：

$$\begin{cases} \max \boldsymbol{Y}_k^{\mathrm{T}}\boldsymbol{u} \\ s.t. \boldsymbol{Y}_j^{\mathrm{T}}\boldsymbol{u} \leqslant \boldsymbol{X}_j^{\mathrm{T}}\boldsymbol{\omega}, \boldsymbol{X}_k^{\mathrm{T}}\boldsymbol{\omega} = 1 \\ \boldsymbol{Y}_d^{\mathrm{T}}\boldsymbol{\mu} - \theta_d^*\boldsymbol{X}_d^{\mathrm{T}}\boldsymbol{\omega} = 0, \boldsymbol{\mu} \geqslant 0, \boldsymbol{\omega} \geqslant 0 \end{cases} \tag{5.4}$$

则决策单元的平均仁慈型交叉效率公式为：

$$E_k = \frac{1}{n}\sum_{j-1}^{n}\theta_{jk} \tag{5.5}$$

（2）指标选取

参考张铁龙等学者对产业融合效率的解释，需要首先定义农业对旅游产业的促进效率和旅游产业对农业的促进效率。农业对旅游产业的促进效率是指在给定的农业产业投入资源条件下，旅游产业产出最大化的能力，或在给定的旅游产业产出条件下，农业投入资源最小化的能力。旅游产业对农业的促进效率是指在给定的旅游产业投入资源条件下，农业产出最大化的能力，或在给定农业产出条件下，旅游产业投入资源最小化的能力。由于认定农旅融合效率是农业和旅游产业促进效率之间的较小值，因此，本研究将分别确定在农旅融合过程中农业与旅游产业之间相互促进效率的投入产出指标。

① 由于产业的投入指标主要包括土地（资源）、资本和劳动等要素，本研究将农业和旅游产业的投入要素确定为以下几个方面。

土地（资源）指标：参考郭军华等的观点，考虑到农业种植的复耕、休耕和弃耕等实际情况，可耕地面积不能准确反映农业种植的实际情况，且鉴于本研究视角是广义农业，包含了非耕地产出，因此本研究将农业的土地投入要素确定为农作物总播种面积。有研究表明，旅游产业受区域土地面积指标的影响较小，而旅游资源（尤其是高品位旅游资源）对促进旅游发展具有重要作用，本研究借鉴余志康等提出的计算旅游资源丰度加权模型，按如下公式计算各地旅游资源丰度：

$$TRA = 5.0 \cdot N_{5A} + 2.5 \cdot N_{4A} + 1.75 \cdot N_{3A} + 0.5 \cdot N_{2A} + 0.25 \cdot N_{A} \quad (5.6)$$

其中，N_{5A}、N_{4A}、N_{3A}、N_{2A}、N_{A} 表示各级别 A 级旅游景区数，5.0、2.5、1.75、0.5、0.25 表示各级别 A 级旅游景区权重系数。

资本指标：投资是推动现代经济增长的引擎。其中，固定资产投资（IFA）作为政府实现经济增长目标和进行宏观调控的首要手段，与经济增长之间具有长期稳定的相互促进关系。因此，本研究将产业固定资产投资作为资本投入的考量指标，兼顾洞庭湖区作为全国粮食主产区，农业机械化发展对农业生产具有重要作用，本研究将第一产业固定资产投资额与农业机械总动力共同作为农业资本投入指标。在旅游产业固定资产投资方面，由于各个地区未正式统计旅游产业固定资产投资数据，本研究在借鉴相关研究的基础上，从旅游服务的角度，选取住宿业和餐饮业固定资产投资以及星级饭店数代替旅游产业固定资产投资共同作为资本要素指标。由于固定资产投资效益具有滞后期效应，本研究将当年产出对应至上一年度的固定资产投资。

劳动指标：鉴于本研究以广义农业为研究视角，选取第一产业从业人员数作为农业劳动投入较为准确。旅游从业人员数是理想的旅游产业劳动投入指标，但洞庭湖区各市（区）并未将其纳入官方统计。由于旅游产业的综合性，借鉴相关研究处理方式，本研究将第三产业从业人员数作为旅游劳动投入指标。

② 在产出指标方面，本着农业产出的综合效益以及产出与投入的统计口径相一致的原则，在借鉴相关研究的基础上，分别选取农业总产值、第一产业增加

值、粮食产量和农村居民人均可支配收入[①]作为农业产出指标。在旅游产业产出指标方面，旅游人数和旅游收入指标在已有的相关研究中也取得了较为理想的效果，因此，本研究将选取入境旅游者人数和国内旅游人数以及国际旅游外汇收入和国内旅游收入作为旅游产业的产出指标。指标体系具体情况如表 5.8 所示。

另外，鉴于本研究测度农旅融合效率的投入指标与产出指标各有 4 个，根据 DEA 模型评价相对效率的 DMU 数量最好不少于输入输出指标总数的 2 倍或输入输出指标数之积的技术要求，本研究选取 2010—2019 年岳阳市、常德市、益阳市和湖南环洞庭湖区域整体的相关数据展开分析。

表 5.8　农旅融合效率评价指标表

类别	投入指标	产出指标
农业对旅游产业促进效率的评价指标	X_1：农作物总播种面积（千公顷） X_2：农业固定资产投资（亿元） X_3：农业机械总动力（万千瓦） X_4：第一产业从业人员数（万人）	Y_1：入境旅游者人数（万人次） Y_2：国内旅游人数（万人次） Y_3：国际旅游外汇收入（万美元） Y_4：国内旅游收入（亿元）
旅游产业对农业促进效率的评价指标	X'_1：A 级旅游景区（点）数（个） X'_2：住宿业和餐饮业固定资产投资（亿元） X'_3：星级饭店数（家） X'_4：第三产业从业人员数（万人）	Y'_1：农业总产值（亿元） Y'_2：第一产业增加值（亿元） Y'_3：粮食产量（万吨） Y'_4：农村居民人均可支配收入（元）

（3）数据来源

由于官方未直接公布湖南环洞庭湖区域整体的有关数据，加之长沙市望城区作为县级区域数据获取和地级市并行分析比较的不便，本研究仅以岳阳市、常德市、益阳市等三个地级市数据作为原值样本数据，在以 2010 年为研究基准年进行指数处理[②]加总后对洞庭湖区农旅融合效率进行测度。数据主要来源于相关统计年鉴与统计公报，各省、市、区及相关部门官网也是重要的数据补充来源。对于缺少数据采用插值法与类比法进行估算。

---

① 由于国家统计口径的变化，2015 年以前用农民人均纯收入替代。

② 2010—2019 年地区第一产业增加值指数、农林牧渔业总指数和农村居民人均可支配收入指数来源于《湖南统计年鉴 2020》；2010—2019 年湖南固定资产投资指数和居民旅游消费价格指数来源于 CEIC Data 统计数据库。

5.2.3 湖南环洞庭湖区域农旅融合效率评价

本分析利用 Matlab2018b 软件，分别对 2011—2019 年湖南环洞庭湖区域整体和岳阳、益阳、常德三市的农业对旅游产业的促进效率、旅游产业对农业的促进效率进行测度，进而得出各地（区域）的农旅融合效率。结果如表 5.9 所示。

表 5.9 2011—2019 年湖南环洞庭湖区域农旅融合效率评价结果

指标类别	评价地区	年份									平均值
		2011	2012	2013	2014	2015	2016	2017	2018	2019	
农旅融合效率	湖南环洞庭湖区域整体	0.883	0.839	0.823	0.811	0.797	0.827	0.836	0.867	0.873	0.840
	岳阳市	0.809	0.751	0.742	0.710	0.727	0.779	0.781	0.814	0.830	0.771
	常德市	0.912	0.895	0.876	0.858	0.909	0.864	0.866	0.919	0.921	0.891
	益阳市	0.896	0.888	0.968	0.945	0.838	0.775	0.913	0.918	0.896	0.893
农业对旅游产业的促进效率	湖南环洞庭湖区域整体	0.926	0.926	0.922	0.930	0.884	0.864	0.865	0.933	0.915	0.907
	岳阳市	0.981	0.999	0.915	0.931	0.897	0.934	0.847	0.955	0.921	0.931
	常德市	0.912	0.895	0.912	0.938	0.931	0.864	0.866	0.919	0.921	0.906
	益阳市	0.896	0.888	0.968	0.945	0.838	0.775	0.913	0.918	0.896	0.893
旅游产业对农业的促进效率	湖南环洞庭湖区域整体	0.883	0.839	0.823	0.811	0.797	0.827	0.836	0.867	0.873	0.840
	岳阳市	0.809	0.751	0.742	0.710	0.727	0.779	0.781	0.814	0.830	0.771
	常德市	0.957	0.916	0.876	0.858	0.909	0.874	0.889	0.957	0.933	0.908
	益阳市	0.949	0.958	0.969	0.998	0.854	0.929	0.946	0.923	0.917	0.938

（1）湖南环洞庭湖区域整体农旅融合效率的总体状况分析

根据表 5.9 和图 5.1，2011—2019 年湖南环洞庭湖区域农业对旅游产业的促进效率总体稳定在相对较高水平。相比之下，旅游产业对农业的促进效率相对略低并出现先降后升的演变特征，具体表现为：2011—2015 年旅游产业对农业的促进效率持续下降，在 2015 年出现最小值 0.797，而后稳定上升至 0.873，这说明旅游产业对农业的推动作用先减弱后增强。因此，2011—2019 年湖南环洞庭湖区域农旅融合效率整体表现为旅游产业对农业的促进效率。

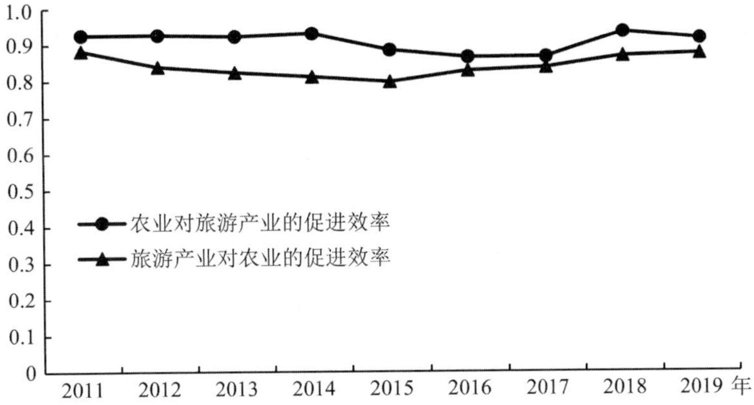

图 5.1　湖南环洞庭湖区域农业和旅游产业相互促进效率情况

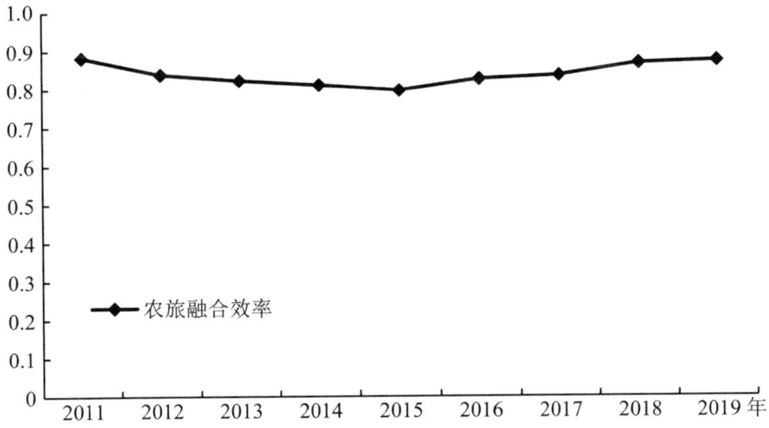

图 5.2　湖南环洞庭湖区域农旅融合效率情况

从表 5.9 和图 5.2 可知，2011—2019 年湖南环洞庭湖区域农旅融合效率的波动趋势表现为 2011—2015 年间的下降阶段和 2016—2019 年间的上升阶段。首先是下降阶段，农旅融合效率从 0.883 跌为 0.797，下降幅度为 8.6%，降幅约 9.7%；其次是上升阶段，农旅融合效率从 2015 年的 0.797 升至 0.873，增长了 9.5%，年均增加 2.4%。上述表现可从以下几个方面进行分析：① 衰退阶段：一是由于生态环保意识淡薄、环境污染加剧、自然灾害影响，致使洞庭湖区该阶段发展的首要任务为生态治理和防灾减灾，这在很大程度上抑制了旅游业对农业的辐射强度和农业资源向旅游资产转化的效率；二是“农家乐”和休闲农庄等是洞庭湖区早期农旅融合的主要形式。由于缺乏规划指导和专业协助，大多数农民缺乏商业运营和抵御市场风险的能力。盲目开发导致乡村旅游同质化严重，旅游产业要素投入相对过剩。“假整合”和“浅整合”现象普遍；三是“靠水吃水”的发展惯性导致传统农业发展模式难以转化为稳定的农业旅游效应。② 上升阶段：一是《洞庭湖生态经济区规划》的出台，为新形势下的农业转型和旅游业发展指明了方向，对农旅融合产生了积极影响；二是在宏观政策的引导下，各级政府日益重视乡村旅游，通过多种形式促进了农业与旅游业的融合发展；三是洞庭湖区以生态文明建设推动经济发展转型，促进了粗放型传统农业向多功能现代农业的转变，进一步提高了农旅融合效率。

（2）各地区对比分析

① 农业对旅游产业的促进效率比较分析

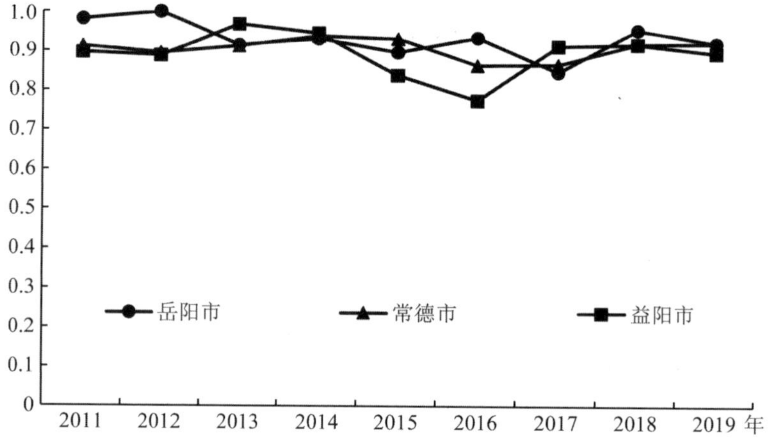

图 5.3　各市农业对旅游产业的促进效率

从表 5.9 和图 5.3 得出，在 2011—2019 年间各市促进效率表现不尽相同。从平均值来看，岳阳市的农业对旅游产业的促进效率最高，常德市位列中间，益阳市排在第三；从稳定性来看，益阳市和岳阳市促进效率波动幅度较大，常德市的促进效率相对稳定。具体情况是，岳阳市农业对旅游产业的年均促进效率为 0.931，总体呈现先下降后上升的波浪式变化特征，由 2012 年 0.999 高点降至 2015 年较低点 0.897，而后波动上升至 2019 年较高点 0.921，这说明岳阳市农业对旅游产业的促进效率总体处于较高水平，但促进效率的稳定性有待加强。常德市的促进效率大致经历了上升—下降—上升的发展过程，先由2012 年较低点 0.895 上升至 2014 年高点 0.938，而后下降至 2016 年低点0.864 最后提高到 0.921，年均效率值为 0.906，低于岳阳市但发展稳定。就益阳市而言，其年均促进效率为 0.893，略低于常德市，但变化特征与常德市类似，总体分为上升—下降—上升三个阶段且在 2016 年低点 0.775 前后变化明显，呈现“深 V”特征，这表明益阳市农业对旅游产业促进效率在三市中处于最低且变化不稳定。

② 旅游产业对农业的促进效率比较分析

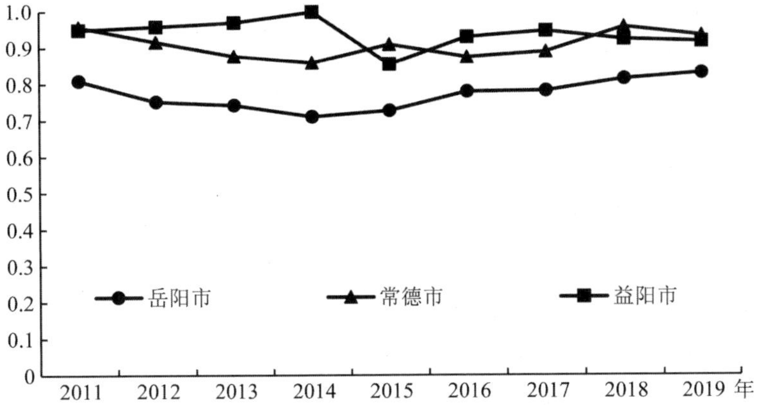

图 5.4　各市旅游产业对农业的促进效率

由表 5.9 和图 5.4 可以发现，在 2011—2019 年间三市旅游产业对农业的促进效率差异明显，其中，岳阳市的促进效率处于相对较低水平而表现平稳；常德市的促进效率稳定于较高水平，变化特征与岳阳市趋同；益阳市的促进效率在三市中处于高位，但发展相对不稳定。具体表现是，以 2014 年为分界点，岳阳市和常德市的促进效率总体可分为先下降后上升的两个阶段，年均促进效率分别为 0.771 和 0.908，除 2015 年常德市的促进效率有所不同外，两个地区的促进效率接近于同步变化且发展稳定，波动度较小。相比之下，以 2014—2015 年断层区间为划分界限，益阳市促进效率可分为上升—下降—上升三个阶段，首先由 2011 年较高点 0.949 上升至 2014 年高点 0.998，随后陡降至 2015 年低点 0.854，最后上升至 2019 年较高点 0.917，这说明益阳市旅游产业对农业的促进效率对环境变化更为敏感，变化具有一定程度上的不确定性。

③ 农旅融合效率比较分析

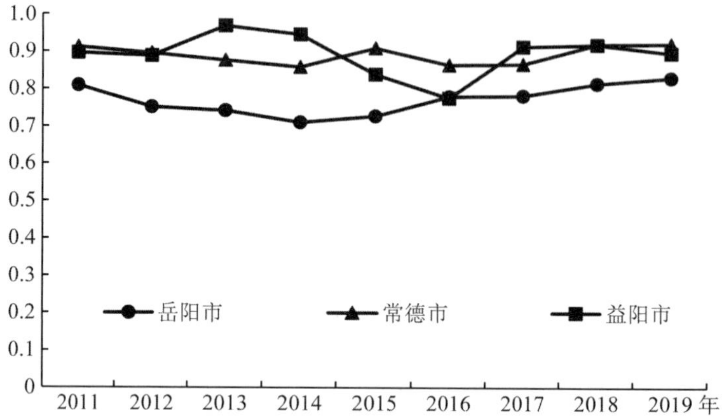

图 5.5　各市农旅融合效率

根据表 5.9 和图 5.5，在 2011—2019 年间洞庭湖区三市的农旅融合效率各有特点。首先，从效率类型来看，岳阳市农旅融合效率具体呈现为旅游产业对农业的促进效率，常德市农旅融合效率表现为两种促进效率大体参半（其中，2013—2015 年表现为旅游产业对农业的促进效率），益阳市农旅融合效率则表现为农业对旅游产业的促进效率。其次，在效率均值方面，岳阳市以 0.771 在三市中处于最低，而常德市与益阳市明显处于较高水平，分别为 0.891 和 0.893。最后，就效率变动趋势而言，岳阳市与常德市的发展特征类似，整体分为先下降后上升两个阶段，效率曲线较为平稳，相对而言，益阳市农旅融合效率变化无常，效率曲线的波动幅度较大，农旅融合发展稳定性较弱。

三市农旅融合效率表现特征及其深层原因具体分析如下：

岳阳市：在 2011—2019 年间岳阳市农旅融合效率表现为旅游产业对农业的促进效率，年均效率为 0.771，以 2014 年为拐点，呈现先下降后上升的发展趋势。在下降阶段，农旅融合效率从 2011 年较高点 0.809 下降至 2014 年的最低点 0.710，下降了 12.2%，年均降幅为 3.1%，而后在上升阶段效率由 2014 年的 0.710 提高至 2019 年高点 0.830，增长了 12%，年均增长率为 3.17%。经分析，在 2011 到 2014 年间岳阳市以 3A 级以上旅游景区为代表的景区（点）数量明显增加，旅游资源丰度持续增强，第三产业人员数量不断提高，然而，旅游产业投入资本的扩大并没有对农业产出带来显著的促进作用，反而造成了农旅融合背景下相对农业发展的旅游产业投入冗余，另一方面，部分地区在乡村旅游开发与农业旅游景区建设过程中不注重土地资源保护，存在大量农用地被政府部门“调规”现象，开发商非法侵占耕地现象也并不鲜见，这在一定程度上影响到农业产业的可持续发展；再次，岳阳市各区、县（市）休闲农业和乡村旅游发展分化明显，“极化”现象也对农旅融合效率的提升带来了一定消极影响，因而在市域层面反映出旅游产业对农业发展的促进效率减弱，农旅融合发展质量有待提升。2015到2019年，岳阳市迎来了洞庭湖生态经济区、长江经济带、长江中游城市群等多重国家战略全面推进的政策红利期，政策利好促进农业和旅游产业转型发展，农旅融合质量有所提升；地方政府持续推进农业现代化建设，对农村一、二、三产业融合发展起到了重要推动作用；通过工商业资本下乡和培育新型农业经营主体等措施，加强了旅游产业对农业和农村的辐射，对提升旅游产业促进农业发展效率起到了积极作用；定期举办各类旅游与农业主题的节庆活动，提升了岳阳市休闲农业和乡村旅游的知名度，节会价值的溢出效应促进了这段时期农旅融合质量的提高。

益阳市：2011—2019年，益阳市农旅融合效率表现为农业对旅游产业的促进效率，年均效率值为0.893，处于较高发展水平但变化幅度较大且多数年份处于下降阶段，尤其在2013—2016年农旅融合效率由0.968高点持续下降至0.775，降幅为19.9%，并在2016年呈现“深V”趋势。因此，益阳市农旅融合效率大体分为下降（2011—2016年）和回升（2017—2019年）两个阶段，在下降阶段农旅融合效率由0.896降至0.775，下降了13.5%，年均降幅为2.7%，在回升阶段农旅融合效率由0.775上升至0.896，涨幅为15.6%，年均上涨5.2%。究其原因，一是在2011—2016年受全局性经济下行等因素的影响，益阳市旅游产业发展相对缓慢，面对来自外部旅游资源的竞争与挑战，传统以“农家乐”、休闲农庄为主导的乡村旅游逐渐失去其吸引力和影响力，另外，益阳市对基本农田建设、水利工程建设、农村基础设施改造工程等硬件设施的投入在短时间内难以激发旅游活力，进而表现为农业对旅游产业的促进效率相对较低和农旅融合质量下降，再次，在此期间洞庭湖区“两围”“两网”整治工程对益阳市农旅融合发展具有较强的抑制作用；二是在全域旅游的背景下，益阳市在2017—2019年间着力推进休闲观光农业和渔耕（农耕）文化旅游，在各县市区培育了一批特色休闲项目、美丽乡镇和美丽乡村，如南县罗文花海、安化黑茶小镇等，与此同时，家庭农场、休闲农庄等新型农业经营主体在这段时期蓬勃发展，农业对旅游产业的促进效率逐渐提升，另一方面，通过策划和宣传各类节庆活动也对农旅融合发展起到了积极影响，如洞庭湖生态文化旅游暨水上运动节、国际涂鸦艺术节等，进一步提高了益阳市的农旅融合效率。据此，益阳市农旅融合发展基础相对薄弱，受宏观经济环境的影响较大，对政府推动的依赖性较强，发展潜力有待进一步挖掘。

常德市：常德市在2013—2015年农旅融合表现为旅游产业对农业的促进效率，其余年份则表现为农业对旅游产业的促进效率，年均效率值为0.891。与岳阳市波动特征类似，常德市农旅融合效率以2014年为分界点分为下降和上升两个发展阶段，一是下降阶段由2011年0.912降至2014年低点0.858，降幅为5.9%，年均降幅为1.5%；二是上升阶段由0.858波动上升至2019年高点0.921，涨幅为7.3%，年均涨幅为1.5%。经分析发现，常德市2011—2019年主要得益于长期对乡村旅游、现代农业和产业融合的大力推进和政策帮扶，农旅融合质量长期处于较为稳定的高发展水平，产业之间协调性较好，由于受宏观经济社会环境的影响，各类农旅项目的建设成效还未完全显现，农旅融合效率呈现温和的上下波动发展趋势。

5.2.4 湖南环洞庭湖区域农旅融合效率的影响因素

(1) 影响因素选取和数据获取

影响因素是农旅融合研究的热点问题，学界对农旅融合各个方面的影响因素做了大量的定性与定量研究，得到了许多广受认可的研究结论。其中，刘晓英研究农旅融合空间分布特征影响因素时主要探讨了经济和人口的影响。卢小丽通过问卷调查和二手数据相结合的方法对农旅融合发展的前人提出的众多影响因素进行了定量分析，认为影响农旅融合发展的主要因素有产业结构、交通通达性和两地文化差异等。钱慧新研究江苏农旅融合空间相关性时提到市场需求对其影响不可忽视，并认为居民可支配收入能有效衡量农旅融合的市场需求这一指标。王耀斌认为除了上述影响因素以外，乡村旅游示范村的分布还受地形地貌与水文的作用。其他学者关于影响农旅融合的因素的众多研究成果中所选取的指标与上述研究大致相同。

而这些影响因素对于湖南环洞庭湖区域农旅融合效率的影响是否同样显著，影响程度如何，还需要进一步的定量分析。结合前人研究，根据前文所述湖南环洞庭湖区域发展状况，基于数据可获得性等一系列原则，选取以下五个指标展开分析：

第一，地区经济水平（GDP）：旅游业的发展高度依赖坚实的国民经济基础，因此地区经济水平对于湖南环洞庭湖区域农旅融合效率的影响值得检验，该指标一般用各县（市、区）人均 GDP 表示。

第二，产业结构（IND）：产业结构指国民经济部门结构中一、二、三产业所占比重。产业结构优化升级，使其符合国民经济发展的客观规律与现状，从而让各产业协调发展，有利于农旅融合健康发展。该指标一般用第三产业产值与国民经济总产值之比来反映。

第三，交通（TRA）：交通决定了游客的出游成本，直接对游客的出游决策产生影响，交通可达性是影响旅游的重要因素，对于农旅融合而言，更是直接决定了农旅融合的发展水平。交通指标一般用路网密度表示。

第四，城镇居民可支配总收入（INC）：市场需求直接体现一个旅游目的地的发展潜力，城镇居民可支配总收入体现农旅融合中乡村旅游市场需求量，是影响乡村旅游客源量的重要因素，一般用城镇居民平均可支配收入乘以城镇居民数来表示。

第五，洞庭湖水域面积（AREA）：有别于其他类型的旅游，地貌和水文是影响农旅融合发展的重要因素。洞庭湖水体面积反映洞庭湖生态环境状况，影响整个洞庭湖区域的可持续发展，是湖南环洞庭湖区域农旅融合发展的重要影响因素。

以上变量的数据均来自《岳阳统计年鉴》《益阳统计年鉴》《常德统计年鉴》和《湖南建设年鉴》，洞庭湖水域面积据国家气象卫星中心统计的洞庭湖水体年均面积表示。此外，由于洞庭湖水域面积对乡村旅游发展影响存在滞后性，选择滞后一期的数据。

（2）影响因素检验方法

① 面板数据模型概述

随着经济发展的多元化与经济学理论的不断深化，单一地利用截面数据或时间序列数据来验证经济理论、总结经济规律与分析经济发展趋势都存在一些缺陷与误差。为了使计量经济学的作用与效果得到最大程度的发挥，从1968年开始，计量经济学家就把注意力集中在面板数据的研究与分析。现在，面板数据的计量经济学分析一直是计量经济学的一个重要组成部分。

面板数据指对单位、个人、企业、家庭或其他经济体重复观测所形成的数据，一般来说是在时间上进行重复观察。选择三市四个时间段的数据检验湖南环洞庭湖区域农旅融合效率影响因素，使用面板数据模型能包括更多的数据信息，增加自由度，并能够减少解释变量的共线性，从而得到更为有效的估计量。当遗漏变量是不随时间而变化的表示个体异质性的一些变量时，面板数据还可以用来处理某些遗漏变量问题。

② 面板数据模型构建

以农旅融合全要素生产率值为因变量，地区经济水平（GDP）、产业结构（IND）、交通（TRA）、城镇居民可支配收入（INC）、洞庭湖水域面积（AREA）为自变量，t 表示年份（$t=2011$，…，2019），i 表示地区（$i=1$，2，3），初步构建面板数据回归模型，公式如下：

$$y_{it} = \beta_0 + \beta_1 GDP_{it} + \beta_2 IND_{it} + \beta_3 TRA_{it} + \beta_4 INC_{it} + \beta_5 AREA_{i(t-2)} + \mu_i + \varepsilon_{it} \tag{5.7}$$

其中：y_{it}表示地区i和时间t上因变量取值；β表示系数；ε_{it}表示随机误差。固定效应模型中μ_i为常量；随机效应模型中μ_i是随机变量，表示第i个个体有i个不同的截距项。

③ 面板数据模型估计方法选择

在对面板数据模型进行回归分析时，还有以下几个步骤需要进行：

第一，通常会运用F检验来决定是采用混合模型还是固定效应模型。

第二，需对“是否存在个体的随机效应”的假定进行检验以决定是否采用随机效应模型：当使用广义最小二乘法（GLS）来估计原模型时，一般会进行一个拉格朗日乘数检验，其原假设为$Var(u_i)=0$，即个体异质性的误差方差为0，即不存在个体的随机效应，若拒绝原假设，则表明存在个体的随机效应，建议采用随机效应模型；当使用最大似然估计法（MLE）来估计原模型时，则用对个体异质性误差项的标准差为0的似然比检验（$sigma\_u=0$）来判断是否存在个体随机效应。

第三，在实际研究中，还应该用 Hausman 检验判断是应该采用固定效应模型还是随机效应模型：固定效应模型可以采用虚拟变量的形式来弥补解释变量信息的不完整性；随机效应模型是把固定效应模型中的截距项看成两个随机变量，通过误差的分解来描述变量信息的不完整性。Hausman 检验的原假设为"个体异质性误差项与解释变量均不相关"（$Corr(u_i, x)=0$），即随机效应为拟合模型。当然，无论原假设成立与否，固定效应模型的估计都具有一致性，但若暂时无法拒绝原假设，则随机效应模型比固定效应模型更为有效。若拒绝原假设，则随机效应模型的估计不具有一致性，应倾向于选择固定效应模型。

第四，为了保证能够得到有效的估计及正确的统计推断，还需要进行解释变量的多重共线性检验，异方差检验等，倘若存在异方差，则一般运用稳健标准误来进行参数估计与假设检验消除异方差，防止模型估计失真或出现估计偏倚问题。

（3）回归结果

首先应用 F 检验判断使用混合效应还是固定效应；通过拉格朗日乘数检验判断是使用随机效应还是混合效应；最后运用 Hausman 检验来对固定效应和随机效应进行筛选。经过检验，选择固定效应面板模型。同时，关于面板数据也许会产生异方差、自相关问题，运用 Modified Wald 检验和 Wooldridge 检验进行判断，并对存在异方差、自相关的方程进行相应修正。通过 Stata 软件对各项参数进行估计，对于固定效应的异方差和自相关采用 xtscc 命令修正估计参数，对于随机效应模型的异方差和自相关采用 FGLS 法（Feasible Generalized Least Squares，可行广义最小二乘法）进行修正。计算结果如表 5.10 所示。

由表 5.10 可知，5 个自变量中只有产业结构（IND）和交通（TRA）系数的 P 值小于 0.05，因此，这两个变量对湖南省环洞庭湖区域农旅融合发展的全要素生产率的作用显著。

产业结构（IND）的系数为正数，这说明产业结构（IND）对湖南环洞庭湖区域农旅融合全要素生产率具有显著的正向影响，第三产业所占比重越大，农旅融合效率越高。产业结构（IND）系数值为 15.80，说明产业结构程度每提高 1.00%，乡村旅游产业全要素生产率能有 15.8%的提升。这对湖南环洞庭湖区域农旅融合发展具有重要启示，即促进区域农旅融合发展，区域最有效的手段之一是转变经济增长方式，不断调整与优化产业结构，促进一、二、三产业协调发展。

交通（TRA）的系数同样为正，说明交通（TRA）对于湖南环洞庭湖区域农旅融合全要素生产率也有显著的正向影响。交通（TRA）的系数为 2.681，说明道路密度每提高 1%，农旅融合效率提高 2.681%。因此，湖南环洞庭湖区域农旅融合发展要注意不断完善道路交通体系，提升乡村旅游的交通通达性。

表 5.10　湖南环洞庭湖区域农旅影响因素的回归结果

变量	回归系数
GDP	−0.000000267
IND	15.80**
TRA	2.681**
INC	−0.000000795
AREA	−0.00237
_ CONS	−2.032**
N	44

注：N 代表样本总数，_ CONS 代表截距项；*** 代表 1%水平下显著；** 代表 5%水平下显著；* 代表 10%水平下显著。

5.3　农旅融合效应分析——基于粮食主产区的分析

与农旅融合效率不同，农旅融合效应更多关注农旅融合为区域发展带来的影响。既往对于农旅融合效应评价研究构建的指标体系多从微观视角展开，且由于对农旅融合的直接统计数据缺乏，从宏观视角评价农旅融合效应的研究较少。此外，针对目前农旅融合带来的经济、社会、生态效应之间的矛盾与冲突，对农旅融合效应的评价不应只局限于“量”，还应关注其“质”的水平。

本部分重点关注长江经济带粮食主产区江苏、安徽、江西、湖北、湖南、四川 6 个省域单元的农旅融合效应。近年来长江经济带农旅融合发展势头强劲，农业充分发挥其多功能作用，融合性新业态不断涌现，农旅融合逐渐呈现由自发向政府主导转变、由零散化向集聚化转变、由单一向多种形态转变的趋势，衍生出一系列经济、社会、生态效应。在构建农旅融合效应指标体系的基础上，运用综合评价模型及耦合协调模型对长江经济带农旅融合效应进行“质”与“量”的双维度评价，并通过效应反馈机制分析长江经济带农旅融合发展存在的问题，进而提出相应的对策建议。

5.3.1　研究方法

（1）熵权法

熵权法依据信息指标差异程度确定指标权重，相对较客观。具体步骤如下：

首先，对指标数据进行正向和无量纲化处理：

$$\begin{cases} \text{正向指标}: X'_{ij} = (X_{ij} - \min_{ij})/(\max_{ij} - \min_{ij}) \\ \text{负向指标}: X'_{ij} = (\max_{ij} - x_{ij})/(\max_{ij} - \min_{ij}) \end{cases} \tag{5.8}$$

其次，计算最后一级指标对应上级指标的权重：

指标所占比重：

$$p_{ij} = x'_{ij} / \sum_{i=1}^{m} x'_{ij} \tag{5.9}$$

指标熵值 e_j 和效用值 d_j：

$$e_j = -\frac{1}{\ln(m)} \sum_{i=1}^{m} p_{ij} \ln(p_{ij}) \tag{5.10}$$

$$d_j = 1 - e_j \tag{5.11}$$

最后一级指标对应上级指标的权重：

$$u_{lkj} = d_j / \sum_{j=1}^{n_{lk}} d_j \tag{5.12}$$

n_{lk} 为第 l 个准则对应第 k 个维度下的指标数量，$\sum_{j=1}^{n_{lk}} d_j$ 为各指标对应维度层的效用值 D_j。

最后，根据熵的可加性，在上述步骤的基础上逐级计算各级指标相对于上级指标的权重。

（2）菲什拜因—罗森伯格模型

运用菲什拜因—罗森伯格模型测度我国农旅融合综合效应评价及衍生效应，具体公式如下：

$$R = \sum_{j=1}^{n} w_{lj} x'_{ij}, i \in [1,2,3\cdots m], j \in [1,2,3\cdots n] \quad (5.13)$$

式中，R 表示农旅融合综合效应评价值，w_{lj} 表示第 j 个指标对应目标层 A 的权重，x'_{ij} 表示第 i 个样本第 j 项指标的标准值，m 表示样本数量，n 表示指标数量。

$$R_{c,s,e} = \sum_{j=1}^{n} w_{kj} x'_{ij}, i \in [1,2,3\cdots m], j \in [1,2,3\cdots n] \quad (5.14)$$

式中，$R_{c,s,e}$分别表示农旅融合经济效应、社会效应、生态效应评价值，w_{kj} 表示第j 个指标对应准则层B 的权重，x'_{ij} 表示第i 个样本第j 个指标的标准值，m 表示样本数量，n 表示指标数量。

（3）耦合度模型

借鉴物理学容量耦合概念及系数模型，构建农旅融合经济—社会—生态效应的耦合度模型：

$$C = \left[\frac{R_c \times R_s \times R_e}{\left(\frac{R_c + R_s + R_e}{3} \right)} \right]^{\frac{1}{3}} \quad (5.15)$$

式中，C 为农旅融合经济—社会—生态效应的耦合度，$C \in (0, 1)$，C 值越大，说明三种效应的耦合度越高，经济—社会—生态效应越耦合，农旅融合系统越呈现有序状态，反之，系统越趋向无序。

（4）耦合协调度模型

由于耦合度只能反映农旅融合经济—社会—生态效应的耦合程度，而不能反映协调发展水平，因而本研究构造农旅融合经济—社会—生态效应的耦合协调度模型：

$$\begin{cases} D = \sqrt{C \times T} \\ T = \alpha R_c + \beta R_c + \gamma R_e \end{cases} \quad (5.16)$$

式中，D 为耦合协调度，$D \in (0, 1)$，D 值越大，说明三种效应的耦合协调度越高，C 为耦合度，T 为农旅融合经济效应、社会效应与生态效应的综合发展指数。α，β，γ 为待定系数，由于农旅融合的经济、社会、生态效应同等重要，因此，α，β，γ 取值均为 1/3。

为直观呈现农旅融合经济效应—社会效应—生态效应的耦合协调情况，借鉴前人相关研究，对耦合协调度进行等级划分，如表 5.11 所示。

表 5.11　农旅融合效应耦合协调度等级划分标准

耦合协调度（*D*）	协调等级	耦合协调度（*D*）	协调等级
0.00～0.09	极度失调	0.50～0.59	勉强协调
0.10～0.19	严重失调	0.60～0.69	初级协调
0.20～0.29	中度失调	0.70～0.79	中级协调
0.30～0.39	轻度失调	0.80～0.89	良好协调
0.40～0.49	濒临失调	0.90～0.99	优质协调

资料来源：作者整理。

5.3.2　指标体系构建及数据来源

在遵循科学性、系统性、可行性、代表性等选取原则的基础上，通过文献检索，借鉴前人研究，结合产业融合和经济社会学相关理论初步构建农旅融合指标体系，采用专家打分法对指标科学性与合理性进行评价，最终确定了农旅融合效应评价指标体系，并运用熵权法对不同层级的指标进行赋权，如图 5.6 所示，每项括号内数字为其权重数。

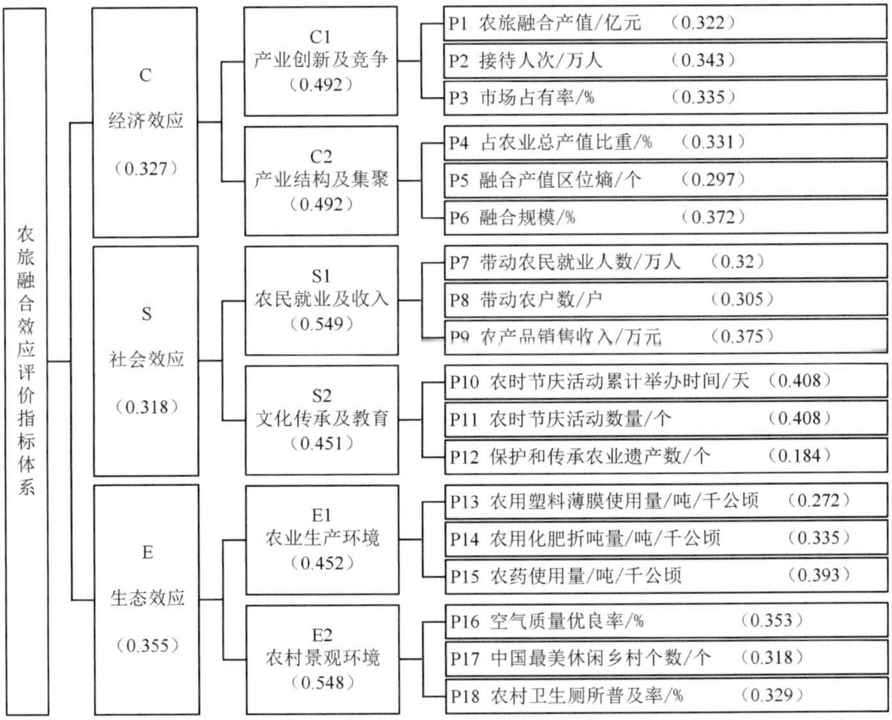

图 5.6　农旅融合效应评价指标体系

指标数据来源是《中国统计年鉴》《中国休闲农业年鉴》《中国农村统计年鉴》、国民经济和社会发展统计公报、环境统计公报及相关政府部门官网，部分指标通过对统计数据计算获得。

5.3.3 长江经济带农旅融合效应评价

(1) 基于“量”维度的分析

运用菲什拜因一罗森伯格模型计算得出长江经济带6个省域单元2014—2019年农旅融合综合效应值，并进行可视化（图5.7)，对其进行“量”维度的考察。

结合图5.7，可以看出2014—2019年各省域单元的农旅融合综合效应虽也有波动，但总体而言呈上升趋势，说明农旅融合为区域发展带来的影响是不断向好的趋势发展。从区域差异来看，地区差异较大，四川、江苏、安徽的农旅融合综合效应相对较好。

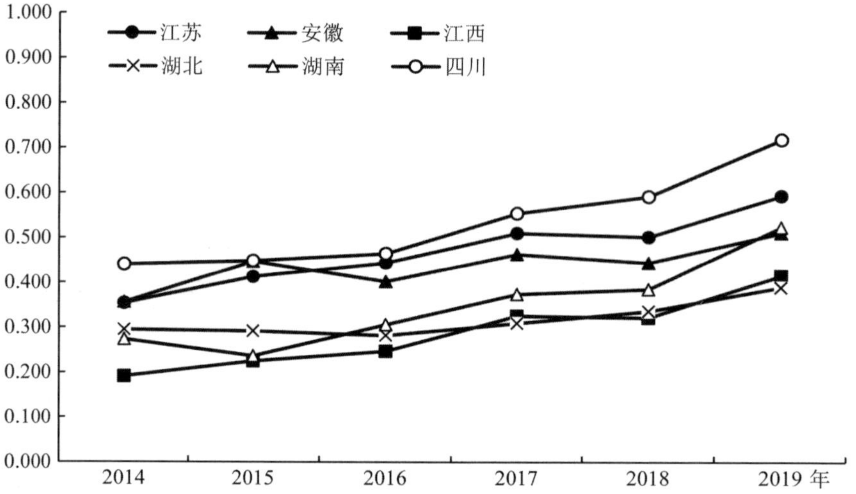

图5.7 长江经济带农旅融合综合效应

此外，分别计算了农旅融合的经济、社会、生态效应。2014—2019年长江经济带粮食主产区6个省域单元的农旅融合经济效应差异较大。江苏省2014—2019年经济效应、社会效应、生态效应的均值分别为0.170、0.453、0.760，从时间上来看，经济效应稳步提升，社会效应波动增强，生态效应波动增强；安徽省2014—2019年经济效应、社会效应、生态效应的均值分别为0.431、0.310、

0.557，从时间上来看，经济效应先降后升，社会效应呈波动增长趋势，生态效应稳步提升；江西省 2014—2019 年经济效应、社会效应、生态效应的均值分别为 0.193、0.169、0.480，从时间上来看，经济效应稳步提升，社会效应波动较大，生态效应波动增强；湖北省 2014—2019 年经济效应、社会效应、生态效应的均值分别为 0.247、0.226、0.463，从时间上来看，经济效应波动不大，社会效应先降后升，生态效应波动增强；湖南省 2014—2019 年经济效应、社会效应、生态效应的均值分别为 0.245、0.356、0.441，从时间上来看，经济效应波动先强后弱，社会效应先降后升，生态效应波动增强；四川省 2014—2019 年经济效应、社会效应、生态效应的均值分别为 0.806、0.541、0.284，从时间上来看，经济效应稳步提升，社会效应波动增强，生态效应波动增强。

表 5.12　长江经济带农旅融合经济、社会、生态效应

地区	效应	2014	2015	2016	2017	2018	2019
江苏	*Rc*	0.087	0.106	0.130	0.173	0.235	0.290
	Rs	0.241	0.357	0.395	0.577	0.500	0.648
	Re	0.701	0.745	0.776	0.761	0.750	0.824
安徽	*Rc*	0.429	0.431	0.372	0.447	0.457	0.447
	Rs	0.131	0.302	0.305	0.419	0.289	0.413
	Re	0.490	0.590	0.516	0.517	0.571	0.658
江西	*Rc*	0.089	0.105	0.141	0.219	0.271	0.335
	Rs	0.089	0.057	0.112	0.246	0.184	0.327
	Re	0.377	0.485	0.465	0.495	0.492	0.568
湖北	*Rc*	0.239	0.213	0.202	0.237	0.278	0.313
	Rs	0.287	0.188	0.126	0.193	0.256	0.307
	Re	0.353	0.456	0.495	0.480	0.461	0.534
湖南	*Rc*	0.130	0.231	0.242	0.274	0.295	0.297
	Rs	0.294	0.165	0.199	0.392	0.373	0.710
	Re	0.386	0.305	0.461	0.450	0.478	0.566
四川	*Rc*	0.662	0.752	0.769	0.806	0.916	0.929
	Rs	0.432	0.416	0.387	0.576	0.565	0.869
	Re	0.243	0.197	0.253	0.303	0.317	0.390

（2）基于“质”维度的分析

通过对农旅融合的经济效应、社会效应、生态效应及三者之间的耦合协调水平进行测度（表 5.13），判别其耦合协调等级及类型，基于“质”的维度考察长江经济带粮食主产区 6 个省域单元的农旅融合效应。

表 5.13　长江经济带 2014—2016 年农旅融合经济—社会—生态效应的耦合度、协调度

地区	耦合协调情况	2014	2015	2016	2017	2018	2019
江苏	C（耦合度）	0.121	0.144	0.163	0.198	0.242	0.255
	D（协调度）	0.204	0.241	0.265	0.316	0.346	0.387
	协调等级	中度失调	中度失调	中度失调	轻度失调	轻度失调	轻度失调
	类型	生态领先经济滞后	生态领先经济滞后	生态领先经济滞后	生态领先经济滞后	生态领先经济滞后	生态领先经济滞后
安徽	C（耦合度）	0.214	0.298	0.310	0.329	0.297	0.312
	D（协调度）	0.274	0.363	0.351	0.390	0.361	0.398
	协调等级	中度失调	轻度失调	轻度失调	轻度失调	轻度失调	轻度失调
	类型	生态领先社会滞后	生态领先社会滞后	生态领先社会滞后	生态领先社会滞后	生态领先社会滞后	生态领先社会滞后
江西	C（耦合度）	0.158	0.096	0.178	0.271	0.260	0.301
	D（协调度）	0.171	0.144	0.206	0.295	0.286	0.351
	协调等级	严重失调	严重失调	中度失调	中度失调	中度失调	轻度失调
	类型	生态领先经济、社会滞后	生态领先经济、社会滞后	生态领先经济、社会滞后	生态领先经济、社会滞后	生态领先经济、社会滞后	生态领先经济、社会滞后
湖北	C（耦合度）	0.321	0.261	0.203	0.262	0.299	0.301
	D（协调度）	0.307	0.273	0.236	0.282	0.315	0.340
	协调等级	轻度失调	中度失调	中度失调	中度失调	轻度失调	轻度失调
	类型	生态领先经济滞后	生态领先社会滞后	生态领先社会滞后	生态领先社会滞后	生态领先社会滞后	生态领先社会滞后
湖南	C（耦合度）	0.250	0.304	0.272	0.313	0.314	0.276
	D（协调度）	0.260	0.266	0.286	0.341	0.347	0.380
	协调等级	中度失调	中度失调	中度失调	轻度失调	轻度失调	轻度失调
	类型	生态领先经济滞后	生态领先社会滞后	生态领先社会滞后	生态领先经济滞后	生态领先经济滞后	社会领先经济滞后

续表

地区	耦合协调情况	2014	2015	2016	2017	2018	2019
四川	*C*（耦合度）	0.262	0.218	0.242	0.265	0.254	0.271
	D（协调度）	0.341	0.315	0.338	0.385	0.390	0.444
	协调等级	轻度失调	轻度失调	轻度失调	轻度失调	轻度失调	濒临失调
	类型	经济领先 生态滞后	经济领先 生态滞后	经济领先 生态滞后	经济领先 生态滞后	经济领先 生态滞后	经济领先 生态滞后

整体来看，各省市农旅融合经济—社会—生态效应耦合度较低，处于0.096—0.329之间。协调度也较低，处于0.144—0.444之间。从整体耦合协调程度来看，四川省的耦合协调程度相较而言更高。从时间发展来看，2014年各省市农旅融合耦合协调程度从高到低依次是四川、湖北、安徽、湖南、江苏、江西；2015年各省市农旅融合耦合协调程度从高到低依次是安徽、四川、湖北、湖南、江苏、江西；2016年各省市农旅融合耦合协调程度从高到低依次是安徽、四川、湖南、江苏、湖北、江西；2017年各省市农旅融合耦合协调程度从高到低依次是安徽、四川、湖南、江苏、江西、湖北；2018年各省市农旅融合耦合协调程度从高到低依次是四川、安徽、湖南、江苏、湖北、江西；2019年各省市农旅融合耦合协调程度从高到低依次是四川、安徽、江苏、湖南、江西、湖北。

从图5.9可以看出，整体上，各省耦合协调度均处波动上升。江苏省从中度失调到轻度失调转变，安徽省从中度失调到轻度失调转变，江西省从严重失调到轻度失调转变，湖北省从轻度失调到中度失调再到轻度失调，湖南省从中度失调到轻度失调转变，四川省从轻度失调到濒临失调转变。

就农旅融合效应协调类型来看，江苏省2014—2019年均属于生态领先、经济滞后型；安徽省2014—2019年属于生态领先、社会滞后型；江西省2014—2019年均属于生态领先，经济、社会滞后型；湖北省2014年属于生态领先、经济滞后型，2015—2019年属于生态领先、社会滞后型；湖南省2014年属于生态领先、经济滞后型，2015—2016年属于生态领先、社会滞后型，2017—2019年属于生态领先、经济滞后型；四川省2014—2019年均属于经济领先、生态滞后型。

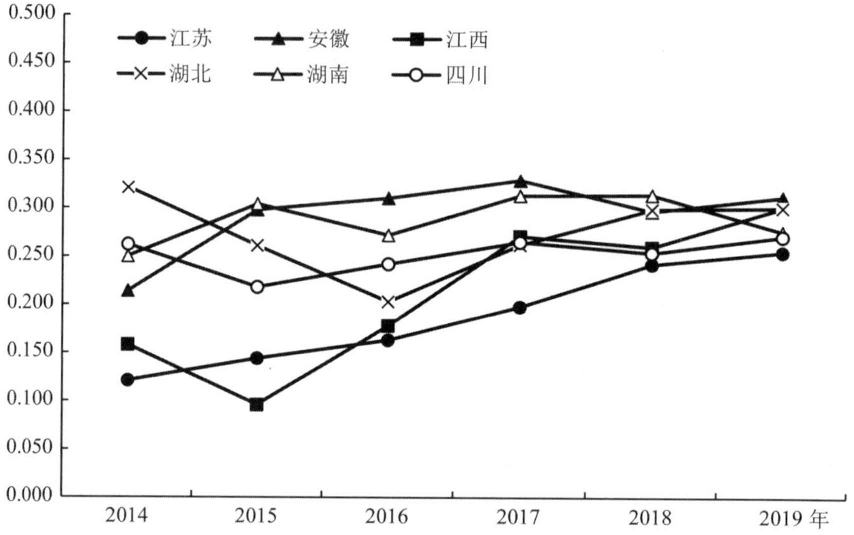

图 5.8　农旅融合经济—社会—生态效应耦合度

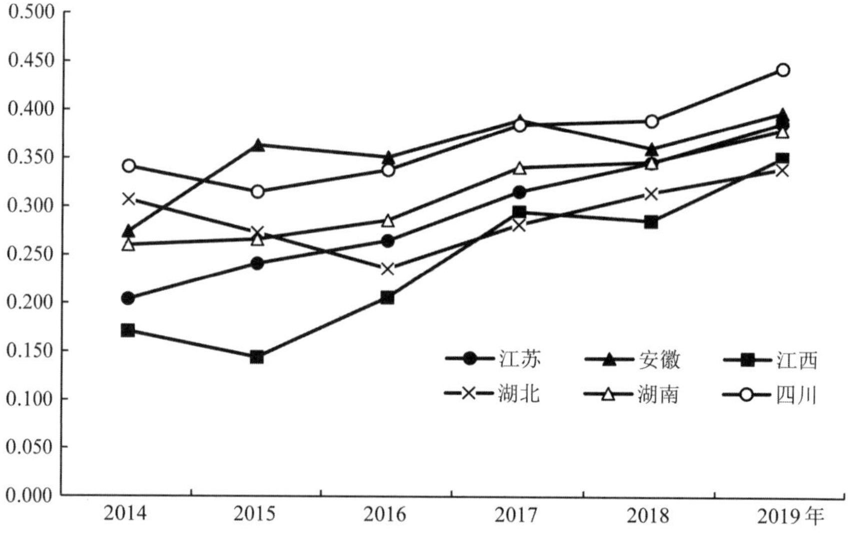

图 5.9　农旅融合经济—社会—生态效应耦合协调度

通过构建农旅融合效应评价模型，对长江经济带粮食主产区 6 个省域单元 2014—2019 年农旅融合综合效应及经济—社会—生态效应的耦合协调水平进行了分析，结果表明：从“量”的维度看，2014—2019 年长江经济带 6 个省域单元农旅融合综合效应总体还较差，且具有波动性；地区差异较大，四川、江苏、安徽的农旅融合综合效应相对较好。从“质”的维度看，各省市农旅融合经济一社会一生态效应耦合度较低，处于 0.096—0.329 之间。协调度也较低，处于 0.144—0.444 之间。从整体耦合协调程度来看，四川省的耦合协调程度相较而言更高；耦合协调水平呈明显的分级特征，从严重失调到濒临失调跨越了 4 个等级，总体上处于失调状态；不同省级行政区耦合协调水平呈现不同的波动情况，江苏、安徽、湖南从中度失调到轻度失调转变，江西省从严重失调到轻度失调转变，湖北省从轻度失调到中度失调再到轻度失调，四川省从轻度失调到濒临失调转变。

运用菲什拜因一罗森伯格模型、耦合度模型及耦合协调模型探讨长江经济带农旅融合效应“质”与“量”的发展，能够整体把握其融合效应水平，对其他产业融合效应的研究提供借鉴之处。由于受到数据收集的限制，时间范围选取相对较短，在未来的研究中，应不断丰富农旅融合效应研究的维度、视角和方法，为农旅融合发展提供更加全面、可靠的理论依据。

5.4　结　论

长江经济带农旅融合发展历程可划分为自发发展阶段（1980—1997 年）、规范快速发展阶段（1998—2009 年）、提质增效阶段（2010 年至今）共 3 个阶段。2011—2019 年期间，农旅融合实体品牌由以地理标志产品或精品企业（园区）为主转向以乡村旅游重点村为主；各类实体品牌数量上持续增加，占比上地理标志产品、示范点和示范县整体减少，其他类别实体品牌占比整体增加，特色小镇增长速度最快；四星级精品企业（园区）数量和占比增加，五星级数量逐年增加，三星级占比不断减少，农旅融合实体品牌发展更加注重质量和品质。长江经济带农旅融合主要表现为五种典型模式：家庭农场与农事体验组合型、农业景观与观光旅游组合型、农业庄园与休闲度假组合型、乡土风情与民俗旅游组合型、美丽乡村与健康养生组合型。

此外，以湖南环洞庭湖区域为个案进行分析，从农旅融合效率评价探究其农旅发展情况，运用仁慈型 DEA 模型对 2011—2019 年洞庭湖区农旅融合效率的时空差异进行分析，进而结合区域概况，分析得到湖南环洞庭湖区域乡村旅游产业时空差异的影响因素，并采用面板数据模型回归检验。经分析发现：第一，从湖区整体上看，2011—2019年洞庭湖区农旅融合效率分为两个阶段：第一阶段为2011—2014年，受生态环境问题突出、乡村旅游同质化严重及传统农业粗放式发展等因素的影响，农旅融合效率呈下降趋势。第二阶段为2015—2019年，由于《洞庭湖生态经济区规划》的出台、宏观政策的影响和现代农业转型发展的促进作用，农旅融合效率不断提高。第二，从内部差异上看，岳阳市、常德市、益阳市年均农旅融合效率依次升高，其中岳阳市和常德市农旅融合效率的稳定性较强，以2014年为分界线，两者均呈现先下降后上升的温和变化趋势，而益阳市农旅融合效率的稳定性较弱，波动明显并在2016年呈现“深V”趋势，总体呈现下降后回升的变化特征。第三，根据面板数据模型检验发现，影响湖南环洞庭湖区域各县（市、区）在2011—2019年间乡村旅游产业效率主要因素是产业结构和交通通达度，这两个因素都对产业效率产生显著的正向影响，通过提升这两个因素的水平，能大幅提升乡村旅游产业效率。

与农旅融合效率不同，农旅融合效应更多关注农旅融合为区域发展带来的影响。针对目前农旅融合带来的经济、社会、生态效应之间的矛盾与冲突，从“量”和“质”两个维度对长江经济带粮食主产区的农旅融合效应展开了评价。2014—2019年各省域单元的农旅融合综合效应虽也有波动，但总体而言呈上升趋势，说明农旅融合为区域发展带来的影响不断向好的趋势发展。总体来看，各省市农旅融合经济一社会一生态效应耦合度较低；耦合协调度均处波动上升。

总体而言，长江经济带农旅融合发展形态较为丰富，且已形成了一些经典的融合模式，但在其发展过程中，应加强技术、产品、市场创新，优化资源整合，促进产业创新、产业结构优化，提升经济效应；充分激发当地居民参与，深入挖掘、开发农耕民俗文化，推动农民增收及农业文化传承，强化社会效应；采用先进的农业生产技术，不断改善农村污染物处理方式，优化农业生产环境与农村景观环境，优化环境效应。同时，应统筹兼顾经济效应、社会效应、生态效应，针对各省级行政区融合效应的耦合协调水平在日后发展中应有针对性地采取相应的措施。此外，农旅融合综合效应相对较差的地区可向四川、江苏、安徽等省级行政区进行有针对性的学习借鉴。

第6章 长江经济带粮食主产区农旅融合与粮食安全关系分析

6.1 粮食安全概述

6.1.1 粮食安全的内涵

鉴于研究区域长江经济带农产品主产区尤其是其粮食主产区的区域属性，在探讨该区域农旅融合发展问题时无可回避一个关键问题——粮食安全。

粮食安全问题是关系国民生计的重要问题，是国家稳定和发展的基础，中国政府历来重视粮食安全问题。2022年中央一号文件依然重视保护粮食生产方面的内涵，强调全面落实粮食安全党政同责，提出了粮食播种面积稳定，粮食产量保持在1.3万亿斤以上的目标，同时指出不论是主产区还是主销区、产销平衡区都要确保上述目标，主产区需要提高粮食综合生产能力。其实，粮食安全概念最早是由国际组织提出的。1974年，联合国粮农组织首次提出了粮食安全的概念，1983年，该组织又从“买得起”和“买得到”两个方面对粮食安全重新进行了定义，即粮食安全以实现人们既能买得到，又能买得起所需要的基本食物为目标。我国政府在粮食安全概念与统计口径中将粮食定义为谷物（包括小麦、稻谷、玉米等）、豆类和薯类，粮食自给率被确定为我国粮食安全水平的衡量标准。

6.1.2 粮食安全战略历史脉络

"民以食为天"，粮食作为一种特殊的商品，是人类赖以生存和发展的重要物质基础，保障了马斯洛需求中人类最基本的生存需要。20 世纪 70 年代初受恶劣气候、第一次石油危机下石油价格暴涨和中东战争等的影响，引发了严重的全球性粮食危机。基于此，在 1974 年召开的世界粮食大会上，联合国粮农组织（Food and Agriculture Organization，FAO）提出"粮食安全"概念并给出了粮食安全的定义，即"确保任何人在任何时候都能得到为了生存和健康所需要的足够食物"。

粮食安全作为国家安全的重要组成部分，不仅关系到经济社会的稳定，更影响国家的长治久安，自古以来各国均积极地制定相关战略和政策来保障本国的粮食安全。中国作为人口和农业大国，也通过不断完善国家粮食安全战略保障体系致力于解决好十几亿人口吃饭问题。数据显示，自新中国成立以来 70 余年粮食安全战略的历史演进与发展取得了较为不错的成绩：在粮食产量上，2019 年中国人均粮食占有量达到 470 公斤，和 1949 年相比增长了 126%，增长速度远高于世界平均水平；在谷物供应上，我国谷物自给率已超过 95%，传统口粮大米和小麦绝对安全；在粮食储备上，建设了一批现代化新粮仓，健全了粮食储备和应急体系；在居民健康营养状况上，膳食品种如油料、猪牛羊肉、水产品等人均占有量不断增加且日益丰富；在脱贫攻坚上，提高了贫困地区农村居民可支配收入并有效实现了贫困人口"不愁吃"的目标。总体上，根据我国粮食安全战略的历史演进和发展，可以划分为以下四个阶段：

（1）增加粮食产量阶段（1949—1977 年）

这个阶段处于新中国成立和改革开放之间的时期。新中国成立初期，国民经济百废待兴，生产萎缩，交通梗阻，农业基础地位薄弱。基于此，在农业生产关系上，1950 年中央人民政府委员会第八次会议通过《中华人民共和国土地改革法》，并进行土地革命，解放农村生产力，促进农业生产的恢复，到 1952 年中国粮食产量年均增长 13.14%；此后，为改变分散、落后的小农经济束缚对农村生产力的发展，国家于 1953 年开始对农业进行社会主义改造，同年颁布相关决议逐步引导农民按照自愿、互利的原则，开展以统一经营为特征的半社会主义性质的生产合作组织，达到分工协调和按劳分配，走集体化道路；到 1958 年《关于在农村建立人民公社问题的决议》的出台，则开始在全国范围内开展“一大二公”的人民公社化运动；再到 1962 年的中共八届十中全会通过的《农村人民公社工作条例修正草案》中肯定人民公社集体经济优越性的结果，并指出生产大队是人民公社中实行独立核算、自负盈亏的独立经营单位。

在粮食流通体制、储备和市场化上，1950 年成立了中国粮食公司统一领导全国的粮食管理机构；1952 年成立中央人民政府粮食部加强对粮食流通的管理；1953 年面对市场紧张、供销不平衡的情况，中央开始实施统购统销政策，即农民生产的粮食由国家统一收购，并由国家统一供应所需粮食，且禁止粮食自由买卖，国家统一规定粮食价格、粮种和数量；1955 年出台的《农村粮食统购统销暂行办法》和《关于市镇粮食定量供应暂行办法的命令》为统购统销制度的实施提供法律保障，其中“四证三票”制度的落实则标志着中国粮食统购统销制度的真正形成；1963 年面对粮食短缺的处境，中国开始实施“米麦进口交易”政策，即从西方主要资本主义国家大规模进口粮食巩固出口贸易；1970 年 7 月，商业部、粮食部、全国供销合作总社、中央工商行政管理局合并组成商业部，进一步加强对全国粮食统购统销和调拨工作。在粮食安全战略目标上，1953 年第一个五年计划指出不能减轻发展农业的意义，要保证粮食等农作物每年都持续增长；1956 年出台的《一九五六年到一九六七年全国农业发展纲要（草案）》要求在 12 年内全国几个主要不同地区的粮食争取每亩平均产量分别达 400、500 和 800 斤。

总的来说，这一阶段的国家粮食安全战略在农业生产关系上经历了从互助小组到初级社，再到高级社，最后到人民公社的转变，主要呈现集体经营形式；粮食流通体制表现出高度的计划性和垄断性，主要以政府调控为主，在市场上主要立足于国内市场，并被动参与国际市场；战略目标是注重提高粮食的产量，致力于解决人们的基本温饱问题。

(2) 农村经济体制改革和粮食流通市场化阶段（1978—1995）

这一阶段我国由于改革开放的实施，工作重心开始转入到社会主义现代化建设上来，而农业发展落后是制约社会主义现代化建设的关键短板。基于此，1979 年中共中央出台《关于加快农业发展若干问题的决定》指出确定农业政策和农村经济政策的首要出发点，是充分发挥社会主义制度的优越性，在农业生产力上充分发挥我国八亿农民的积极性，强调贯彻执行“农林牧副渔同时并举”和“以粮为纲，全面发展，因地制宜，适当集中”的方针，有计划地逐步优化我国农业的结构和人们的食物构成，把只重视粮食种植业、忽视经济作物种植业和林业、牧业、副业、渔业的状况改变过来；1982 年的全国农村工作会议指出要着重抓好水利、农机、化肥等投资的利用效益，改善农业生产条件；1987 年实行第一部《土地管理法》解决大量占用耕地、滥用土地现象。在农业生产关系上，1978 年安徽凤阳县小岗村掀起了包产到户的序幕；1980 年中共中央出台的《关于进一步加强和完善农业生产责任制的几个问题》肯定了专业联产承包计酬责任制在调动农民积极性和提高生产力等方面的优越性，但同时也指出不同地区和社队采取的方针应与自身情况相契合；1982—1986 年连续 5 年中央一号文件均指出继续巩固和完善家庭联产承包责任制，同时延长土地承包期，不断扩大生产规模，提高经济效益。

在粮食流通体制、储备和市场化上，1983 年中央一号文件指出调整农副产品购销政策，对重要农副产品实行统购派购是完全必要的，品种不宜过多；1984 年开放了水产品和水果市场与价格，并大力发展农村水陆交通，解决粮食运输问题；1985 年中央一号文件指出从当年起，除个别品种外，国家不再向农民下达农产品统购派购任务，按照不同情况，分别实行合同定购和市场收购；1990 年为解决农民卖粮问题，做好丰歉调剂，中央开始建立国家专项粮食储备制度；1993 年建立粮食收购保护价格制度和 1994 年建立粮食风险基金制度促进粮食稳定增产，并加快流通体制改革减轻国家财政负担、推进粮食商品化和经营市场化；1995 年农村工作会议指出重点是抓好“米袋子”“菜篮子”。在粮食安全战略目标上，1993 年的《九十年代中国农业发展纲要》指出要实现主要农产品稳定增产，在数量、品种和质量上，适应全国人民小康生活和国民经济加快发展的需要。

总的说来，这一阶段的国家粮食安全战略强调以粮为纲前提下的农林牧副渔全面发展，同时开始注重通过保护耕地、提供技术和资金支持提高生产力；生产关系上形成以家庭承包经营为基础、统分结合的双层经营体制，主要呈现家庭经营形式；同时逐步对粮食流通体制进行改革，并开始向市场经济转变，建立了国家专项粮食储备制度；战略目标上已基本解决人们的温饱问题。

(3) 专业精细的国家粮食安全战略实施阶段（1996—2012 年）

这一时期是我国改革开放和社会主义现代化建设事业承前启后、继往开来的重要时期，也是逐步进入到全面建成小康社会和加快现代化建设的新阶段；同时中央也开始明确指出确保国家粮食安全和粮食供求平衡，并建设符合我国国情和社会主义市场经济要求的粮食安全体系；1996 年发布的《中国的粮食问题》白皮书也肯定新中国成立以来在基本解决人民吃饭问题上的成绩，并提出立足国内资源，实现粮食基本自给不低于 95%的方针；2002 年修订的农业法也为粮食安全给予了立法保障。基于此，在农业生产力上，2004 年中央一号文件提出增加对粮食主产区的投入，并逐步降低农业税税率；2006 年起废除农业税，极大地减轻了农民的负担，促进了生产力的提高，同年出台的《全国土地利用总体规划纲要（2006—2020 年）》明确实行最严格的土地管理制度，严格保护耕地；2011 年中央一号文件指出农田水利建设滞后仍然是影响农业稳定发展和国家粮食安全的最大硬伤。在农业生产关系上，2012 年党的十八大报告中指出构建集约化、专业化、组织化、社会化相结合的新型农业经营体系。

在粮食流通体制、储备市场化上，1998 年通过实行“四分开一完善”的原则促进粮食流通体制的深化改革，确保“三项政策、一项改革”的贯彻落实，积极培育粮食市场，摆脱“大锅饭”的模式；2000 年出台的《关于进一步完善粮食生产和流通有关政策措施的通知》指出要进一步加强粮食仓储设施建设，进一步拓宽粮食购销渠道，搞活粮食流通；2003 年出台的《中央储备粮管理条例》和 2004 年出台的《粮食流通管理条例》为现代粮食储备制度、最低收购价制度、粮食流通体制提供了法律保障；2004 年开始全面开放粮食收购市场，促进流通体制改革有利于粮食生产、粮农增收、市场稳定和粮食安全等；2006 年开始实施临时收储制度保护农民利益，2008 年在金融危机的影响下启动大豆、玉米、棉花、油菜籽等临时收储政策；2011 年《粮食行业“十二五”发展规划纲要》强调加快发展现代粮食流通产业，提高粮食宏观调控能力。在粮食安全战略目标上，2008 年《国家粮食安全中长期规划纲要（2008—2020 年）》提出到 2010 年人均粮食消费量为 389 公斤，到 2010 年粮食综合生产能力稳定在 5000 亿公斤以上；2012 年中央一号文件指出继续开展粮食稳定增产行动，千方百计稳定粮食播种面积，扩大紧缺品种生产，着力提高单产和品质。

总的来说，这个阶段的国家粮食安全战略更加精细化和专业化，国家粮食安全战略思想逐渐明晰。通过取消农业税和严守 18 亿耕地红线确保生产力；生产关系上以家庭经营为主，但开始注重培育新型农业经营主体；逐步开放了粮食市场和价格、建立临时收储政策、注重市场的调控作用、主动面向国际市场等都促进了粮食供需的协调；战略目标上注重提高粮食生产的单产和品质，并注重粮食自给率。

（4）高效灵活的国家粮食安全战略实施阶段（2013 年至今）

这一时期是我国决胜全面建成小康社会的关键时期，同时也逐步进入到中国特色社会主义新时代和开启全面建设中国式现代化新征程；此外 2013 年的中央经济工作会议指出切实保障国家粮食安全，必须实施以我为主、立足国内、确保产能、适度进口、科技支撑的国家粮食安全战略，要依靠自己保口粮，集中国内资源保重点，做到谷物基本自给、口粮绝对安全，这也标志着国家粮食安全已上升至国家战略的高度；2014 年中央一号文件更是指出把饭碗牢牢端在自己手上，是治国理政必须长期坚持的基本方针。在农业生产力上，2016 年《全国农业现代化规划（2016—2020 年）》指出促进农业机械化提档升级，尽快突破棉油糖牧草等作物生产全程机械化和丘陵山区机械化制约瓶颈。在农业生产关系上，2014 年开始通过土地流转和适度规模经营推动所有权、承包权和经营权三权分置，从而实现农业现代化；2017 年党的十九大报告指出保持土地承包关系稳定并长久不变，第二轮土地承包到期后再延长三十年。

在粮食流通体制、储备和市场化上，2014 年中央一号文件提出启动东北和内蒙古大豆、新疆棉花目标价格补贴试点，探索粮食、生猪等农产品目标价格保险试点，开展粮食生产规模经营主体营销贷款试点。继续执行稻谷、小麦最低收购价政策和玉米、油菜籽、食糖临时收储政策；2015 年为落实中央和地方政府的粮食责任安全与分工，开展建立国家粮食安全省长责任制，同年取消了油菜籽的临时收储政策，并于 2016 年正式取消了玉米的临时收储政策；2017 年开始在东北三省和内蒙古地区实施大豆和玉米的生产者补贴方案。在粮食安全战略目标上，2014 年中央一号文件指出在重视粮食数量的同时，更加注重品质和质量安全；2019 年中央一号文件指出提高国内安全保障能力，巩固棉花、油料、糖料、天然橡胶生产能力；同年《中国的粮食安全》白皮书也指出进一步加强粮食生产能力、储备能力、流通能力建设，推动粮食产业高质量发展，提高国家粮食安全保障能力。

总的来说，这个阶段的国家粮食安全战略更完善、高效和灵活，形成了“确保谷物基本自给，口粮绝对安全”的新的粮食观。在生产力上，采取藏粮于地、藏粮于技战略；生产关系上形成了多元化的经营形式并注重三权分置；粮食市场流通机制已基本形成，在政府宏观调控下充分发挥市场的调节作用，并注重独立自主地利用好国内外两个资源；战略目标上兼顾粮食生产的数量、效益和安全质量。

6.1.3　粮食生产现状

得益于强有力的政策制度优势，我国粮食生产取得了一系列突破性的成果。依据《中国农村统计年鉴（2020）》，2019 年我国粮食总产量达到 66384.3 万吨，呈现出跨越式增长。同时，人均粮食产量也逐年增加，2019 年我国人均粮食产量为 474.8 千克，远远超过国际粮食安全线规定的 400 千克。虽然我国粮食总产量整体上呈现出上升的趋势，2000—2019 年平均增长率为 1.1%，但作为承担着粮食安全重任的长江经济带粮食主产区，该区域的粮食产量占粮食总产量比重却呈现出下降的趋势，由 2000 年占比 33.65%下降至 2019 年占比 28.8%，如图 6.1 所示。长江经济带是我国战略发展的重点区域，同时也是我国粮食主产区集中区域。近年来，长江经济带乡村旅游迅猛发展，农旅融合趋势明显，农业逐渐发挥其多功能作用，融合新形态、乡村旅游新产品不断涌现，如农业景观、休闲农园、现代农业示范区等，这些新业态新产品的形成在促进农村经济的同时是否会影响粮食安全，值得探讨。

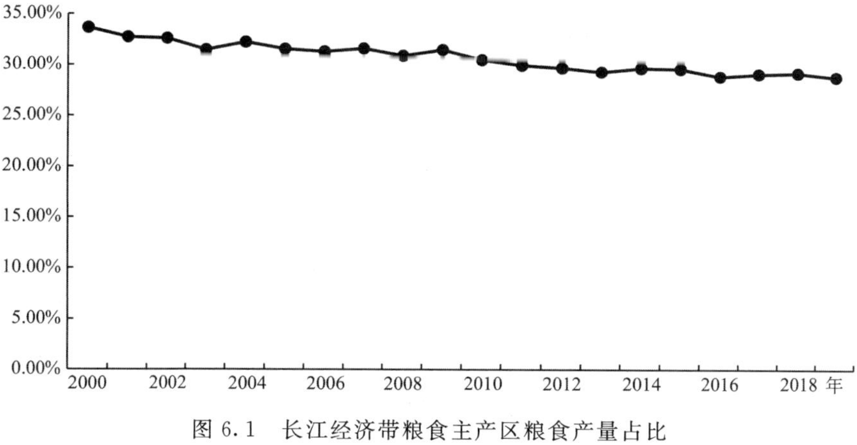

图 6.1　长江经济带粮食主产区粮食产量占比

6.2 乡村旅游对粮食安全影响的门槛效应分析

长期以来，乡村旅游发展对于我国农村的生产生活生态产生一定积极影响，抓住包括乡村旅游在内的农村三产融合，也就抓住了拓宽农民增收渠道、拓展农业功能、改善农业供给质量和效率的“牛鼻子”。农民增收则能加大粮食生产投入，也就是说，能够促进农业供给质量和效率提升的乡村旅游也是保障粮食安全的重要途径。由此可以认为，乡村旅游发展与粮食安全密不可分。然而，从近年乡村旅游发展实践中能够发现，乡村旅游并不总是促进农业的发展。一个时期以来，许多地方发展乡村旅游的不良行为对农业健康发展造成了不良影响，乃至对粮食安全构成一定的威胁。为此，2018 年农业农村部、自然资源部联合部署，在全国范围开展“大棚房”专项清理整治，对侵占农业用地、威胁粮食安全的乡村旅游与休闲农业建筑设施下令限期拆除，遏制了乡村旅游发展中的不良现象。粮食主产区是我国实施粮食安全战略的重点区域，基于保障国家粮食安全的前提，粮食主产区的乡村旅游开发必定存在“限度”的问题。而其中的限度到底在哪里，粮食主产区发展乡村旅游的力度如何把控，是值得关注的重要问题。基于此，我们在分析长江经济带粮食主产区乡村旅游与农旅融合互动关系之前，先从全国粮食主产区全局探讨乡村旅游对粮食安全的门槛效应。

6.2.1 粮食安全与乡村旅游相关研究

关于粮食安全与旅游业的关系，已有大量学者进行研究。大多数学者认为，旅游业的发展对粮食安全有明显影响。哈勒（S Hüller），海尼（J Heiny），莱昂豪泽（I U Leonhäuser）认为旅游业的发展能够帮助当地农业生产者销售过剩农产品，同时当地农产品附加值的增加也会对旅游业产生积极影响。斯蒂芬（Stefan G），布莱恩（Brian G），卡洛（Carlo A）等人认为旅游业有助于目的地的粮食安全与可持续发展。张盼盼等认为旅游城市食物浪费问题日益突出，不利于中国食物可持续消费和粮食安全。也有少部分学者认为，旅游业的发展对当地粮食安全没有显著影响。贝克福德（Beckford C L），坎贝尔（Campbell D R）以加勒比地区为案例地，研究发现在考虑粮食安全时，旅游业对当地农业发展的贡献率很小。斯科特（Scott W H）以亚马孙河为研究区域，泰穆尔（Temur G），格万察（Gvantsa S），约瑟夫（Joseph S）以卡兹贝吉市为研究区域，结果都表明旅游业对粮食安全没有显著的影响。在进一步探讨粮食安全与乡村旅游相关问题时，国外学者安妮梅特（Anne-Mette H）认为乡村旅游雇用了更多的农业人员，促进了农产品的销售。马文（Marvin J F M），哈恩（Harng L S）在研究农业旅游在乡村振兴中的作用时指出，农业旅游可以通过开发景区来实现乡村振兴，但是会忽视粮食生产。这方面国内学者也进行了大量的研究。有学者认为乡村旅游会危及粮食安全，如吴冠岑等学者认为乡村土地旅游化流转会影响乡村土地生态系统，进而威胁到粮食安全。也有学者认为乡村旅游会提高粮食生产效率，减缓劳动力外流，从而促进粮食安全，如陈秀芝等分析了乡村旅游发展与粮食生产效率的相关性，指出在粮食主产区发展乡村旅游不仅会增加粮食生产投入，而且会改善粮食生产的土地环境，进而保障国家粮食安全；刘若男和石小亮认为乡村旅游可以通过提供就业岗位、增加农民人均收入，从而减缓农村劳动力外流，在一定程度上保护了我国粮食安全。

既往研究仅从单一方面衡量旅游对粮食安全的积极或消极影响，未能综合分析由乡村旅游发展引致的经济、社会、环境效益对衡量粮食安全的农业用地、农业劳动力、农产品销售等主要因素的影响。根据相关研究可知，作为农旅融合主要形态的乡村旅游对粮食安全的影响往往是随着时间、地点不断变化甚至可能会出现相反结论的问题。因此，我们构建乡村旅游与粮食安全关系测度指标体系，假设乡村旅游对粮食安全存在着非线性的影响，基于2008—2017年10年的数据，利用门槛面板回归模型深入探讨中国粮食主产区11个省级行政区的乡村旅游对粮食安全的动态影响，探究粮食安全前提下乡村旅游发展是否存在“限度”的问题。

6.2.2 研究假设与研究方法

(1) 研究假设

粮食生产是粮食主产区主导产业。“挤出效应”为乡村旅游和粮食安全的非线性关系分析提供了理论视角。由此提出以下假设：

假设1：乡村旅游对粮食安全发展具有非线性的影响；

假设2：当乡村旅游发展水平较低时，对粮食安全有负挤出效应，促进粮食安全水平提升；

假设3：当乡村旅游发展水平较高时，乡村旅游对粮食安全产生正挤出效应，抑制粮食安全水平发展。

（2）研究方法

① 变异系数法

变异系数法是直接利用各项指标本身所包含的信息来进行客观赋权的方法。该方法能够消除测量尺度和量纲的影响，直接比较差别程度。一般来说，指标变异程度越大，其权重也越大。各指标变异系数公式为：

$$V_i = \frac{\sigma_i}{\overline{x}_i}(i = 1,2,\cdots,n) \tag{6.1}$$

V_i 是第 i 项指标的变异系数；σ_i 是第 i 项指标的标准差；$\overline{x}_i$ 是第 i 项指标的平均数。

各指标的权重为：

$$W_i = \frac{V_i}{\sum_{i=1}^{n} V_i} \tag{6.2}$$

② 门槛面板回归

门槛效应指在定义的门槛变量区间内，解释变量对被解释变量的影响会随着区间的不同呈现不同的作用程度和作用方向。为了避免人为划分区间带来的偏误，我们采用汉森（Hansen）发展的门槛面板模型，根据数据本身特点来划分区间，进而分析乡村旅游与粮食安全之间的非线性关系。

单一门槛的模型设定如下：

$$y_{it} = \mu_i + \beta_1 x_{it} \times I(q_{it} < \gamma) + \beta_2 x_{it} \times I(q_{it} \geqslant \gamma) + \theta \boldsymbol{G}_{it} + \varepsilon_{it} \tag{6.3}$$

i 代表个体，y 代表时间，y_{it} 为被解释变量，x_{it} 为解释变量，μ_i 为个体截距项，q_{it} 为门槛变量，γ 为待估计的门槛值，I（$q_{it} < \gamma$）和 I（$q_{it} \geqslant \gamma$）为指标函数，其相应的括号内条件成立时取值为1，否则取值为0，$\boldsymbol{G}_{it}$ 为一组对 y 有影响的控制变量，θ、β_1、β_2 为相应项系数，扰动项 ε_{it} 为独立同分布。

为了得到参数的估计量，首先要消除个体效应 μ_i，进而对所有观察值累叠，采用矩阵形式将模型转换为：

$$\boldsymbol{Y}_{it}^{*} = \boldsymbol{X}^{*}(\gamma)\boldsymbol{\beta} + \boldsymbol{\varepsilon}^{*} \tag{6.4}$$

对于任一给定的 $\boldsymbol{Y}$，可以通过 OLS 估计得到 $\boldsymbol{\beta}$ 的估计值：

$$\boldsymbol{\beta}(\gamma) = [\boldsymbol{X}^{*}(\gamma)^{\mathrm{T}}\boldsymbol{X}^{*}(\gamma)]^{-1}\boldsymbol{X}^{*}(\gamma)^{\mathrm{T}}\boldsymbol{Y}^{*} \tag{6.5}$$

相应残差平方和为：

$$\begin{aligned} S_1(\gamma) &= \hat{\boldsymbol{e}}^{*}(\gamma)^{\mathrm{T}}\hat{\boldsymbol{e}}^{*}(\gamma) \\ &= \boldsymbol{Y}^{*\mathrm{T}}\{I - \boldsymbol{X}^{*}(\gamma)^{\mathrm{T}}[\boldsymbol{X}^{*}(\gamma)^{\mathrm{T}}\boldsymbol{X}^{*}(\gamma)]^{-1}\boldsymbol{X}^{*}(\gamma)^{\mathrm{T}}\}\boldsymbol{Y}^{*} \end{aligned} \tag{6.6}$$

采用逐步搜索法最小化 $S_1(y)$ 来求得对应的门槛值：

$$\gamma(\hat{\gamma}) = \arg_{\gamma}\min S_1(\gamma) \tag{6.7}$$

最终可得到 $\hat{\beta} = \hat{\beta}(\hat{\gamma})$，残差向量 $\hat{\boldsymbol{e}}^{*}(\gamma) = \hat{\boldsymbol{e}}^{*}(\hat{\gamma})$，和残差平方和 $\hat{\sigma}^2 = \hat{\sigma}^2\gamma^2$ 。

得到参数值后需要进行两个检验：一是门槛效应是否显著，原假设 H_0：$\beta_1 = \beta_2$，检验统计量为 $F_1 = \dfrac{S_0 - S_1(\hat{\gamma})}{\hat{\sigma}^2}$，$s_0$ 为在原假设下得到的残差平方和。在原假设下由于 y 无法识别，Hansen 建议采用“自抽样法”（Bootstrap）来获得渐近性分布，继而构造 P 值；二是门槛值是否等于真实值，原假设为 H_0：$\hat{\gamma} = \gamma_0$，相应的似然比检验统计量为 $LR_1(\gamma) = \dfrac{S_1(\gamma) - S_1(\hat{\gamma})}{\hat{\sigma}^2}$，Hansen 认为当 $LR_1(\gamma_0) \leqslant c(\alpha)$ 时，不能拒绝原假设。其中，α 表示显著水平。

从计量角度可能会出现多个门槛，估计方法是假设 $c(\alpha) = -2\ln(1-\sqrt{1-\alpha})$ 单一门槛模型中估计出的$\hat{\gamma}_1$ 已知，再重复上述步骤进行 $\hat{\gamma}_2$ 的搜索，得到 $\hat{\gamma}_2$ 的值。我们还可以固定 $\hat{\gamma}_2$，对 $\hat{\gamma}_1$ 进行再次搜索，来得到优化后的一致估计量。

6.2.3　变量选择

(1) 粮食安全

我国政府相当长时间将粮食自给率作为衡量粮食安全水平的标准，但随着时代的发展，仅仅从粮食生产的角度衡量粮食安全已经很难揭示粮食安全的本质。因而，本研究参考高延雷的研究，从短期视角的生产性、获得性维度和长期视角的稳定性、持续性维度来衡量粮食安全水平。

表 6.1　粮食安全水平衡量的指标体系

<table>
<tr><th>目标层</th><th>标准层</th><th>指标变量</th><th>变量解释</th><th>数据来源</th></tr>
<tr><td rowspan="11">粮食安全（Food safety）</td><td rowspan="4">生产性</td><td>单位面积产量（吨/平方千米）</td><td>反映该省级行政区产粮能力，指省域当年粮食总产量占省域总面积的比重</td><td rowspan="11">数据均来自国家统计局以及《中国农村统计年鉴》</td></tr>
<tr><td>农业机械动力</td><td>体现粮食生产的现代化程度，指全部农业机械动力的额定功率之和</td></tr>
<tr><td>耕地面积比例（%）</td><td>耕地面积是粮食生产的基础，体现该省级行政区对耕地面积的保护程度，用粮食耕地面积与省域面积之比来表现</td></tr>
<tr><td>财政支农金额比例（%）</td><td>体现该省级行政区政府对粮食生产的重视与支撑，用财政支农总额与总支出之比体现</td></tr>
<tr><td>获得性</td><td>人均粮食占有量（吨/人）</td><td>体现粮食产量对省级行政区内需求的满足程度，用省级行政区内粮食总产量与省级行政区内常住人口之比来衡量</td></tr>
<tr><td rowspan="2">稳定性</td><td>粮食生产波动系数（%）</td><td>用粮食产量与粮食平均产量的差额占粮食平均产量的比值体现粮食生产的波动程度。</td></tr>
<tr><td>粮食受灾比例波动系数（%）</td><td>粮食每年受灾面积波动也能体现粮食生产的稳定性。用受灾面积与农作物播种面积的比值计算得到粮食受灾比例，算出各个年份该比例的平均值，用粮食受灾比例与平均值的差和平均值本身的比来计算粮食受灾比例波动系数。</td></tr>
<tr><td rowspan="3">持续性</td><td>农药施用量（吨/千公顷）</td><td>农药、化肥、塑料薄膜过度使用造成的污染会严重影响耕地的可持续性。用农药施用量与农作物播种面积之比表示</td></tr>
<tr><td>化肥施用量（万吨/千公顷）</td><td>用化肥施用量与农作物播种面积之比表示</td></tr>
<tr><td>塑料薄膜使用量（吨/千公顷）</td><td>用塑料薄膜使用量与农作物播种面积之比表示</td></tr>
</table>

（2）乡村旅游

借鉴中国社会科学院《乡村旅游发展指数报告》中的指标体系，以及易丹辉构建的乡村旅游统计监测指标体系，从乡村旅游规模、收入、就业、基础设施和自然环境衡量乡村旅游发展水平，建立如表 6.2 所示衡量乡村旅游发展水平的指标体系。

表 6.2　衡量乡村旅游发展水平的指标体系

变量名称	变量含义	变量解释	数据来源
asi	乡村旅游规模（亿元）	用乡村旅游固定资产投资额反映乡村旅游规模大小，乡村旅游固定资产投资额越多证明乡村旅游规模越大，反之亦然	《中国固定资产投资年鉴》中各地区农村在住宿和餐饮业中的固定资产投资额
inc	乡村旅游收入（十亿元）	由于各省级行政区 10 年乡村旅游收入的数据缺失严重，所以采用替代指标，用乡村居民收入占所有居民收入比重来计算旅游收入中乡村旅游收入所占的部分	居民收入数据和旅游总收入数据均来自国家统计局
oe	乡村旅游就业人口（万人）	用农村餐饮业和住宿业就业人口表示	数据来自《中国第三产业统计年鉴》中分地区农村餐饮业和住宿业就业人数
env	农村自然环境	农村自然环境是乡村旅游吸引力的重要组成部分，本研究用绿化覆盖率、人均绿地面积和绿地率三项指标通过变异系数法求权后的加权和表示	《中国城乡建设统计年鉴》中农村部分
inf	农村基础设施	农村基础设施决定旅游服务质量，本研究用水普及率、燃气普及率、排水管道密度、乡村改厕四项指标通过变异系数法求权后的加权和表示	《中国城乡建设统计年鉴》中农村部分

（3）控制变量

地区经济水平、交通便捷程度、城镇化水平和产业结构为对粮食安全具有显著影响的控制变量，其中地区经济水平影响粮食获取能力，交通便捷程度决定粮食运输效率，城镇化水平影响粮食生产劳动力，产业结构体现该地区农业生产的重要程度。具体的计算方法和数据来源如表 6.3 所示。

表 6.3　控制变量说明

变量名称	变量含义	计算方法	数据来源
GDP	地区经济水平（千亿元）	地区 GDP 值	国家统计局
road	交通便捷程度	省域运输路线（铁路、公路、水运）长度与省域面积之比	
urb	城镇化水平	城市人口与总人口的比值	
ind	产业结构	第一产业产值与总产值之比	

6.2.4 实证分析

（1）门槛效应检验

根据汉森的研究思路，首先对模型门槛效应进行检验。利用 Stata16 分析工具，对乡村旅游的门槛效应进行估计，得到 *F* 统计量和采用 Bootstrap 方法，设置 Bootstrap 次数为 500 次得出的 *P* 值。结果如表 6.4 所示，乡村旅游的三重门槛模型通过 10％的显著性水平检验。

表 6.4　门槛效果自抽样检验

	F 值	P 值	临界值		
			1％	5％	10％
单一门槛模型	10.589	0.248	40.883	27.377	19.319
双重门槛模型	19.606	0.204	76.96	47.018	35.579
三重门槛模型	9.521*	0.08	18.725	12.436	7.574

注：*P* 值和临界值均为采用“自抽样法”（Bootstrap）反复抽样得到的结果；***、**、* 分别表示在 1％、5％、10％水平下显著。

三个门槛的估计值和相应的 95％置信区间列示于表 6.5。借助图 6.2、图 6.3、图 6.4 绘制的似然比函数图，可以更清晰地理解门槛值的估计和置信区间的构造过程。门槛参数的估计值是似然比统计量 LR 值为零时的取值，各个门槛估计值的 95％置信区间是所有 LR 值小于 5％显著水平下的临界值（图中虚线）构成的区间。

表 6.5　门槛值的固定模型估计结果

	门槛估计值	95％置信区间
第一门槛	91.4	[55.69，108.93]
第二门槛	198.09	[55.69，198.09]
第三门槛	280.68	[280.68，287.54]

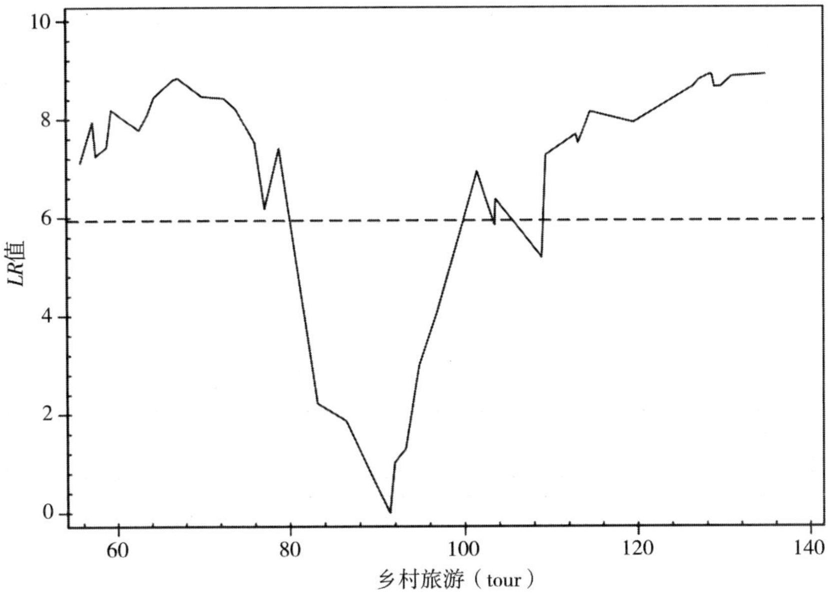

图 6.2　第一门槛值的似然比函数图

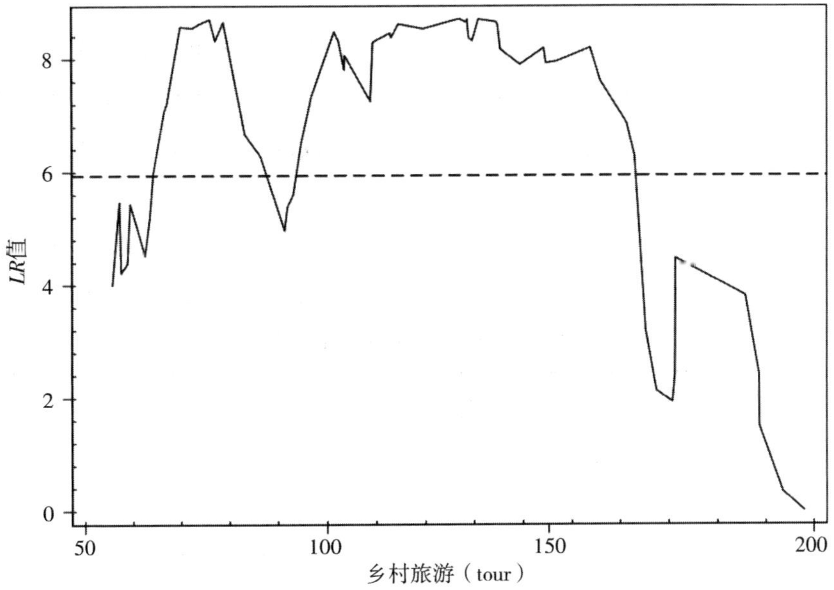

图 6.3　第二门槛值的似然比函数图

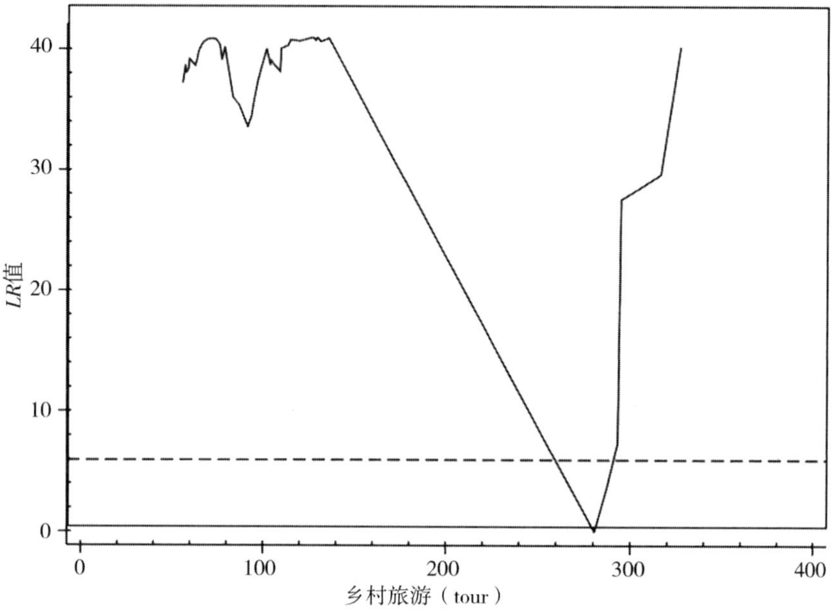

图 6.4　第三门槛值的似然比函数图

（2）门槛估计结果分析

门槛回归模型实质上是根据门槛估计值将样本分成多个区制，分别考察每个区制内部解释变量对被解释变量的作用，并通过比较回归系数的差异来检验门槛效应是否显著。可以根据这三个门槛值将省级行政区按乡村旅游发展水平划分为低水平（tour＜91.4）、中低水平（91.4≤tour＜198.09）、中高水平（198.09≤tour＜280.68）和高水平（tour≥280.68）四种类型。模型的参数估计、同方差设定下的 t 值（t_{OLS}）以及异方差设定下的 t 值（t_{White}）如表 6.6 所示。

表 6.6　模型的参数估计结果

变量	系数估计值	t_{OLS}	t_{White}
tour _ 低水平	1.240	3.00***	2.45**
tour _ 中低水平	0.170	0.82	0.98
tour _ 中高水平	−0.390	−1.91*	−1.38
tour _ 高水平	−1.079	−5.63***	−5.44***
GDP	0.0111	5.51***	3.34***

续表

变量	系数估计值	t_{OLS}	t_{White}
road	3.111	2.00**	1.25
env	4.238	0.50	0.51
inf	−6.183	−1.52	−1.16
urb	−791.2	−1.15	−1.14
ind	504.1	2.32**	1.50

注：* $p<0.1$，** $p<0.05$，*** $p<0.01$；t_{OLS} 为同方差设定下的 t 值，t_{White} 为异方差设定下的 t 值。

据前文分析所得门槛估计值可知，乡村旅游对粮食安全具有显著的非线性影响。当乡村旅游指数小于 91.4 时，乡村旅游发展对粮食安全水平正向影响显著；当乡村旅游指数处于 91.4—198.09 之间时，乡村旅游对粮食安全的影响不显著；当乡村旅游指数大于 280.68 时，乡村旅游对粮食安全具有显著的负向影响。结论满足根据旅游业“挤出效应”提出的假设 1、假设 2 和假设 3，乡村旅游对粮食安全的影响呈“倒 U”形。控制变量中的经济发展水平 GDP 对粮食安全水平产生显著正向影响。

究其原因，乡村旅游对粮食安全具有正面影响且发生在乡村旅游发展初期，此时乡村旅游为当地带来经济收益，提升了农民收入水平，从而提升了粮食生产的投资力度，正向影响粮食安全。随着乡村旅游的发展尤其是规模的扩张往往伴随着耕地侵占，乡村旅游给粮食安全带来的弊端开始显现。大量研究强调了耕地资源约束对粮食安全的负面影响：会造成土地负担加重、农业生产成本增加，为了平衡粮食价格使政府在粮食生产方面的财政负担加重。同时，根据经济学一般理论，农民作为理性人、经济人，出于利润最大化的考虑，会选择获得收益更高的非农部门，导致呈现非农化趋势。当旅游产业的收益显著大于粮食生产带来的收益时，农民倾向于将收入更多地投入于旅游产业，从而危及粮食安全。杨慧通过构建重心模型和空间耦合模型，发现经济发展和粮食生产的重叠性、变动一致性、空间耦合度有从好变差的趋势也从另一个视角证明了该研究结论。

6.3 长江经济带粮食主产区农旅融合与粮食安全互动关系分析

上一节基于全国粮食主产区 11 个省级行政区 10 年的面板数据，借助汉森的门槛回归模型，以乡村旅游发展水平为门槛变量，探讨了乡村旅游发展与粮食安全的非线性关系。乡村旅游是农旅融合过程中形成的产业形态，其发展对粮食安全促进作用与抑制作用并存，而粮食主产区作为国家主体规划区中的限制开发区，强力落实耕地保护等确保粮食安全的相关法规政策是否会影响农旅融合的发展水平，也是一个需要关注的问题。因此，本节选取农旅融合发展较好同时也承担着国家粮食安全重任的长江经济带粮食主产区为研究区域，构建粮食安全水平与农旅融合发展水平指标体系，建立粮食安全与农旅融合之间的面板 VAR 模型，分析粮食安全与农旅融合之间的内在因果关系。选取 2005—2019 年长江经济带粮食主产区面板数据为研究对象，变量体系中旅游技术水平、农业技术水平的数据来自中外专利信息服务平台，以“旅游”“农业”为主题搜索每年不同地区的专利数量，其余指标来自 EPS（Express Professional Superior）数据库、各省级行政区统计年鉴、国家统计局、《中国旅游统计年鉴》。

6.3.1 研究方法

本研究通过构建面板 VAR 模型分析粮食安全与农旅融合之间的关系。Holtz-Eakin et al.（1988）最早提出了面板数据向量自回归模型，相比传统的 VAR 模型，其对样本数据的要求有所放松，同时包含了面板数据的优点，目前在相关研究中得到了广泛应用。

本研究构建的面板 VAR 模型如下：

$$\boldsymbol{y}_{it} = \boldsymbol{\alpha}_i + \boldsymbol{\beta}_t + \sum_{j=1}^{p} \boldsymbol{\beta}_p \boldsymbol{y}_{t-p} + \boldsymbol{\epsilon}_{it} \tag{6.8}$$

其中，$i=1, 2, \cdots, 6$ 表示省级行政区，$t=2005, 2006, \cdots, 2019$ 表示年份，$\boldsymbol{y}_{it}=\{FS, ATL\}$，$ATL$ 代表农旅融合发展水平，FS 代表粮食安全水平。p 为滞后阶数，$\boldsymbol{\alpha}_i$ 表示个体效应，即变量间的地域性差异，$\boldsymbol{\beta}_t$ 表示时间效应，即变量在时间上的差异，$\boldsymbol{\beta}_p$ 为 2×2 系数矩阵，$\boldsymbol{\epsilon}_{it}$ 是随机扰动项。

6.3.2　变量选择

粮食安全沿用上一节粮食安全变量的指标体系。梳理学界对于产业融合内涵的理解发现有两类界定：

（1）融合动力说，即从产生融合动因的视角出发，认为产业融合就是通过技术进步和政府放松管制来减少产业间的壁垒，加强各产业企业间的竞争合作关系。技术进步为旅游业注入了新的活力，加速了旅游业产业融合和结构优化的步伐，是农业与旅游产业融合的直接推动力。人力资源作为农业、旅游产业发展过程的主要行为主体，是推动农业与旅游融合过程中的重要软实力。丰富的资本支持能够推动农业与旅游产业向更高水平发展，从而加速农旅融合。

（2）融合环境说，认为产业融合是在经济全球化、高新技术迅速发展的大背景下，产业提高生产率和竞争力的一种发展模式和产业组织形式，农业与旅游产业的融合就是两产业发展到一定水平的必然产物。综合上述观点，可以认为农旅融合是指在农业与旅游产业发展的基础上，由于技术进步、人力投入、资本支持等原因，通过两个产业间各要素相互融合渗透进而形成新产业、新形态的过程。

基于上述分析，本部分从农旅融合内涵的角度出发，通过融合动力和融合环境两个方面，构建农旅融合发展水平指标。融合动力方面包括技术进步、人力投入、资本支持三个维度，共同推动农业与旅游产业向更高层次和更高水平发展，故选取旅游技术水平、农业技术水平表征技术进步，旅游从业人数、农林牧渔从业人数表征人力投入，农林牧渔固定资产投资、住宿和餐饮业固定资产投资表征资本支持。融合环境方面包括产业规模一个维度，农业与旅游产业规模是两产业发展的基础，也是两产业融合的环境支持，故选取农林牧渔总产值、旅游总收入、农业总产值占 GDP 比重、旅游收入占 GDP 比重作为产业发展水平的衡量指标。农旅融合变量从农旅融合内涵的角度出发，通过融合动力和融合环境两个方面，构建农旅融合发展水平指标。其评价指标体系如表 6.7 所示。

表 6.7　农旅融合水平指标评价体系

目标层	维度层	一级指标	二级指标
农旅融合发展水平	融合动力	技术进步	旅游技术水平（个）
			农业技术水平（个）
		人力投入	旅游从业人数（万人）
			农业从业人数（万人）
		资本支持	农林牧渔固定资产投资（亿元）
			住宿和餐饮业固定资产投资（亿元）
	融合环境	产业规模	农林牧渔总产值（亿元）
			旅游总收入（亿元）
			农业总产值占 GDP 比重（%）
			旅游收入占 GDP 比重（%）

6.3.3　实证分析

（1）单位根检验

在对模型进行估计之前，要先对面板数据进行平稳性检验。本研究采用以下方法通过单位根检验来验证数据的平稳性，即 LLC（Levin，Lin and Chut，2002）检验、IPS（Im，Pesaran and Shin，2003）检验、ADF-Fisher（Maddala and Wu，1999）检验和 PP-Fisher（Maddala and Wu，1999）检验，结果见表 6.8。

首先检验农旅融合发展水平（ATL）和粮食安全水平（FS）的原始值，变量 ATL 和 FS 都没有拒绝存在单位根的原假设，这说明 ATL 和 FS 是非平稳的。再对数据进行一阶差分处理后，ΔATL 和 ΔFS 均显著地拒绝原假设，这表明 ATL 和 FS 都是一阶单整序列。

表 6.8　面板单位根检验结果

变量	LLC	IPS	ADF-Fisher	PP-Fisher
ATL	0.57808 (0.7184)	0.82115 (0.7942)	7.48781 (0.8238)	5.95029 (0.9186)
FS	4.32802 (1.0000)	6.49199 (1.0000)	3.03503 (0.9953)	3.13899 (0.9945)

续表

变量	LLC	IPS	ADF-Fisher	PP-Fisher
ΔATL	−4.51343*** (0.0000)	−3.63846*** (0.0001)	34.1503*** (0.0006)	39.5079*** (0.0001)
ΔFS	−3.76315*** (0.0001)	−1.65368** (0.0491)	19.9870* (0.0673)	19.2172* (0.0834)

注：***、**、*分别表示 1%、5%、10%显著水平下拒绝存在单位根的原假设。

(2) 协整检验

通过协整检验可判断粮食安全与农旅融合之间是否存在长期均衡关系。检验结果如表 6.9，在 5%的显著性水平下，四个统计标准都不显著，这说明粮食安全水平与农旅融合发展水平两个变量之间并不存在协整关系，即不存在长期的均衡关系。当变量之间具有协整关系时选择 PVEC（Panel Vector Error Correction，面板误差修正）模型，而当变量之间不具有协整关系时，则建立 PVAR（Panel Vector Autoregresive，面板向量自回归）模型。因此，本研究利用长江经济带粮食主产区 2005—2019 年 6 个省级面板数据构建 PVAR 模型，研究粮食安全水平与农旅融合发展水平之间的相互影响。

表 6.9　粮食安全与农旅融合协整检验结果

统计标准	统计量	Z 值	P 值
Gt	0.620	3.760	1.000
Ga	−0.780	1.628	0.948
Pt	−1.312	0.053	0.479
Pa	−0.432	0.503	0.692

(3) 滞后阶数选择

本研究利用赤池信息准则（AIC）、贝叶斯信息准则（BIC）、汉南·奎因信息准则（HQIC）三个统计量取最小值的阶数来判断模型最优滞后阶数。经过综合考虑后，由表 6.10 可知，模型的最优滞后阶数为 2。

表 6.10 粮食安全与农旅融合 PVAR 滞后阶数检验结果

滞后阶数	AIC	BIC	HQIC
1	−2.24494	−1.77251*	−2.06241
2	−2.3711*	−1.73869	−2.11934*
3	−1.76861	−0.972375	−1.45398
4	−1.18422	−0.206857	−0.801918
5	−2.22496	−1.04631	−1.7704

（4）GMM 估计

为避免传统均值差分方法可能会产生的误差，本研究采用 Helmert（F. R. Helmer，1924）过程转换，得到 h _ FS，h _ ATL，消除样本中的固定效应。粮食安全与农旅融合之间的 PVAR 模型参数估计结果如表 6.11 所示。当粮食安全为因变量时，滞后两期的农旅融合的变化对其表现为正向影响，这说明农旅融合能够推进粮食安全的发展。当农旅融合为因变量时，滞后一期的粮食安全对其表现为负向影响，即粮食安全会阻碍农旅融合的发展。

表 6.11 面板 VAR 模型 GMM 估计结果

		h _ FS	h _ ATL
L. h _ FS	b _ GMM	1.229375	−0.01672251
	se _ GMM	0.18773643	0.02139269
	t _ GMM	6.5484091	−0.78169263
L. h _ ATL	b _ GMM	−0.06904447	0.87411068
	se _ GMM	1.6803252	0.21267988
	t _ GMM	−0.04108995	4.109983
L2. h _ FS	b _ GMM	−0.42191181	0.0059808
	se _ GMM	0.11910627	0.01255366
	t _ GMM	−3.5423141	0.47641886
L2. h _ ATL	b _ GMM	0.90183548	0.03451098
	se _ GMM	1.428987	0.19208451
	t _ GMM	0.63110127	0.17966563

（5）脉冲响应分析

脉冲响应图可以观察变量之间的长期动态关系，能反映出变量对其本身和其他变量的动态影响，并给出影响的方向和程度。图 6.5a、6.5b、6.5c、6.5d 为粮食安全水平与农旅融合发展水平的脉冲响应图。

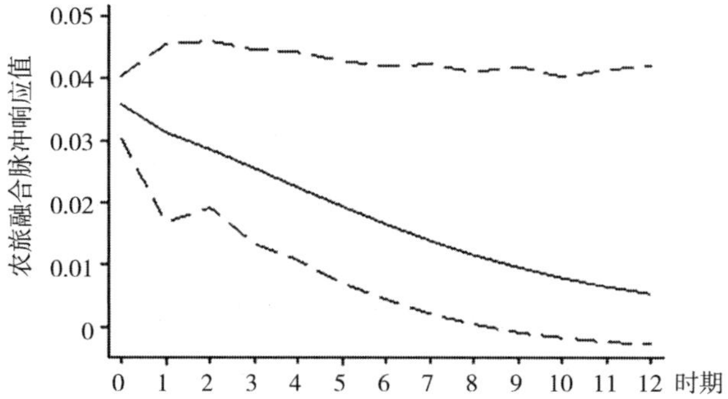

图 6.5a　滞后两期农旅融合对自身的脉冲响应函数

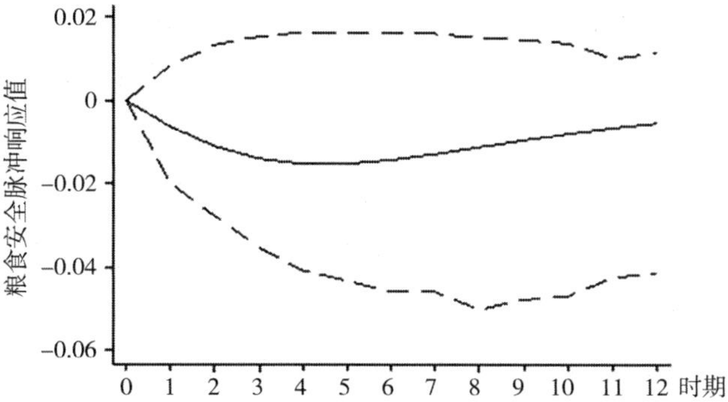

图 6.5b　滞后两期农旅融合对粮食安全的脉冲响应函数

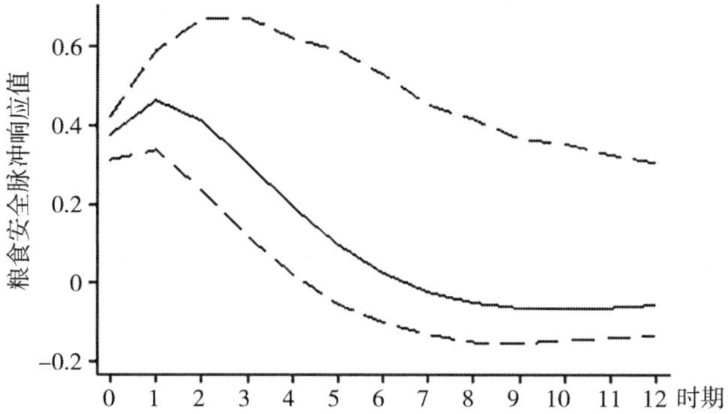

图 6.5c　滞后两期粮食安全对自身的脉冲响应函数

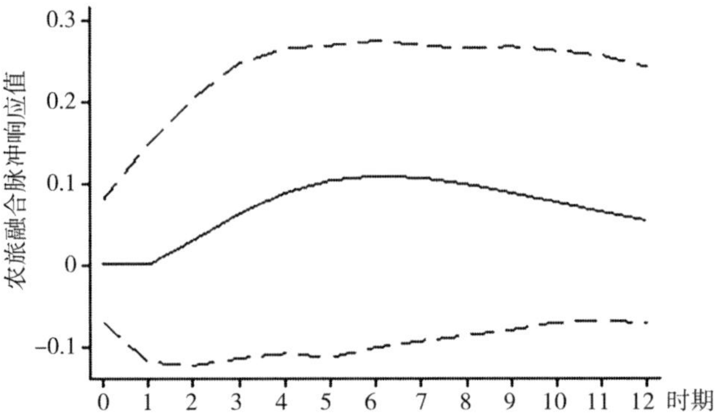

图 6.5d 滞后两期粮食安全对农旅融合的脉冲响应

从脉冲图中可以看出：当农旅融合受到冲击时，对自己的影响一直为正，并且这种正向作用逐渐降低并趋于零。农旅融合的标准差冲击对粮食安全的影响先增大后减小，在第 6 期达到最大后逐渐减小。这说明农旅融合发展水平在受到冲击时，会促进粮食安全的发展且促进作用先增强后减小。这是因为农旅融合过程中产生了多种新兴业态，如湖南张家界的哈利路亚音乐厅，经过设计师的改造，将普通的广场景观变成为了美丽的生产性田园景观，为当地发展带来较高收益的同时提高了粮食生产效率，能确保粮食安全。

当粮食安全受到冲击时，对自己的影响先增大后减小，其中在第 1 期时达到最大后逐渐减小，在第 7 期时，影响由正转变为负，并逐渐趋于稳定。粮食安全的标准差冲击始终负向影响农旅融合，在第 4 期时负向影响达到最大，随后影响程度逐渐减小。这说明粮食安全在受到冲击时，农旅融合发展水平出现负向变动，并且负向作用先增强后减小并趋于稳定。这是因为粮食安全是关系国民生计的重要问题，国家为保证粮食安全，会坚决遏制土地非农化，因此，农旅融合的发展在粮食主产区会受到相当大的限制，融合进程会相对减缓。

(6) 方差分解分析

为揭示粮食安全水平与农旅融合发展水平的相互影响程度，本研究在分析脉冲响应图的基础上，采用方差分解法对粮食安全水平与农旅融合发展水平进行方差分解，分析结果如表 6.12 所示。

在 FS 的方差分解中，粮食安全的波动对自身冲击影响较大，并且随着时间的延长逐渐下降，由第10期的91.30%依次下降为第20期的89.30%和第30期的89.26%。FS对ATL的方差贡献率在第10期为20.98%、第20期为22.51%、第30期为22.53%，说明在这些时期，农旅融合发展水平变动的20.98%、22.51%和22.53%可由粮食安全解释，粮食安全对农旅融合变动的解释能力逐渐增强并趋于稳定。在ATL的方差分解中，农旅融合的波动对自身影响较大，但一直处于下降趋势，由第10期的79.02%下降为第30期的77.47%。ATL对FS的方差贡献度在第10期为8.70%、第20期为10.70%、第30期为10.74%，说明在考虑农旅融合时，在第30期粮食安全变动的10.74%可由农旅融合解释。

表6.12 PVAR方差分解结果

变量	时期	FS	ATL
FS	10	0.91298730	0.08701270
ATL	10	0.20975948	0.79024052
FS	20	0.89297537	0.10702463
ATL	20	0.22507363	0.77492637
FS	30	0.89263142	0.10736858
ATL	30	0.22530832	0.77469168

(7) 格兰杰因果检验

为了揭示粮食安全水平与农旅融合发展水平之间是否存在因果关系，本研究运用Dumitrescu & Hurlin (2012) 提出的格兰杰因果关系检验，该检验允许截面相关性和参数异质性。检验结果如表6.13所示，粮食安全是农旅融合的格兰杰原因，农旅融合也是粮食安全的格兰杰原因，即二者具有相互影响的关系。

表6.13 格兰杰因果检验结果

原假设	Z-bar	Z-bar-tilde	结果
FS不是ATL的原因	5.0867*** (0.0000)	2.2646** (0.0235)	拒绝
ATL不是FS的原因	8.8194*** (0.0000)	4.2442*** (0.0000)	拒绝

6.4 结　论

首先借助汉森的门槛回归模型，采用全国粮食主产区 11 个省级行政区的相关数据分析了乡村旅游发展与粮食安全的非线性关系，研究结果表明，作为农旅融合主要形态的乡村旅游对粮食安全的影响存在三重门槛，通过门槛估计值将乡村旅游水平划分为四个区制，乡村旅游水平处于不同区制时，对粮食安全水平的影响具有显著差异。具体表现为乡村旅游发展水平较低地区，乡村旅游发展水平对粮食安全具有显著正向影响；乡村旅游发展水平一般（中低水平和中高水平）的地区，乡村旅游发展水平对粮食安全影响关系不显著；乡村旅游发展水平较高地区，乡村旅游发展水平对粮食安全发展具有抑制作用。该关系受到地区经济发展水平和产业结构的显著正向影响。在此基础上，将研究区域进一步聚焦在长江经济带粮食主产区 6 个省级行政区，通过构建 PVAR 模型，进一步探讨农旅融合与粮食安全之间的关系，结果表明农旅融合发展水平的波动会促进粮食安全的发展，并且促进作用随着时间的推移先增大后减小，这从另一个角度证实了乡村旅游与粮食安全的非线性关系。同时结果显示在粮食安全受到冲击时，农旅融合发展水平会出现负向变动，且负向作用先增强后减小并趋于稳定；粮食安全对农旅融合变动的解释力较大，而农旅融合对粮食安全变动的解释力较小；农旅融合与粮食安全之间存在格兰杰因果关系，二者相互影响。

基于上述结论，长江经济带粮食主产区农旅融合应关注以下两个方面：（1）通过农旅融合的方式发展乡村旅游、休闲农业等产业在一定限度内能够促进粮食安全的发展从而推动农村经济的发展，实现乡村振兴的目标。因此，地方政府一方面应继续优化政策制度和基础条件，积极推进农旅融合发展，另一方面应加强监管，在确保粮食安全的前提下推进农旅融合健康可持续发展，以促进乡村振兴和农业现代化。（2）粮食安全受到冲击时，农旅融合会负向变动，所以在开发“农家乐”、休闲农庄等农旅融合项目时，需考虑是否会与粮食安全产生冲突，应避开保障粮食生产的基本农田等重点区域。为确保国家粮食安全，还需要合理控制重点粮食产区的粮食种植结构，确保其粮食产量的稳定增长。

粮食生产是资源约束型生产，耕地是其最本质的约束资源，可以说耕地安全是粮食安全的核心。而在农村地区开展旅游活动必然涉及用地问题，旅游化流转的土地多用于发展现代农业示范区、观光农业、农业景观等高附加值农业，甚至有某些工商企业和个人借发展设施农业之名，擅自改变农用地用途建设餐饮住宿、休闲旅游等设施，这威胁到我国粮食安全，因而近年来自然资源部与农业农村部联合推行“大棚房”专项整治与“回头看”行动，试图遏制农业非农化，保障国家粮食安全。同时，当地政府与农民在尝到发展旅游业带来的巨大经济利益之后，会更加倾向于支持发展旅游业，投入更多的人力、物力与财力。虽然技术进步在一定程度上可以增加粮食单产，但在丘陵地带、城市郊区等不适合发展机械化农业的地方，农业机械化与劳动力之间的要素替代关系并不显著，农村劳动力转移会对粮食安全造成一定的威胁。此外，游客的增多及外来投资商的进驻，会不断消耗农业资源，冲击生态环境，导致农业景观资源质量不同程度地下降，还会干扰当地居民的生产生活秩序。

通过农旅融合的不当方式发展乡村旅游与休闲农业会使粮食安全面临耕地资源、劳动力资源等压力，同时激增的游客给当地景观资源造成一定的威胁。但毋庸置疑的是，农旅融合发展是实现农业现代化、农业产业化、乡村振兴的重要手段，是拓宽农民增收渠道，加快农业结构升级调整的重要举措，农旅融合也吸纳了农民就业，减缓了劳动力外流，增加了农民收入。因而，长江经济带粮食主产区的农旅融合也不能因噎废食，需要在确保粮食安全的前提下寻求高质量可持续发展。

第7章 长江经济带粮食主产区农旅融合系统动力学分析

7.1 长江经济带粮食主产区农旅融合系统及其运行机制

农旅融合发展是一个由多个子系统相互作用和相互影响构成的复杂社会系统，并且受到内外部融合力因素的影响，具有整体性、层次性、反馈性等特征，需要用系统的分析方法进行研究。纵观学界对农旅融合发展的研究成果，少有研究从系统论出发，将农旅融合作为一个整体来研究；多数研究集中在融合动力因素的识别，并没有深入研究系统内外部融合力因素之间作用路径和逻辑关系。但是，已有学者从系统论的角度揭示区域特色农业旅游发展系统是由农业系统和旅游系统组成的复杂综合体，特色农业系统吸引力和旅游系统推动力相互作用、相互耦合，从而使得区域特色农业旅游发展系统不断升级演化；杨军也认为城市居民需求动力、农民供给动力、旅游业营销动力、政府扶持动力是构成我国乡村旅游系统的四个子系统。也有学者运用系统动力学方法来分析农旅融合发展的内在机理和动力机制，如危浪和桂学文从产业关系角度，根据要素间的紧密联系和因果关系，将农业与旅游产业融合系统分为市场需求、农业产业、旅游产业和产业环境四个子系统，构建了农业与旅游产业融合发展系统动力学模型，但其并未将农业旅游产业纳入融合发展系统中，农业旅游产业作为农旅融合发展形成的新业态，其产业规模可以直接表征农旅融合发展水平。为了对农旅融合问题有更全面的认识，本研究以长江经济带粮食主产区为研究区域，运用系统动力学的方法，构建农旅融合 SD 模型，利用 Vensim PLE 软件进行分析，揭示农旅融合发展的内在机理和趋势特征，对农旅融合发展趋势进行仿真预测、最优路径的模拟与选择。

7.1.1　系统总体结构

系统动力学认为系统结构既包括组成部分的子结构与其相互间的关系，也包括系统内部的反馈回路结构及其相互间的作用，系统结构是实现系统整体性的基础。农旅融合系统是由旅游业、农业、农业旅游产业和区域环境四个子系统构成的开放系统，该系统在不断与外界交换物质流、信息流等的过程中，获得经济、社会、环境、政策、技术等外部融合动力因素，同时，系统内部农业与旅游业二者的资本、人力、资源等动力因素相互交叉、渗透，逐渐产生新产业、新业态，即农业旅游产业。农旅融合系统以农业旅游子系统为核心，在内外部融合动力因素共同作用下，推动整个系统不断演化升级。

长江经济带粮食主产区农旅融合系统是由旅游、农业、农业旅游、区域环境四个子系统构成的相互作用、相互影响的复杂系统。该系统以农业旅游子系统为核心，旅游子系统为其提供服务，农业子系统为其提供优质的旅游资源，同时，在经济环境、社会文化、生态保护、政府政策条件等外部因素影响下，通过合理开发农业旅游资源，满足农业旅游产业市场需求，促使农业与旅游业深度融合。此外，由于粮食主产区为国家主体功能区规划规定的限制开发区，因而粮食安全是制约农旅融合发展的重要因素。基于各子系统要素间相互作用的联动关系，构建长江经济带粮食主产区农旅融合系统框架，如图 7.1 所示。

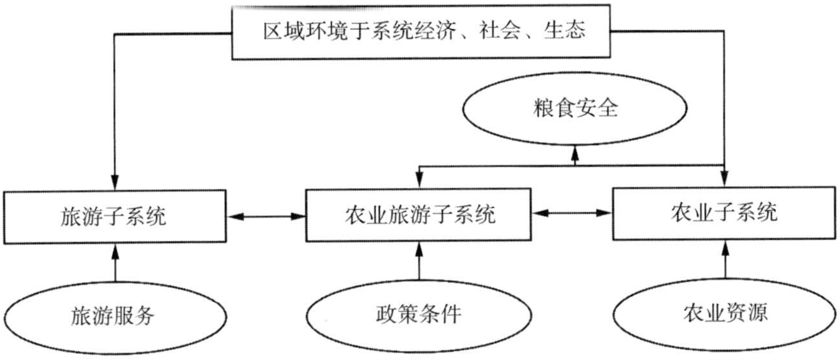

图 7.1　长江经济带粮食主产区农旅融合系统框架

7.1.2 基本思路

本研究从系统动力学的角度对农旅融合发展机制进行研究，在构建长江经济带粮食主产区农旅融合发展的 SD 模型的基础上，运用 Vensim PLE 软件，以 2014—2019 年历史数据为基础，确定模型参数并构建函数关系式，对长江经济带粮食主产区农旅融合系统进行从 2014 年到 2025 年的模拟仿真分析，揭示农旅融合发展的内在机理和趋势特征，模拟并选择农旅融合发展的最优路径，以此寻求长江经济带农旅融合发展的有效对策，对促进长江经济带粮食主产区农业与旅游业有效融合、乡村旅游健康发展具有实践指导意义。具体而言，首先运用系统动力学方法，划分子系统，分析其主要反馈关系，并在 Vensim PLE 软件平台上绘制子系统的因果关系图以及整个系统的因果关系图；然后，在因果关系图的基础上绘制流图，建立函数关系式，构建农旅融合发展机制的系统动力学模型；最后，将模型的仿真数据与历史真实数据对比，检验模型的有效性，反复调试并通过检验后利用 Vensim PLE 软件对农旅融合系统进行仿真分析，选取关键变量作为调控参数，设置多种政策方案，通过比较不同方案下农旅融合发展状况，选择最优的决策方案，进而提出推动长江经济带粮食主产区农旅融合发展的对策建议。

7.1.3 子系统分析

农旅融合系统的各个子系统之间存在复杂的因果反馈关系，某个子系统之间的要素变化会引起其他子系统甚至整个系统的变化。对长江经济带粮食主产区农旅融合系统的建模与仿真预测，首先要了解局部与整体的逻辑关系，详细分析各子系统要素间的因果反馈结构，然后根据梳理之间的因果回路与相互关系链，得到农旅融合综合系统因果反馈关系。

（1）旅游子系统

旅游产业子系统是一定区域内与旅游相关的经济、社会、技术等要素相互作用与制约形成的有机整体。旅游产业以旅游资源为基础，通过旅游从业人员、旅游资本投入、旅游技术进步等满足消费者旅游休闲的需求，实现资源价值，促进旅游产业发展。具体来说，农旅融合的发展能够改善旅游地的经济发展环境，为旅游业的发展培育了新的经济增长点，增加旅游总收入。旅游总收入增长将会增加第三产业增加值，提高地区经济生产总值，而地区生产总值的增加则将会推进该地区旅游固定资产投资、旅游技术投入的增加，从而促进旅游景区、服务设施等旅游吸引物的建设与打造，使得游客接待人数和旅游总收入增加。尽管地区生产总值的增加会间接提高环境治理能力，但是，随着游客接待量的增加，在某种程度上会对当地环境造成威胁或冲击。此外，地区经济生产总值的增加还会提高居民人均可支配收入，从而增加娱乐消费支出，带动旅游市场消费。

由上述分析可知，旅游子系统主要包括以下三条因果反馈回路，具体因果关系如图 7.2 所示。

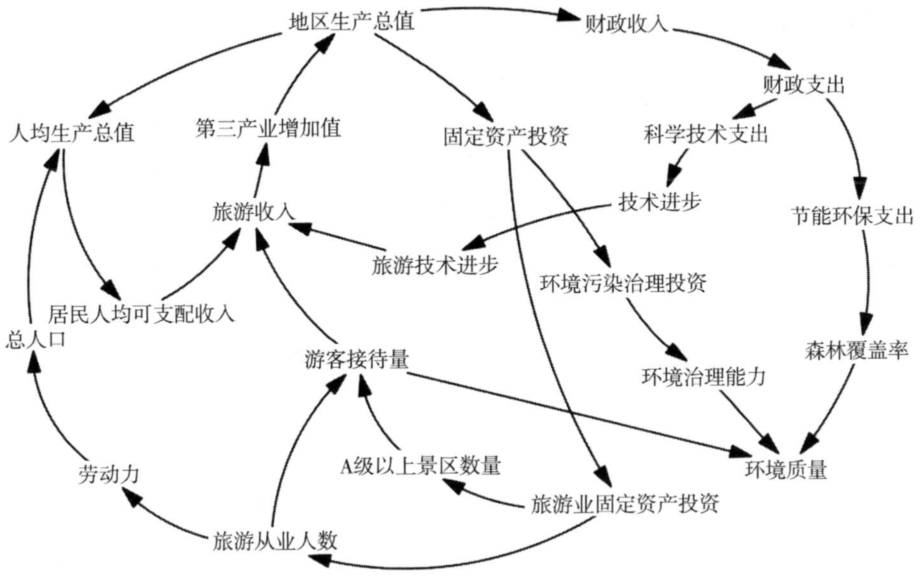

图 7.2　旅游子系统因果关系图

① 地区生产总值→固定资产投资→旅游业固定资产投资→旅游从业人数→劳动力→总人口→人均生产总值→居民人均可支配收入→旅游收入→第三产业增加值→地区生产总值

② 地区生产总值→固定资产投资→旅游业固定资产投资→A 级以上景区数量→游客接待量→旅游收入→第三产业增加值→地区生产总值

③ 地区生产总值→人均生产总值→居民人均可支配收入→旅游收入→第三产业增加值→地区生产总值

（2）农业子系统

农业子系统是指由一定区域内农业经济、社会、技术等要素相互作用与制约形成的有机整体，具有递阶层次性、地域分异性、开放性、非线性等特征。农业子系统担负着农业经济发展、乡村人口就业、社会保障等功能，随着城镇化进程加快，乡村人口呈逐渐减少的趋势，人们的生产、生活受到经济发展状况、社会文化、资源环境的共同影响。科技进步是推动农业子系统发展的重要因素，农业技术进步有助于提高农业机械化水平和粮食产量，进而增加农业总产值。耕地承载着为农民提供基本的就业载体、维护社会安定、保障粮食安全等功能，耕地减少将会加剧乡村地域系统人地关系的紧张程度，同时在农旅融合过程中，随着融合广度与深度的不断加强，农用地面积会不断减少，农业种植结构与功能的转变使得生产功能逐渐减弱，即土地非农化、耕地非粮化程度不断加深，进而威胁粮食安全。农业子系统是否强大，主要由农林牧渔增加值表征，农林牧渔增加值越高，对整个系统的贡献率越大。农业技术进步与农林牧渔固定资产投资的增加有助于农林牧渔增加值的提高，农林牧渔增加值的增长将会提高第一产业增加值，从而增加地区经济生产总值，进而提高财政支出，形成正反馈。

通过上述分析可知，农业子系统主要有三个因果反馈回路，具体因果关系图如图 7.3 所示。

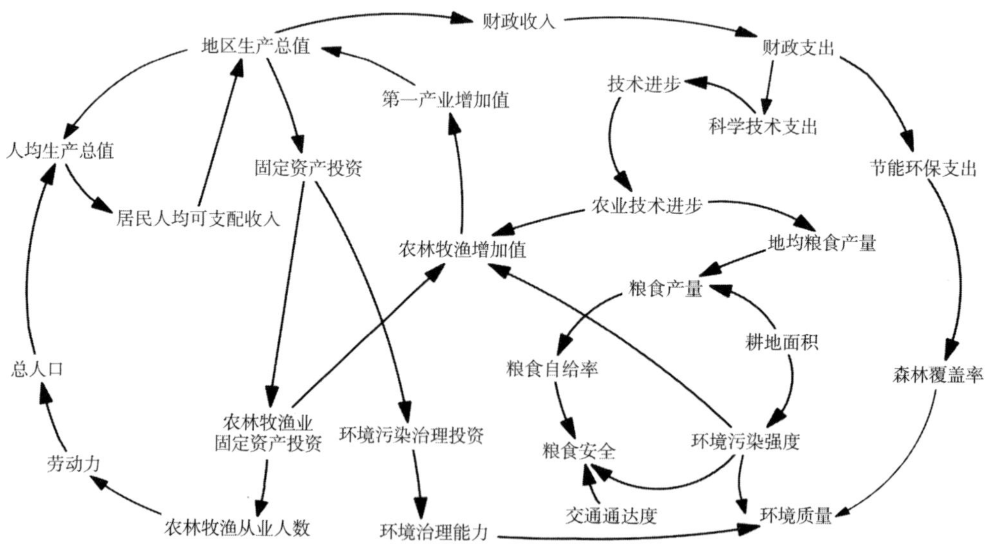

图 7.3　农业子系统因果关系图

① 地区生产总值→固定资产投资→农林牧渔业固定资产投资→农林牧渔增加值→第一产业增加值→地区生产总值

② 地区生产总值→财政收入→财政支出→科学技术支出→技术进步→农业技术进步→农林牧渔增加值→第一产业增加值→地区生产总值

③ 地区生产总值→固定资产投资→农林牧渔业固定资产投资→农林牧渔从业人数→劳动力→总人口→人均生产总值→居民人均可支配收入→地区生产总值

（3）农业旅游子系统

农业旅游产业是农业与旅游业的有机结合，在政府的支持和引导下，对农村自然景观、农村民俗风情等农业旅游资源进行全方位、多层次的开发，实现自身的发展。农业与旅游业的融合需要相关的政策法规作为支撑，包括推动农旅融合的产业政策、资金扶持政策落地。农业旅游资源作为开展休闲农业与乡村旅游的基本载体，支撑着农业旅游子系统的发展。农业旅游产业的不断发展，可以改善农村基础设施，优化农村环境，为当地带来经济效益，增加农民的工作岗位与农民收入，但当经济活动超过乡村旅游地的承受范围，会使得农业旅游资源质量下降，农业旅游接待人数和旅游景点减少，影响农业旅游总收入。此外，在农旅融合进程中，土地非农化、耕地非粮化程度不断加深，粮食安全受到威胁，一定程度上制约着粮食主产区农业旅游的发展。农业旅游收入是农业旅游子系统升级演化过程中的重要表征变量，其受到居民人均可支配收入、粮食安全、农业旅游接待人数的直接影响。农业旅游收入的增加会提高第三产业增加值，进而增加整个地区的经济生产总值，地区生产总值的增加又会加大固定资产投资与财政支出，形成正反馈。

通过上述分析可知，农业旅游子系统主要有七个因果反馈回路，具体因果关系图如图 7.4 所示。

① 地区生产总值→人均生产总值→居民人均可支配收入→农业旅游收入→第三产业增加值→地区生产总值

② 地区生产总值→固定资产投资→环境污染治理投资→环境治理能力→环境质量→农业旅游资源丰度→农业旅游接待人数→农业旅游收入→第三产业增加值→地区生产总值

③ 地区生产总值→财政收入→财政支出→节能环保支出→森林覆盖率→环

境质量→农业旅游资源丰度→农业旅游接待人数→农业旅游收入→第三产业增加值→地区生产总值

④ 地区生产总值→固定资产投资→农村固定资产投资→农业旅游从业人数→带动农民就业人数→劳动力→总人口→人均生产总值→居民人均可支配收入→农业旅游收入→第三产业增加值→地区生产总值

⑤ 地区生产总值→固定资产投资→环境污染治理投资→环境治理能力→环境质量→农业旅游资源丰度→农业旅游接待人数→农业旅游从业人数→带动农民就业人数→劳动力→总人口→人均生产总值→居民人均可支配收入→农业旅游收入→第三产业增加值→地区生产总值

⑥ 地区生产总值→财政收入→财政支出→节能环保支出→森林覆盖率→环境质量→农业旅游资源丰度→农业旅游接待人数→农业旅游从业人数→带动农民就业人数→劳动力→总人口→人均生产总值→居民人均可支配收入→农业旅游收入→第三产业增加值→地区生产总值

⑦ 环境质量→农业旅游资源丰度→农业旅游接待人数→农业旅游人口密度→环境质量

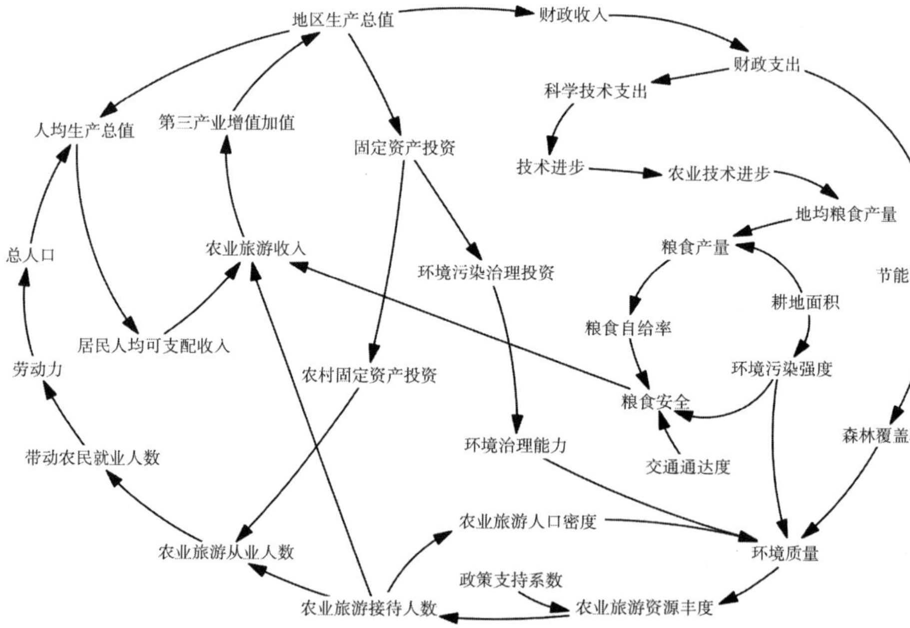

图 7.4　农业旅游子系统因果关系图

（4）区域环境子系统

区域环境子系统是保障和支撑农旅融合系统持续健康发展的经济环境、社会环境、生态环境。农业旅游是建立在第一产业基础上的第三产业，已逐步成为促进农村经济发展的新产业，对国民经济增长的贡献也逐渐变大。同时，地区经济发展越好，固定资产投资与科学技术支出、农林水事务支出、节能环保支出等财政支出就越多，从而促进农业旅游的发展，为农民创造就业机会，拓宽收入渠道，因而经济社会发展与农业旅游发展能够实现良性互动。然而，随着农旅融合进程的推进，激增的游客会不断消耗旅游资源，破坏生态环境，导致旅游资源质量下降，还会影响当地居民的生产生活秩序，使他们对游客产生排斥心理；同时，在农业生产过程中，化肥、农药、塑料薄膜等的大量施用会导致土地质量下降、生态环境恶化。因此，应当增加环境污染治理投资，加强生态环境治理能力，维持环境质量稳定，保持生态环境和农业旅游协调发展。

通过上述分析可知，区域环境子系统主要有五个因果反馈回路，具体因果关系图如图 7.5 所示。

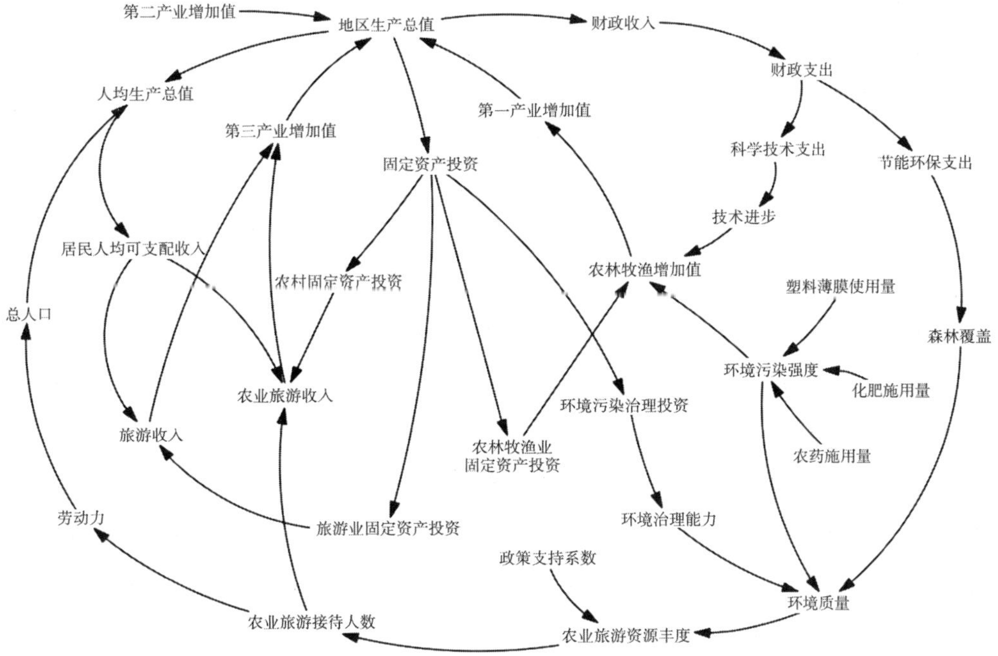

图 7.5 区域子系统因果关系图

① 地区生产总值→固定资产投资→旅游业固定资产投资→旅游收入→第三产业增加值→地区生产总值

② 地区生产总值→固定资产投资→农村固定资产投资→农业旅游收入→第三产业增加值→地区生产总值

③ 地区生产总值→财政收入→财政支出→节能环保支出→森林覆盖率→环境质量→农业旅游资源丰度→农业旅游接待人数→劳动力→总人口→人均生产总值→居民人均可支配收入→农业旅游收入→第三产业增加值→地区生产总值

④ 地区生产总值→财政收入→财政支出→科学技术支出→技术进步→农林牧渔增加值→第一产业增加值→地区生产总值

7.1.4 运行机制

根据前文分析可知，长江经济带粮食主产区农旅融合系统是由旅游、农业、农业旅游和区域环境四个子系统构成的复合系统，其因果关系与驱动机理如图7.6所示。长江经济带粮食主产区农旅融合系统各要素间的因果关系主要表现为：随着农业转型升级需求与旅游消费升级需求的扩大，农旅融合发展成了现代产业发展的新的经济增长点，是社会发展的必然趋势；旅游业与农业的融合发展将会带动第三产业与第一产业的发展，从而带动整个地区的经济发展，进而加大地方财政支出与固定资产投资，带动农民就业，增加旅游从业人数、农业从业人数，增加旅游收入、农业收入、农业旅游收入。随着农旅融合进程的加快，乡村产业由传统的农业发展转变为三产同步发展，扩宽了农民的增收渠道，同时也带来了一定的危。譬如，建设用地不断增多，耕地面积不断减少，农业种植结构与功能的转变使得生产功能逐渐减弱，威胁国家粮食安全。此外，农旅融合过程中，激增的游客会不断消耗乡村旅游资源，冲击生态环境，导致乡村旅游资源质量不同程度下降，还会影响当地居民的生产生活秩序；同时，在农业生产过程中，化肥、农药、塑料薄膜等的大量施用导致土地质量下降、生态环境恶化，而固定资产投资与财政支出增加会加大节能环保支出与环境污染治理投资，在一定程度上可以削减资源环境受到的冲击，从而维持环境质量稳定。因此，在确保粮食安全的前提下，长江经济带粮食主产区农旅融合系统可以实现演化升级。

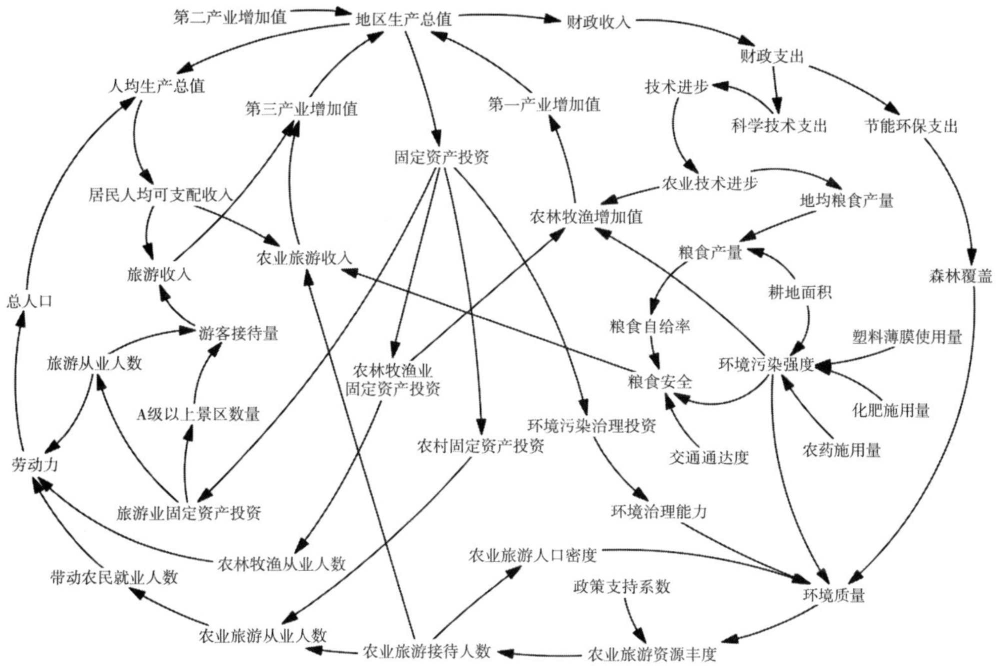

图 7.6　长江经济带粮食主产区农旅融合系统的因果关系图

7.2　长江经济带粮食主产区农旅融合的系统动力学建模

基于前文构建的长江经济带粮食主产区农旅融合因果关系图，并充分认识与理解农旅融合系统，运用 Vensim PLE 软件，建立长江经济带粮食主产区农旅融合的系统动力学模型。为突出研究问题及考虑数据的可获取性，结合长江经济带粮食主产区农旅融合的实际情况，选取系统运行的主要过程与变量，得到长江经济带粮食主产区农旅融合的 SD 模型。

7.2.1　变量选取原则

考虑到长江经济带粮食主产区农旅融合系统结构复杂，影响因素多，因此，需要遵循以下原则来保证系统建模的有效性与科学性。

（1）科学性原则

长江经济带粮食主产区农旅融合的 SD 模型要反映出系统结构的整体性与层次性，揭示农旅融合发展机制，能够模拟仿真出长江经济带粮食主产区农旅融合发展的未来趋势，以此寻求长江经济带农旅融合发展的有效对策，为学界研究和相关部门政策制定提供参考。

（2）重要性原则

一般系统中都存在一部分相对重要的变量，他们对系统的结构与行为的性质、特征影响较大。而在系统建模过程中，存在着许多的变量，为防止构建的模型过于繁冗复杂，在确保研究目的实现的基础上，本研究选取关键反馈回路涉及的变量，忽略影响较小的变量。

（3）可得性原则

在系统构建中，虽然有些变量能够反映长江经济带粮食主产区农旅融合发展机制的主要结构，但数据获取难度大。因此，本研究在选取系统变量时，尽可能选取可查资料获得的变量，确保变量有完整的量纲和量级，考虑模型构建的可操作性。

7.2.2 主要变量

在分析长江经济带粮食主产区农旅融合系统结构的基础上，依据变量选取原则，确定模型中的主要变量。包括 3 个水平变量，3 个速率变量，43 个辅助变量，4 个常量。如表 7.1 所示。

表 7.1 长江经济带粮食主产区农旅融合系统主要变量

系统结构	水平变量	速率变量	辅助变量	常量
旅游子系统	旅游收入	旅游收入增量	游客接待量 旅游业固定资产投资 A 级以上景区数量 旅游从业人数	
农业子系统	农林牧渔增加值	农林牧渔增加值增量	农林牧渔业固定资产投资 农林牧渔从业人数 农业技术进步 粮食自给率 粮食消费量 粮食产量 粮食安全 塑料薄膜使用量 化肥施用量 农药施用量 环境污染强度	耕地面积 农业技术进步率

续表

系统结构	水平变量	速率变量	辅助变量	常量
农业旅游子系统	农业旅游收入	农业旅游收入增量	农业旅游接待人数 农村固定资产投资 农业旅游从业人数 农业旅游人口密度 带动农民就业数 农业旅游资源丰度	政策支持系数
区域环境子系统			地区生产总值 第一产业增加值 第二产业增加值 第三产业增加值 人均生产总值 财政收入 财政支出 固定资产投资 科学技术支出 节能环保支出 科技进步 森林覆盖率 环境污染治理投资 环境治理能力 环境质量 交通通达度 劳动力 第一产业就业人数 第二产业就业人数 第三产业就业人数 总人口 居民人均可支配收入	固定资产投资率

在长江经济带粮食主产区农旅融合发展的旅游子系统中，选取旅游收入作为水平变量，反映该地区旅游业发展的经济效益与产业规模，其对应的速率变量为旅游收入增量，此外，旅游子系统的辅助变量包括游客接待量、旅游业固定资产投资、A 级以上景区数量、旅游从业人数。在农业子系统中，选择农林牧渔增加值作为水平变量，反映该地区农林牧渔业生产总规模与总成果，其对应的速率变

量为农林牧渔增加值增量，同时，农业子系统的辅助变量包括农林牧渔业固定资产投资、农林牧渔从业人数、农业技术进步、粮食自给率、粮食消费量、粮食产量、粮食安全、塑料薄膜使用量、化肥施用量、农药施用量、环境污染强度，常量为耕地面积和农业技术进步率。在农业旅游子系统中，将农业旅游收入作为水平变量，体现该地区农业旅游发展规模与经济效益，其对应的速率变量为农业旅游收入增量，此外，农业旅游子系统辅助变量包括农业旅游接待人数、农村固定资产投资、农业旅游从业人数、农业旅游人口密度、带动农民就业数、农业旅游资源丰度，常量为政策支持系数。区域环境子系统包含了长江经济带粮食主产区发展所需的经济环境、社会环境和生态环境，选取地区生产总值、第一产业增加值、第二产业增加值、第三产业增加值、人均生产总值、财政收入、财政支出、固定资产投资、科学技术支出、节能环保支出、科技进步、森林覆盖率、环境污染治理投资、环境治理能力、环境质量、交通通达度、劳动力、第一产业就业人数、第二产业就业人数、第三产业就业人数、总人口、居民人均可支配收入作为辅助变量，固定资产投资率作为常量。

7.2.3 数据来源

本研究选取 2014—2019 年长江经济带粮食主产区六个省的相关数据，计算出各变量的平均值，构建相关的函数关系式。变量体系中的数据来源于 EPS 数据库、各省统计年鉴、国家统计局、《中国旅游统计年鉴》《中国环境年鉴》《中国农村年鉴》《中国休闲农业年鉴》及政府门户网站发布的公告等。

7.2.4 系统流图与主要函数关系

因果关系图在表达系统与描述系统反馈结构方面非常有用，但它不能表示不同性质变量的区别，如果需要进一步描述反馈系统动态性能的积累过程，则需要在因果关系图的基础上，根据各个变量的性质，划分为流量、存量、辅助变量以及常量，绘制流图，以此了解系统的反馈结构与变化规律。选取表 7.1 中所述变量，根据各变量性质，并考虑系统运行原理与监理流图应遵循的原则，运用 Vensim PLE 软件绘制长江经济带粮食主产区农旅融合系统的系统动力学流程图，如图 7.7 所示。

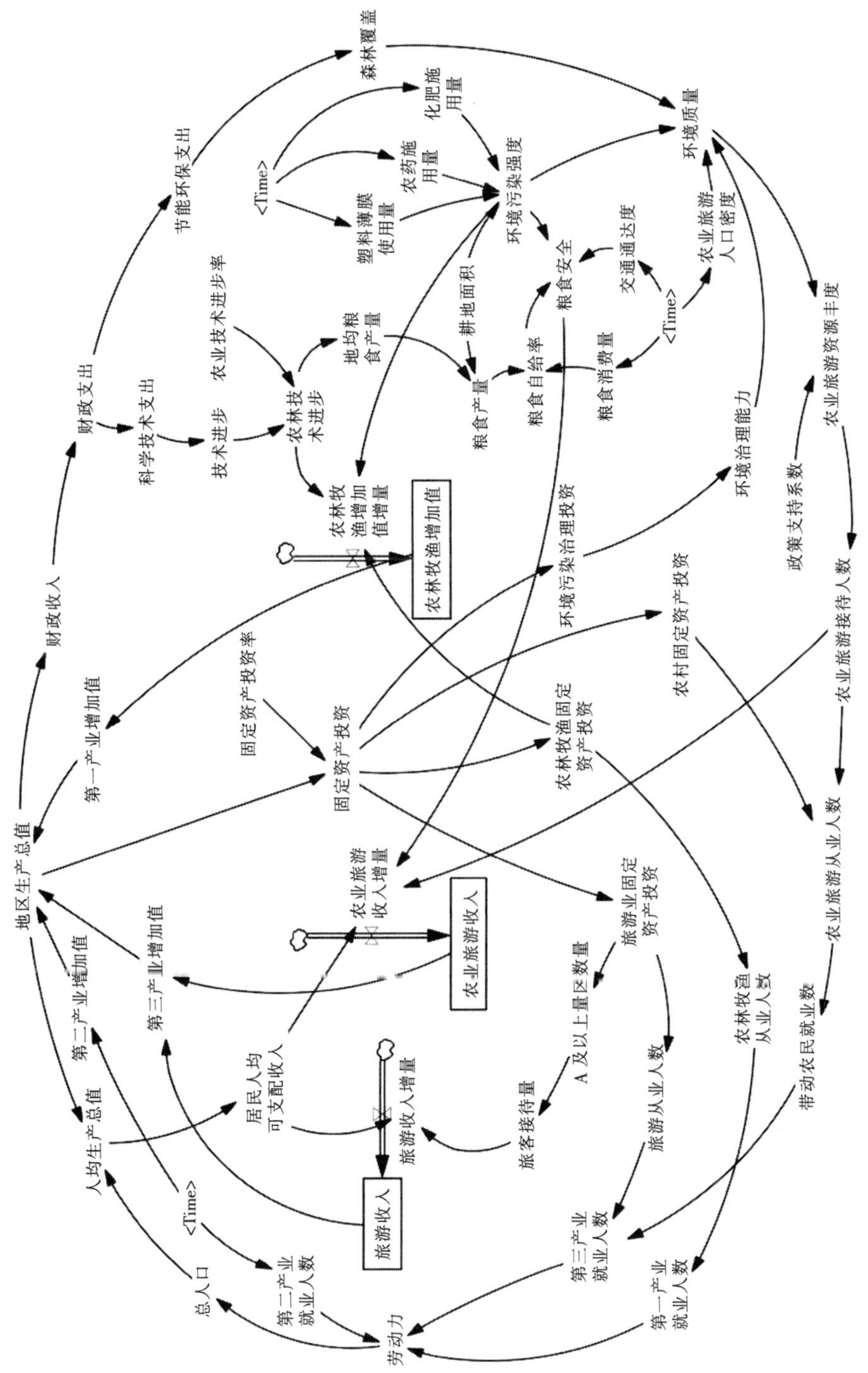

图 7.7　长江经济带粮食主产区农旅融合系统动力学流程图

以2014年为模型仿真基期，将2014—2019年的历史数据作为模型仿真的基础，通过回归分析法、算术平均法、趋势外推法、表函数等方法构建函数关系式，确定系统流图中变量的关系。其中，通过回归分析法、算术平均法、趋势外推法确定参数的有A及以上景区数量、旅游业固定资产投资、农业技术进步、农林牧渔从业人数、地均粮食产量、环境污染强度、农业旅游接待人数、带动农民就业数、固定资产投资、居民人均可支配收入、技术进步、森林覆盖率等；参考其他文献研究和表函数确定参数的有固定资产投资系数、农业旅游技术进步率、政策支持系数、塑料薄膜使用量、化肥施用量、农药施用量、交通通达度、农业旅游人口密度等。经过反复验证与修改，构建了各变量之间的函数关系式，其中，主要函数关系式如下所示。

旅游收入＝integ（旅游收入增量，4303.93）　(8.1)

农林牧渔增加值＝integ（农林牧渔增加值增量，2890.53）　(8.2)

农业旅游收入＝integ（农业旅游收入增量，346.72）　(8.3)

A级以上景区数量＝0.025×旅游业固定资产投资＋245.257　(8.4)

旅游业固定资产投资＝0.461×固定资产投资－6551.12　(8.5)

旅游从业人数＝0.002×旅游业固定资产投资＋3.794　(8.6)

农业技术进步＝农业技术进步率×技术进步　(8.7)

农林牧渔从业人数＝－0.281×农林牧渔固定资产投资＋1449.93　(8.8)

农林牧渔固定资产投资＝0.063×固定资产投资－993.827　(8.9)

地均粮食产量＝0.0002433×农业技术进步＋5.831　(8.10)

环境污染强度＝（农药施用量＋化肥施用量＋塑料薄膜使用量）/耕地面积　(8.11)

第一产业就业人数＝0.666×农林牧渔从业人数＋469.84　(8.12)

农业旅游接待人数＝exp(0.0039×农业旅游资源丰度＋8.8)　(8.13)

带动农民就业数＝0.709×农业旅游从业人数＋11.835　(8.14)

第一产业增加值＝0.647×农林牧渔增加值＋1056　(8.15)

粮食产量＝地均粮食产量×耕地面积　(8.16)

粮食自给率＝粮食产量/粮食消费量　(8.17)

人均生产总值＝地区生产总值/总人口　(8.18)

劳动力＝第一产业就业人数＋第二产业就业人数＋第三产业就业人数（8.19）

固定资产投资＝固定资产投资率×地区生产总值　（8.20）

地区生产总值＝第一产业增加值＋第二产业增加值＋第三产业增加值（8.21）

居民人均可支配收入＝0.39×人均生产总值＋808.505　（8.22）

技术进步＝510.506×科学技术支出＋69237.8　（8.23）

森林覆盖率＝0.021×ln（节能环保支出）＋0.27　（8.24）

环境污染治理投资＝298.703×ln（固定资产投资）－2655.9　（8.25）

环境治理能力＝1.206×环境污染治理投资＋614.059　（8.26）

科学技术支出＝0.055×财政支出－190.897　（8.27）

节能环保支出＝0.046×财政支出－141.501　（8.28）

财政支出＝3.316×财政收入－5228.45　（8.29）

财政收入＝0.047×地区生产总值＋1917.18　（8.30）

7.3　长江经济带粮食主产区农旅融合系统仿真

7.3.1　系统模型检验

模型是对现实的模拟，为了验证模型的可用性，我们必须确定在现实生活中观察到的规律、法规在模型中仍成立。通过观察数据的趋势，考察设置的条件是否符合关于研究问题的描述，对模型特性及特征模式的来源进行考量。

（1）模型的适合性检验

根据系统动力学的相关知识和原理，本研究在农旅融合系统建模过程中，通过面谈、研讨会的方式，听取专家意见、获取档案材料、回顾相关文献等，对长江经济带粮食主产区农旅融合 SD 模型的边界适当性、结构评价进行了测试。对系统动力学的 Vensim PLE 仿真平台方程中的量纲一致性进行了检验，同时检验了系统以及系统内部的各个变量、回路、函数关系，并检验模型中的每一个方程在其变量可能变化的极端条件下是否有意义。

（2）模型的有效性检验

在农旅融合系统构建的过程中，需要对模型的参数与结构进行反复修改，以确保模型运行的数据与实际系统的契合性，因而将系统仿真数据与历史真实数据进行对比，计算误差值。本研究从旅游子系统、农业子系统、农业旅游子系统和区域环境子系统分别选取旅游收入、农林牧渔增加值、农业旅游收入和地区生产总值四个具有代表性的变量，以2014—2019年为检验周期，对农旅融合SD模型进行有效性检验。相关研究认为，相对误差在－8%—15%之间均可接受。检验结果如表7.2所示，相对误差在－3.98%—3.12%之间波动，2014—2019年6年间的旅游收入、农林牧渔增加值、农业旅游收入和地区生产总值仿真值的平均误差分别为－1.73%、0.49%、0.32%和1.00%，系统模拟结果与长江经济带粮食主产区农旅融合发展状况基本一致，证明该模型结构合理，模拟仿真有效性较高，能够反映农旅融合发展过程中各要素之间的作用机理和逻辑关系，可用于农旅融合发展预测与政策模拟分析。

表7.2　模型仿真值与真实值对比

年份	旅游收入			农林牧渔增加值		
	真实值	仿真值	相对误差	真实值	仿真值	相对误差
2014	4303.93	4303.93	0.00%	2890.53	2890.53	0.00%
2015	5163.37	5239.30	1.47%	3042.07	3046.52	0.15%
2016	6238.72	6240.35	0.03%	3220.78	3208.41	－0.38%
2017	7638.80	7334.91	－3.98%	3356.87	3378.18	0.63%
2018	8865.32	8549.44	－3.56%	3450.07	3557.85	3.12%
2019	10115.82	9897.70	－2.16%	3769.95	3748.72	－0.56%

年份	农业旅游收入			地区生产总值		
	真实值	仿真值	相对误差	真实值	仿真值	相对误差
2014	346.72	346.72	0.00%	30767.48	29941.10	－2.69%
2015	431.05	429.23	－0.42%	32891.88	32417.50	－1.44%
2016	517.21	515.32	－0.37%	36241.03	35752.70	－1.35%
2017	605.19	606.07	0.14%	39875.89	39726.70	－0.37%
2018	707.84	703.82	－0.57%	43509.58	43780.50	0.62%
2019	817.66	811.87	－0.71%	48949.88	48573.20	－0.77%

7.3.2 仿真结果分析与政策方案选择

任何系统中总能找到少数的政策作用点，只要找到与政策形成决策相关的几个变量，就能确定产生决策的来龙去脉，从而有效对系统实施控制。通常，政策可以通过调整系统参数对系统产生影响，也可以通过改变策略和结构对系统产生影响，所以在设计政策时，既要考虑系统中某些参数的变化，还要研究策略和结果的变化。本研究采用试验法进行政策研究，即先设计若干组政策方案，然后在仿真软件上对各个方案进行试验，分析政策的调节效应，帮助决策者选择合适的方案。

农旅融合系统由旅游、农业、农业旅游和区域环境四个子系统组成，各个子系统相互作用共同推进长江经济带粮食主产区农旅融合系统由低级向高级演化。本研究选取固定资产投资率、农业技术进步率、耕地面积和政策支持系数4个变量作为模型的调控参数，从投资结构、技术进步和政策落实多方面，将农旅融合发展模式分为四种，即自然融合发展模式、高速融合发展模式、保护融合发展模式和协调融合发展模式，对长江经济带粮食主产区农业与旅游业有效融合进行多情境调控分析。不同情境模式参数调控如表7.3所示。

表7.3　农旅融合系统不同情境参数设置

调控参数	自然融合发展	高速融合发展	保护融合发展	协调融合发展
固定资产投资率	0.8	1	0.7	0.9
农业技术进步率	0.01	0.02	0.01	0.015
耕地面积（千公顷）	4944	3800	6000	5300
政策支持系数	1	1.2	0.9	1.1

(1) 自然融合发展模式

自然融合发展模式是指农旅融合发展依靠现有的农业旅游资源与环境自身发展状况，对长江经济带粮食主产区农旅融合发展不加任何政策干涉，不改变系统的调控参数，顺应自然发展趋势。运用Vensim PLE软件进行仿真，观测模型在2014—2025年间动态变化，长江经济带粮食主产区农旅融合系统主要变量仿真结果如图7.8、7.9、7.10、7.11所示，仿真结果与2014—2019年真实数据基本吻合，发展趋势大体一致，长江经济带粮食主产区农旅融合发展呈增长的趋势。从图 7.8 可以看出，农业旅游收入在自然融合发展模式下增长速率较快，到 2025 年农业旅游收入达到 1592.95 亿元，地区生产总值与旅游收入增长趋势较快，表现为指数型增长，到 2025 年，长江经济带粮食主产区平均 GDP 达 92019.60 亿元，平均旅游收入达 23769.50 亿元，农林牧渔业在农业现代化、农业产业化、乡村振兴背景下迅速发展，在 2025 年农林牧渔增加值为 5166.79 亿元。

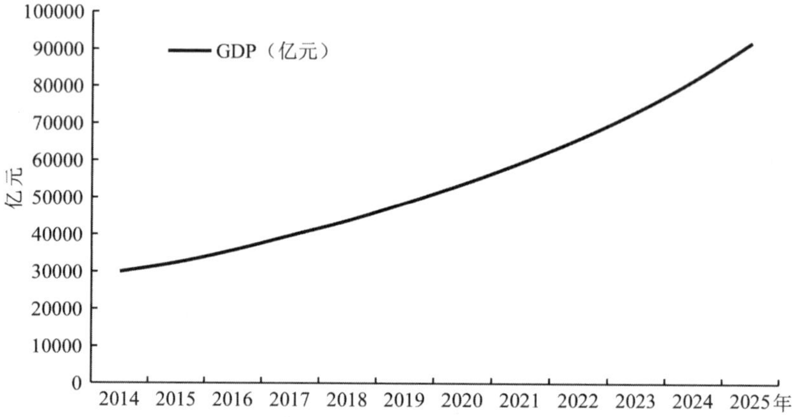

图 7.8　长江经济带粮食主产区 GDP 仿真结果趋势图

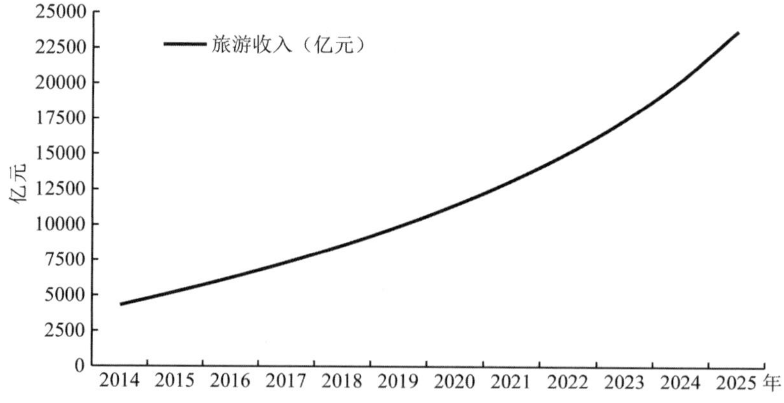

图 7.9　长江经济带粮食主产区旅游收入仿真结果趋势图

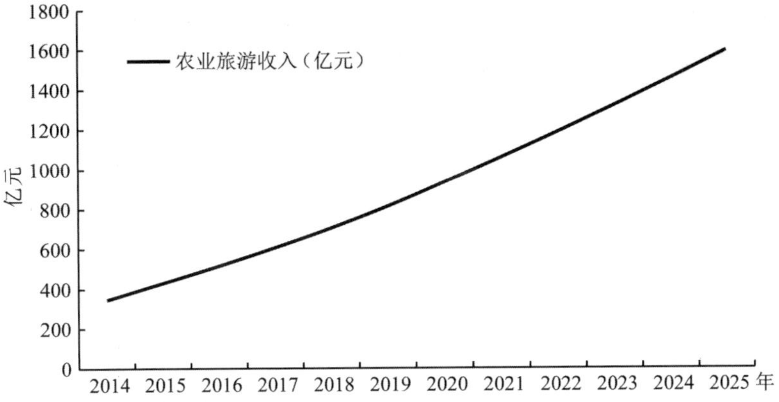

图 7.10　长江经济带粮食主产区农业旅游收入仿真结果趋势图

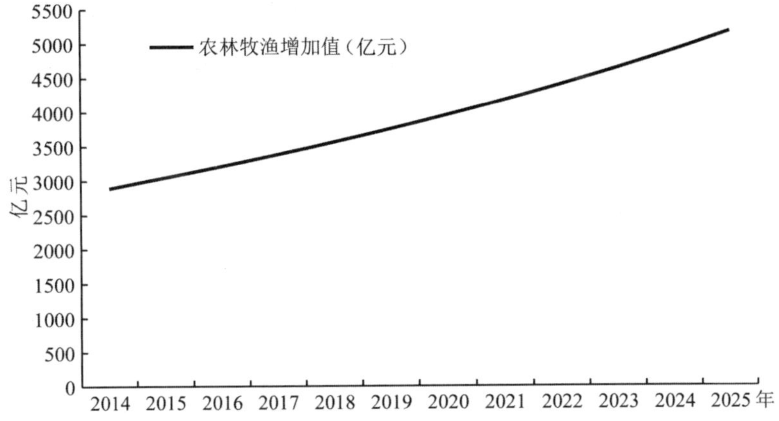

图 7.11　长江经济带粮食主产区农林牧渔增加值仿真结果趋势图

（2）高速融合发展模式

与自然融合发展模式相比，高速融合发展模式将加大产业间固定资产投资与技术资金注入，同时政府政策也将向农业旅游产业倾斜，但耕地面积会相对减少。因此，高速融合发展模式以自然融合发展模式为基础，将固定资产投资率由 0.8 提高到 1，农业技术进步率由 0.01 提高到 0.02，政府政策支持系数由 1 提高到 1.2，耕地面积由 4944 千公顷降低到 3800 千公顷。从图 7.12—图 7.20 可以看出，在高速融合发展模式下，长江经济带粮食主产区平均 GDP、平均旅游收入以及平均农林牧渔增加值处于较高发展水平，而农业旅游收入在此发展模式下，增长速度最缓慢。耕地面积的减少，最直接的影响就是粮食产量减少，进而威胁粮食安全，同时，在高速融合发展模式下，环境压力巨大，化肥、农药、塑料薄膜使用强度增大，环境污染强度变大，环境质量变差，进而影响农业旅游资源丰度。虽然固定资产投资率提高能够在很大程度上促进旅游业的发展，该模式下A级以上景区数量增长最快，但是受到地区游客容量的限制，旅游收入增长速率并未达到最高。同样，环境污染强度加大削弱了农林牧渔固定资产投资和农业技术进步对农林牧渔增加值的促进作用。在长江经济带粮食主产区农旅融合的这个系统中，农业旅游收入一方面受到粮食安全的直接影响，另一方面受到农业旅游资源丰度的间接影响，而在高速融合发展模式下，粮食安全受到威胁，农业旅游资源丰度也因为环境质量变差而减少，因而农业旅游收入增长速率最为缓慢。这表明，高速融合发展模式虽然能够在一定程度上促进农业与旅游业的发展，但是其对于乡村旅游与休闲农业的促进作用并不明显，尤其是对于承担着粮食安全重任的粮食主产区。

（3）保护融合发展模式

保护融合发展模式可以看成一种相对保守的发展模式，在此模式下，耕地面积增加，固定资产投资率与政府政策支持系数降低，农业技术进步率保持不变，即将耕地面积增加至5900千公顷，固定资产投资率降低至0.7，政府政策支持系数降低至0.9，农业技术进步率依旧为0.01。由图7.12—图7.20可知，在保护融合发展模式下，GDP、旅游收入与农林牧渔增加值增长缓慢，到2025年，分别为85264亿元、20690.6亿元、5223.38亿元，农业旅游收入在2014—2019年增长速度较快，在2019年之后，增长趋势有所减缓。在此发展模式下，耕地面积增多，粮食产量增加，粮食安全得到保障，环境污染强度降低，环境质量提高，农业旅游资源丰度较高，由于政府政策支持程度降低，因而农业而旅游资源丰度并未达到最高。固定资产投资率降低，旅游业固定资产投资投入减少，2025年A级以上景区数量降低至769个。在保护融合发展模式下，粮食安全程度最高，由于技术进步较为缓慢，其对粮食产量增长的促进作用并不明显，所以粮食安全数值高则是耕地面积增多使得粮食产量增加、环境污染强度减弱引起的，而耕地面积增多意味着乡村旅游与休闲农业发展在一定程度上受阻，因而农业旅游收入在2019年之后增长趋势有所减缓。这说明，相对保守的发展模式虽然保障了粮食安全，提高了环境质量，但是由于各个产业间经济效益增长缓慢，社会效益并不显著，仅仅提高生态效益，并不能满足社会发展的需要。

（4）协调融合发展模式

党的十九大报告指出，2020—2035 年，我国要基本实现社会主义现代化，大幅提升经济实力和科技实力，生态环境根本好转。根据这个目标，加强产业结构升级、加大科学技术投入力度，设计长江经济带粮食主产区农旅融合系统协调融合发展模式。借鉴相关研究成果，将固定资产投资率调节为 0.9，农业技术进步率调节为 0.015，政府政策支持设置为 1.1，耕地面积设置为 5300 千公顷。协调融合发展模式既能扩大产业规模，实现产业间的经济效益，还能兼顾社会文化效益与生态环境效益。从图 7.12—图 7.20 可以看出，长江经济带粮食主产区平均 GDP、平均旅游收入、平均农林牧渔增加值和平均农业旅游收入在协调融合发展模式下发展趋势最好，到 2025 年，分别达到 105657 亿元、29972.7 亿元、5622.25 亿元和 1773.87 亿元。在生态环境保护方面，环境质量较好。农业旅游资源丰度在有力的政府政策支持力度与良好的环境质量的加持下，在该模式下达到最高，2025 年有 552 个。在社会文化方面，带动农民就业人数最多，与自然融合发展模式相比，平均多带动 68%农民就业，拓宽了农民的创收渠道。这表明，只有同时兼顾长江经济带粮食主产区的经济效益、社会效益与生态效益，即在保障粮食安全与环境质量的前提下，加大固定资产投资与科研投入力度，同时还需要政府对于农旅融合发展相关政策的支持，才能实现农业与旅游业的深度融合与良性融合。

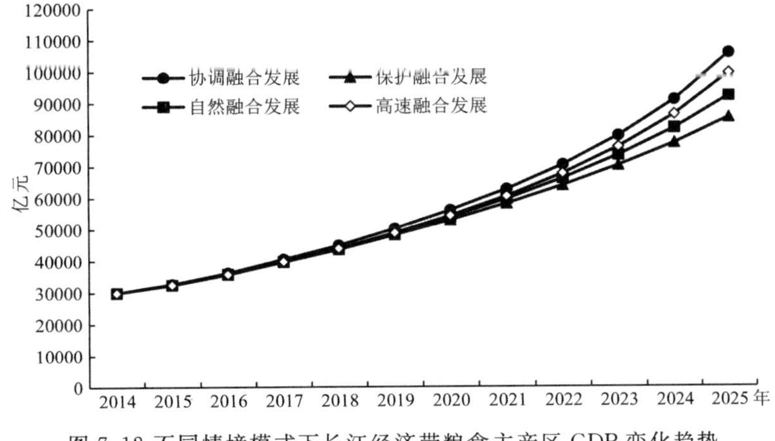

图 7.12 不同情境模式下长江经济带粮食主产区 GDP 变化趋势

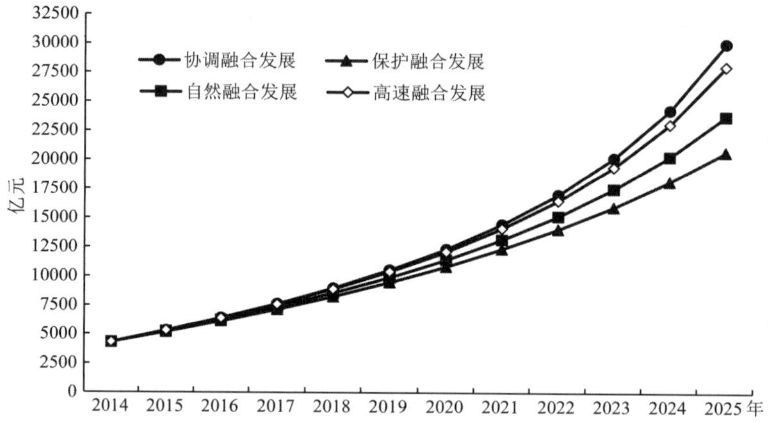

图 7.13 不同情境模式下长江经济带粮食主产区旅游收入变化趋势

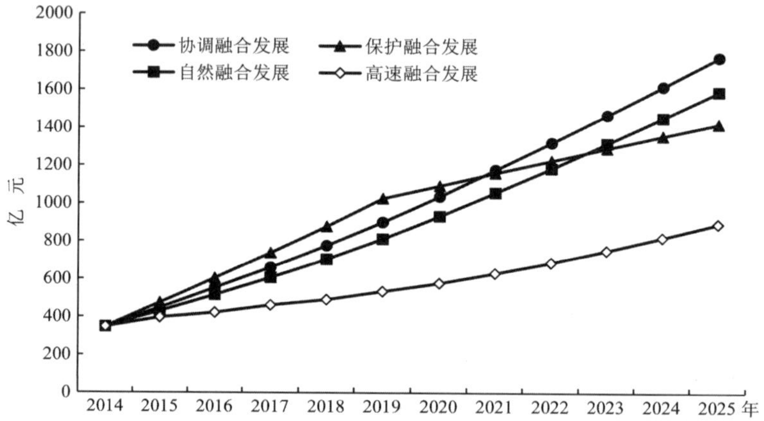

图 7.14 不同情境模式下长江经济带粮食主产区农业旅游收入变化趋势

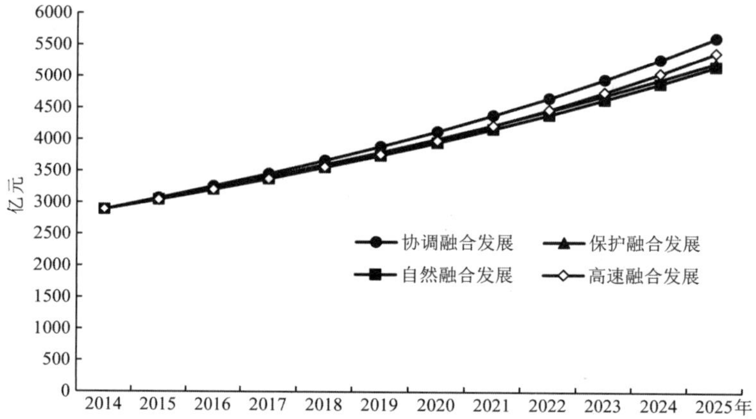

图 7.15 不同情境模式下长江经济带粮食主产区农林牧渔增加值变化趋势

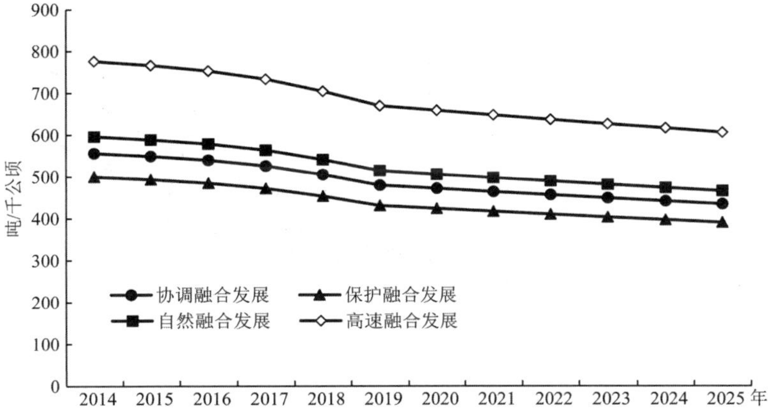

图 7.16　不同情境模式下长江经济带粮食主产区环境污染强度变化趋势

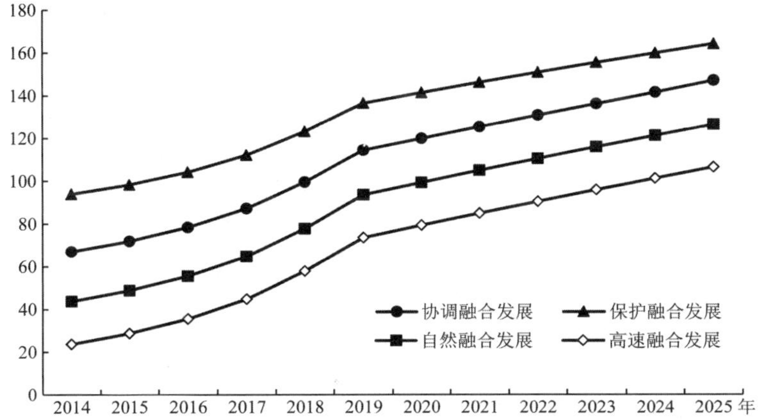

图 7.17　不同情境模式下长江经济带粮食主产区环境质量变化趋势

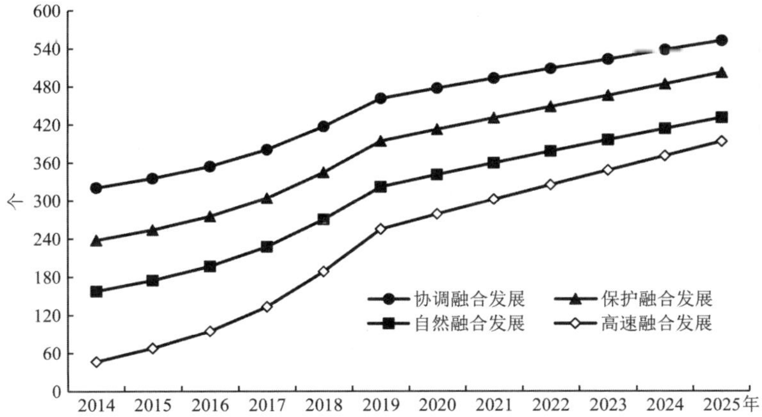

图 7.18　不同情境模式下长江经济带粮食主产区农业旅游资源丰度变化趋势

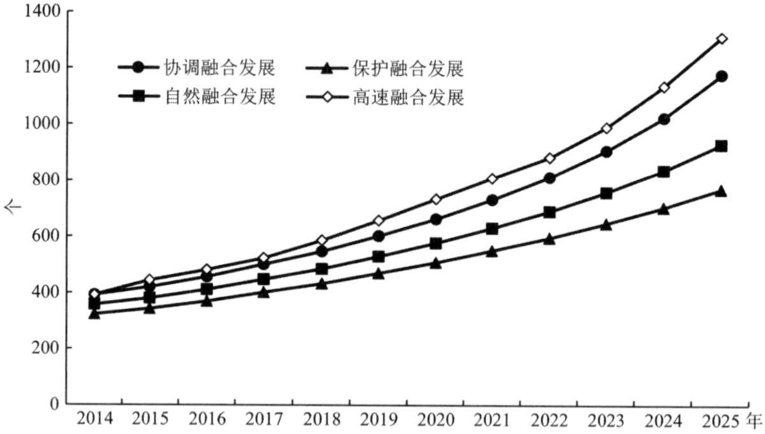

图 7.19 不同情境模式下长江经济带粮食主产区 A 级以上景区数变化趋势

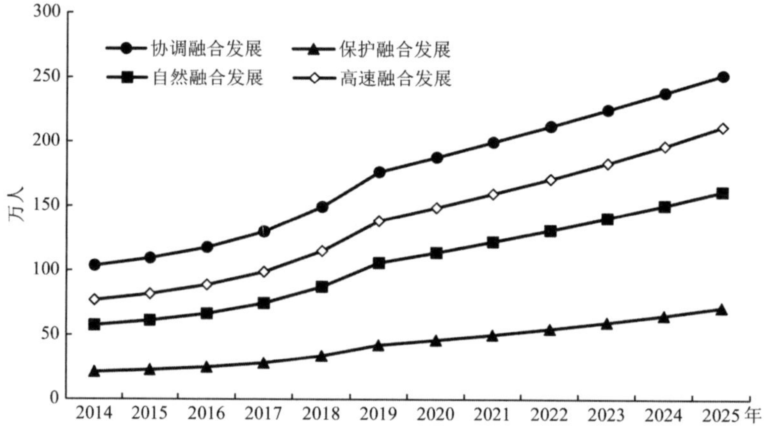

图 7.20 不同情境模式下长江经济带粮食带动农民就业数变化趋势

(5) 方案选择

根据不同情境模式下长江经济带粮食主产区农旅融合系统主要变量变化趋势可知，协调融合发展模式是实现农旅融合发展的最优方案，即产业经济发展、资源环境保护与社会文化协调发展是长江经济带粮食主产区农旅融合可持续发展的理想驱动模式。因此，要实现长江经济带粮食主产区农旅融合协调发展，在关注产业经济效益的同时，还要注重保护环境资源，减少建设用地，保障粮食安全，确保旅游人口密度与旅游地环境承受能力等，关注社会效益，带动农民就业，扩宽农民增收渠道。

7.4 结　论

长江经济带粮食主产区农旅融合系统是由旅游业、农业、农业旅游产业和区域环境四个子系统构成的复杂系统，各个子系统之间通过一个或多个变量相互作用，相互关联，形成具有特定功能的有机整体，驱动着长江经济带粮食主产区农旅融合系统不断演化升级。本研究在构建长江经济带粮食主产区农旅融合发展的SD模型的基础上，运用 Vensim PLE 软件，以 2014—2019 年历史数据为基础确定模型参数构建函数关系式，对长江经济带粮食主产区农旅融合系统进行从2014 年到 2025 年的模拟仿真分析。系统模拟结果与长江经济带粮食主产区农旅融合发展状况基本一致，表明该模型结构合理，模拟仿真有效性较高，能够反映农旅融合发展过程中各要素之间的作用机理和逻辑关系，可用于农旅融合发展预测与政策模拟分析。本研究从投资结构、技术进步和政策落实多方面考虑，设置调控参数，将农旅融合发展模式分为四种，即自然融合发展模式、高速融合发展模式、保护融合发展模式和协调融合发展模式，对长江经济带粮食主产区农业与旅游业有效融合进行多情境调控分析。

分析结果表明，单纯地追求经济发展或环境资源保护，均难以实现长江经济带粮食主产区农旅融合系统“旅游业一农业一农业旅游一区域环境”子系统协调发展，目前的自然融合发展模式，虽然在一定程度上可以带动相关产业的发展，但是并未充分发挥出农旅融合对当地带来的经济效益、社会文化效益和生态环境效益。从保护资源环境的角度来看，保护融合发展模式是效果最好的，通过降低固定资产投资率与政府政策支持系数来减缓农旅融合发展进程与当地经济的发展，增加耕地面积来提高粮食安全程度，在很大程度上确保了粮食主产区的粮食安全，但这也势必限制农旅融合的发展，同时各个产业间经济效益增长缓慢，社会效益并不显著，仅仅提高生态效益并不能实现综合效益最大化。高速融合发展模式下，农业旅游收入一方面受到粮食安全的直接影响，另一方面受到农业旅游资源丰度的间接影响，在此发展模式下，粮食安全受到威胁，农业旅游资源丰度也因为环境质量变差而减少，因而农业旅游收入增长速率最为缓慢。该模式对于承担着粮食安全战略使命的粮食主产区并不适用。可以看出，协调融合发展模式对于长江经济带粮食主产区农旅融合发展效果最好，该模式下，粮食安全得到保障，环境污染减少，环境质量变好，带动农民就业人数增加，产业规模扩大，地区经济发展壮大，充分发挥了农旅融合发展对长江经济带粮食主产区经济、社会、生态的促进作用，实现了经济效益、社会效益和生态环境效益相统一。

第8章 长江经济带粮食主产区农旅融合发展的启示

在国家长江经济带重大发展战略、国家政策体系指引产业融合、休闲农业和乡村旅游高质量发展的战略要求和现实背景下，长江经济带粮食主产区在肩负保障国家粮食安全重任的前提下，在推进农业现代化、城镇化和工业化多重任务的过程中，区域的农旅融合发展出现理论困境与现实冲突。

本研究以产业融合理论为支撑，以系统论、自组织理论为依据，以产业关联、共生理论、系统动力学理论和可持续发展理论为补充，以长江经济带农产品主产区为研究区域，以粮食主产区为分析数据，剖析区域农旅融合发展现状与作用机制。在明晰农业产业系统、旅游产业系统、农旅融合系统概念及边界的基础上，阐明农旅融合的必然性和特性，综合分析农旅融合系统演进过程，剖析农旅融合系统内部要素、外部要素及内外要素相互作用，揭示农旅融合系统的运行机理；梳理长江经济带农旅融合实体发展现状，结合长江经济带粮食主产区农业效率、旅游效率、农旅融合效率特征与时空演化规律、农旅融合效应，以及乡村旅游发展与粮食安全的互动关系分析，准确把脉长江经济带粮食主产区农旅融合的发展问题及困境；构建长江经济带粮食主产区农旅融合系统，透视农旅融合机理和运行机制，通过农旅融合系统仿真，探寻农旅融合系统发展的关键要素、适宜模式和有效调控路径。从而为促进长江经济带粮食主产区乃至整个农产品主产区农业与旅游业有效融合、休闲农业与乡村旅游健康发展、政府相关政策的制定等提供实践指导，也为其他存在类似发展情况和产业融合趋势的区域提供镜鉴与启示。

8.1 强化生态文明意识，确立“三生”价值理念

8.1.1 确立“三生”协同发展的价值理念

农业旅游资源所属地域多依靠自然环境，生态环境保护至关重要。在农业旅游资源的利用与开发上要以习近平生态文明思想为指导，充分考虑生态环境保护，强化生态文明意识，确立生态一生产一生活“三生”协同发展的价值理念，践行山水林田湖草沙生命共同体发展观。以生态学为指导，以生态旅游为抓手，在保护中谋求发展，促进生态保护与农旅融合发展相辅相成。

8.1.2 构建全域农旅融合发展的资源观

全域旅游理念能有效带动农旅融合发展，促进乡村经济社会协调发展，为乡村振兴提供新动能、新路子。在农旅融合的资源开发和利用过程中，注重把握“域”的完备，充分整合、调动资源要素，协调推进空间域、产业域、要素域、管理域发展完备，更有力推进工业农业旅游、乡村旅游资源观由传统景点资源向“三生”一体的社会生态景观资源转变，促进农旅有效融合和乡村旅游综合功能的发挥。

8.1.3 推进农旅融合环境生态治理现代化

乡村是农旅融合发展的主阵地，乡村生态文明建设与农旅融合发展密不可分，乡村生态治理现代化作为乡村生态文明建设的重要内容，是乡村经济社会发展可持续的基础和前提，贯穿于“三生”协同发展的各领域、全过程。大多数农旅融合旅游资源开发的基础和特色依赖于以山体、水域、林地、农田等水土资源为主体的乡村生态环境，乡村的休闲功能在很大程度上也得益于优美的乡村环境。要加强农业生态保护，以绿色发展理念推进乡村生态治理现代化，严格管控水土污染、保护水土资源，实施美丽乡村和农村生态文明建设工程、农业生物多样性保护工程，开展生态环境监测，进行农村人居环境综合整治，这些对于农旅融合发展都意义重大。

8.1.4　7 树立旅游生态文明建设共同体意识

旅游生态文明是基于生态文明与旅游可持续发展建立起的一种高级形态，是从旅游利益相关者视角分析人与生态、代内与代际之间的公平与发展问题，是给予乡村旅游的农旅融合“三生”和谐的基础与核心。乡村旅游利益相关者主要包括政府、居民、企业、旅游者，农旅融合旅游资源开发应考虑不同利益相关者的诉求与特点，树立旅游生态文明共同体意识，构建旅游生态文明发展路径。

8.2　健全融合发展机制，统筹提高融合效率

8.2.1　遵循客观发展规律，把握农旅融合发展时机

长江经济带粮食主产区在同一时间段内，因主客观条件的不同，各地区所处的阶段、层次也不同，诚如研究中验证的湖南环洞庭湖区域各县（市、区）农旅融合发展轨迹呈现出一定的规律一样，认识到这一客观事实后，处于发展后期的地区能为发展初期地区的农旅融合发展提供重要参考。各地区应当根据自己所处阶段，借鉴其他地区尤其是相邻后一组地区的发展经验，总结反思其他地区在后一阶段农旅融合发展过程中可能存在的不足之处，洞察形势，因势利导，把握时机，抓住机遇，提出相应的战略策略，适时适当分配农旅融合产业资源投入、控制农旅融合产业产出，增强农旅融合发展工作的系统性、预见性和创造性。

8.2.2　协调多重主体关系，统筹推进农旅融合发展

由于长江经济带粮食主产区一定程度上具有相似的资源特质与发展条件，为了科学利用与优化配置各类有限的资源，提高农旅融合效率与发展质量，各地区农旅融合发展应当统筹协调好多重主体关系，这对长江经济带粮食主产区农旅融合高质量发展具有至关重要的影响。

第一，农旅融合需要统筹协调好保护与发展之间的关系。“绿色”“农耕文明”是长江经济带粮食主产区最亮丽的底色，“生态”是农旅融合的基础与依托，推进农旅融合必须坚持“绿水青山就是金山银山”的发展理念，严守生态底线，

保护生态资源；另一方面，发展农旅融合需要最大限度地降低和减少资源开发对生态环境和农业生产造成的负面影响，实现农旅融合与生态保护、粮食安全协调发展。

第二，农旅融合需要统筹协调好农民与市场之间的关系。农旅融合高质量发展离不开农民与市场两大主体的协调配合，需要创新“市场＋组织＋农户”的运营模式，发挥农村基层组织、乡镇政府组织与负责管理农村事务的社会组织的主观能动性，制衡各方的利益诉求，优先保障农民阶层实际利益，加强农民职业教育和乡村金融服务，提高农民职业素质和抗风险能力，进而优化休闲农业与乡村旅游的人力资源结构，促进人力资源配置与管理效用最大化。

第三，农旅融合需要统筹协调好过去与未来之间的关系。“可持续”是人类发展永恒的话题，农旅融合的政策导向性强，呈现周期性发展特质，在编制区域统筹发展规划与农旅融合发展规划的过程中，要注重“规划留白”与“分期建设”，为农旅融合发展留有弹性和余地。在实际操作中，对于具备农旅融合资源与发展条件的地区，基层政府应直接参与管理或委托社会机构代为管理部分流转后的土地，并建立危机响应机制，为未来发展的不确定性留有应对的基础。

8.2.3 优化产业结构，持续改善农旅融合发展产业条件

根据前述研究可知，产业结构同样显著影响区域农旅融合效率。因而，应当抓住关键，有的放矢，重点关注产业结构调整，促进农旅融合稳定高效发展。一是结合旅游产业发展趋势和当地实际发展状况，做好休闲农业与乡村旅游产业的综合规划，突出产业发展的特点和重点；二是要推动农旅融合转型升级，通过创新农旅融合发展模式，引入农业新型经营业态，以农旅资源整合与农业产业链升级为抓手，科学精准供给农旅要素，增强农业要素的主动性与灵活性，促进农旅融合协调发展；三是要通过科学的品牌营销增强游客对农旅融合发展的感知度，提升农旅资源的市场效益转化效率，促进农旅融合全面发展；四是要健全法规政策保障，在法规政策上向农旅融合建设项目适当倾斜，多渠道激发社会资本投资农业领域活力，善于运用“看不见的手”优化农旅融合产业结构，提高资源配置效率。

8.3　推动农旅融合发展，全面提升综合效益

长江经济带粮食主产区农业与旅游业协调融合发展效果总体良好，应在粮食安全得到保障的前提下，减少环境污染，改善环境质量，带动农民就业，扩大产业规模，壮大地区经济发展，充分发挥农旅融合发展对长江经济带粮食主产区乃至整个农产品主产区经济、社会、生态的促进作用，实现经济、社会效益和生态环境效益相统一。

8.3.1　强化产业创新、优化资源配置，提高经济效益

经济效益是农旅融合发展的主要表征，提高经济效益要注重以下几个方面：① 融合产品创新。在农旅融合过程中强调技术、市场、产品等多维度创新融合，运用农业高新技术打造农特优产品，为农旅融合注入新资源，不断更新农旅融合产品。促进农产品转变为旅游产品，鼓励企业面向市场，开发差异化产品和功能性产品。创新旅游产品开发，完善旅游路线，建设农耕文化主题农庄，加强传统生产技艺体验等项目。② 经营模式创新。积极组织经营主体之间交流分享，相互借鉴经营理念、管理方式、产品创新理念，并依托当地农业文化、乡村民俗探索农旅融合经营模式，不断增加农旅融合产值。③ 创新市场运作模式。以市场为导向，充分进行市场调研，不断开拓新市场，充分挖掘利用农业、乡村资源打造新产品，增强市场占有率，面对不同类型的细分市场，有针对性地开展营销宣传，充分利用互联网、物联网等新技术、新工具、模式，完善旅游基础设施，提升旅游服务水平。当下农业旅游的主要市场是城市家庭、企业团队，城市家庭倾向于在周末或节假日在周边进行农业旅游，享受怡然自得的乡村农业自然风光；企业团队则前往乡村度假村、生态农园农庄组织会议、开展团队拓展训练等；随着研学旅行发展，不少青少年团队前往农耕文化园、农业示范园区学习领略农业农耕文化。④ 推动业态升级。积极培育多种类型的经营主体，充分发挥新型职业农民、农业创业主体的带动与示范作用，激发经营主体的主动性、创新性。通过兼并重组已有融合主体、积极培育新型经营主体扩大融合规模，在适宜开展农旅融合的地区形成融合片、区、带，打造集农产品生产、加工、观光、销售等为

一体的产业集群，延长融合发展链条。在品牌推介、市场开拓等方面给予扶持政策，打造旅游品牌形象，扩大品牌效应，增强产业集聚，提升产业竞争力。⑤ 优化要素配置。将农旅融合系统中的要素有效整合，合理配置人员、物品、资金等资源，延伸农业、旅游业、农旅融合产业链，拓展融合农业和旅游业功能，促进农业和旅游业供给侧改革，推动农业和旅游业转型升级。

8.3.2 完善利益机制、激发主体参与，扩大社会效益

社会效益是农旅融合发展的内涵深化，扩大社会效益要注重以下几个方面：① 激发主体参与。在农旅融合发展过程中，相关政府部门应加大对农业旅游经营主体的支持力度，出台农旅融合扶持政策，构建合理的利益分配机制，充分激发农民的积极主动性，通过政府、农民、企业多路径组合模式带动农民参与，特别是带动优秀返乡人员、乡贤、拥有家庭话语权的农民，扩大农旅融合带动的辐射范围。② 完善利益联结机制。保护农民在农旅融合发展中的利益，更多地让目的地居民参与到农旅融合的就业安排与创业机会上，加强对农户的培训，提升农户的旅游服务意识和旅游接待水平。③ 创新农旅融合发展的组织模式。充分发挥旅游企业对农户的带动作用，发挥村集体经济组织、合作社在组织农户方面的重要作用，鼓励工商资本开展旅游项目开发、特色农产品生产销售以及相关技术研发等。④ 销售农副产品。加强农业旅游经营主体与农民的有效互动，进一步增强农副产品的销售能力。通过开发引入先进的农业技术提升农特产品质量，为其注入技术附加值，通过对农副产品乡土性、原生态的品牌宣传，增强农副产品的情感品牌附加值，从而增加农副产品的实际销售收入。⑤ 传承农耕文化。农耕文化是农旅融合的重要吸引物，在农业与旅游产品开发过程中，应结合当地农业资源、历史文脉、农村文化，营造田园风光与农耕文化相互交融的氛围，设计富有农耕文化特色的农业旅游产品，提升游客体验。同时，深入农民群体，积极挖掘特色农业文化，让农业文化遗产在农旅融合的开发与保护中传承下来。

8.3.3 减少生产污染、优化景观环境，优化生态效益

生态效益是农旅融合发展的基本底线，优化生态效益要注重以下几个方面：① 减少浪费污染。农旅融合虽然是对农业资源和旅游资源的有效再利用，但本

质上仍避免不了农业生产性污染的问题。要不断引用和改进农业灌溉、培育技术，减少农业资源浪费和生产性污染；制定明确的农旅融合环境标准和监督机制，严格把控农业生产环境，减少农药、化肥、农用塑料薄膜等生产性污染；加强环境保护宣传，改善农村污染物排放的相关陋习，减少秸秆燃烧、粪便排放，建立垃圾处理系统，减少空气污染物的排放，提高空气质量优良率。② 优化乡村环境。根据乡村自身特色进行规划开发，不断优化农村生活环境，加强农村厕所普及，建设最美休闲乡村，增强农业旅游吸引力。

8.4　因地制宜推进融合，促进区域协调共进

8.4.1　积极应对区域农旅融合“极化”效应问题

区域差异大是我国的国情，区域发展不平衡是我国发展的现状，而“不患寡而患不均，不患贫而患不安”又是我们民族较强的传统意识。所以区域均衡发展这一课题在现阶段具有研究、探讨与推进的重要意义。农旅融合系统有一个复杂的演进过程，基于产业之间的相互影响和地区之间的发展差异，盲目或偏颇的资源投入会在一定程度上对提高农旅融合效率起到抑制而非促进作用。在长江经济带粮食主产区农旅融合发展方面，经过研究得知旅游产业和农旅融合均存在“极化”现象。产生“极化”效应的区域应当充分发挥现阶段旅游产业的主导优势，整合区域旅游发展要素，积极同周边区域形成旅游产业链，优化旅游产业结构布局，带动整个区域农旅融合均衡发展。一方面，产业均衡是农旅融合高质量发展的内在要求。未来旅游资源开发应从“数量取胜”向“质量为王”进行转变，集中力量做好对现有主要景区的提质升级，增强旅游业向周边地区尤其是乡村地区的辐射强度，发挥“以点促面”的带动作用，另外，对农旅融合发展水平较高的区域也应进一步加强农业产业化现代化建设，积极引导工商业资本下乡进村，培育壮大新型农业经营主体，构建现代多元农业经营体系，多渠道扩大农业产出，提高农民收入。另一方面，地区均衡是长江经济带粮食主产区农旅融合高质量发展的空间基础。地区发展不均衡是该区域农旅融合发展的基本区情，因此，针对农旅融合发展的空间“极化”问题，未来农旅融合需要倡导错位发展，对各地农

旅资源进行科学综合评判，减少地区内部的同质竞争。资源条件尚不成熟的地区，应以现代农业或特色农业为主，厚植农旅融合基础；区位优越、资源丰富的地区，应精准定位，扬长避短；资源条件存在相似或互补之处的地区，加强相互协作，形成发展合力。

8.4.2 因地制宜均衡农旅融合实体空间分布

长江经济带的精品企业（园区）、地理标志产品、现代农业示范区和重要农业文化遗产等农旅融合实体区域空间发展不均衡，美丽休闲乡村、示范点、示范县、乡村旅游重点村、名镇名村示范和特色小镇在各省级行政区发展较为均衡。江苏、江西、湖北、贵州、安徽各类农旅融合实体品牌发展较为均衡，而上海、浙江、四川、云南、重庆、湖南各类农旅融合实体品牌发展较为不均，存在以某几类实体品牌为主或缺乏某类实体品牌的情况。这与各省市的经济发展程度、地理环境条件、资源自然禀赋有着密切关系，空间上的不均衡在后期通过自身提高重视、加大经济和技术投入、强化政策支持以及加强区域协作，可以得到一定程度的改善，但更为重要的是因地制宜地将自身农旅融合产品做强、做好、做优、做出特色。

8.4.3 东、西部省市应保持社会效益与生态效益，强化经济效益

通过上述研究发现，长江经济带粮食主产区内，区域东部的上海、江苏、浙江农旅融合发展相对较早，主要发生在城市郊区，依托乡村自然环境，形成了具有代表性的美丽休闲乡村旅游地，多以农业主题公园的形式发展，农业生产性污染相对较少，农村卫生厕所普及率较高，生态效应较好；加上政府扶持及带动，社会效应也较好；这些地区经济效应相较于其他地区较强，但旅游产业体系和服务业内部其他业态却相对滞后。因此，在后续农业与旅游业的融合发展中，要多学习国内外先进的农旅融合发展模式、管理方式和经营理念，创新融合手段、技术、产品及业态，扩大融合规模，推动产业融合集聚发展；持续开拓新市场，进一步提高市场占有率；在农旅融合产业链中的各个环节优化资源配置，促进农业转型升级，从而不断提升农旅融合经济效应。

与此同时，区域西部的贵州、云南经济发展相对滞后，农旅融合主要发生于

相对落后的偏远农村山区，旅游业虽然在一定程度上推动了乡村经济发展，但由于其融合创新理念不足、融合模式不当，经济效应较东部地区相对滞后。因此，在后续农业与旅游业的融合发展中，应当学习先进的农旅融合发展模式、管理方式和经营理念；进一步加大政府支持力度，完善住宿、交通、餐饮等基础设施建设，增强空间可进入性；加大营销宣传，采取微博、微信、影视、直播等多种新型营销方式，增加农业旅游资源的知名度与美誉度，增强其心理可进入性；积极与景区开展协作，充分发挥知名景区、发达城市的带动作用，吸引外来投资、外地游客参与到本地农业旅游中来；提高农旅融合主体的综合素质，加强当地农民的农旅融合发展技能培训、经营培训、管理培训，提高农民的农业旅游创业机会识别能力，从而不断提升居民、经营主体、地方的农旅融合经济效应。

8.4.4　中部省市应保持经济效益与社会效益，强化生态效益

在长江经济带粮食主产区内，中部大部分省、市农旅融合发展属于生态效应滞后型，应在增强经济效应、社会效应的同时不断增强生态效应。

安徽、湖北、湖南农旅融合发展相对而言较晚，其融合发展处于初级阶段，当前更侧重于经济效应和社会效应，生态效应较差，在后续农旅融合发展中，要重视农业生产环境、农业景观环境等。推广无公害农药、有机肥的使用，减少污染物的排放，加大农村卫生厕所的普及，积极创建美丽休闲乡村。

8.5　加强科学规划引导，注重分级分类开发

8.5.1　因地制宜规划

在农旅融合发展过程中，要充分考虑农业旅游资源所在地的资源禀赋、地理区位、产业优势、历史文化、社会环境，创新规划理念，突出农旅融合发展特色；优化旅游功能布局，避免简单雷同和同质同构；考察客源地市场的消费能力与特征，规划与开发要充分适应消费者消费习惯，人性化健全配套游客中心、标识系统、骑行绿道等设施，满足各项旅游要求，从而提升竞争力、增强持续吸引力。

8.5.2 分级分类开发

借助分级、分类的资源管理思维，有针对性地制定资源开发、保护及分期建设方案，促进不同国土空间功能与景观之间的相互融合，结合各类乡村生态景观旅游资源的特性及空间分布，围绕“点、线、面”开发。以长江经济带粮食主产区的主要农业旅游资源——湖区生态景观资源的农业旅游开发为例：湖区生态景观资源应开发和加强对区内“水”元素的综合利用，尤其是在江、湖、渠水景的观光与体验方面，应根据场地环境营造水系完整、相互联通、各有亮点的立体型乡村水环境旅游项目，以水为脉，带动其他类型资源的旅游开发。此外，由于水环境的生态敏感性，也务必要重视保障生态安全和旅游安全，力求健康、可持续发展。①“点”生态景观旅游资源，包括旅游码头等设施类资源，这些资源的景观价值和资源等级不高，却由于其作为水陆交通联系的“链接”，具有重要的旅游功能。在对其开发利用过程中，应结合码头的历史与具体功能，有差异性地对其进行设计、改造，向乡村游客“讲述”不同的水文化。②“线”生态景观旅游资源，包括堤坝、排渍渠等集合单体，此类资源具有典型的湖区乡村空间特征。譬如堤坝，最明显的空间特征是“狭长”，在资源开发中，为避免过于单调的景观形象，应利用好堤坝两侧的护坡空间，搭配不同的乡土树种与植被景观，并在缓坡地段设计一些游憩设施，为游客提供丰富的线性空间景观，同时可融入抗洪防灾等历史元素，凸显堤坝路段的文化价值；排渍渠，可借鉴“生态水渠”的做法，做好渠边环境美化，在不影响生态安全和旅游安全的前提下，可在局部区段设计一些划船、捕鱼的乡村游项目，增强排渍渠集合单体的趣味性。③“面”生态景观旅游资源，包括湖、河、湿地等自然景观资源，其规划开发应在生态保护的基础上开展农业旅游活动，发展重点包括大湖观光和湖泊体验两个方面。大湖观光游，以湖区生态景观观光为核心，由于水面交汇地段景观价值更为突出，可沿滨水堤岸选择适当的观景位置，结合滨水码头与植被、湿地、独木或丛树景观，建设若干具有地方特色的湖区风光最佳摄影点，以满足旅游者的观景、摄影、写生等需求，并在附近配备一些旅游公厕、旅游商店等必要的服务设施。同时，在旅游开发中加强岸上、水中旅游资源的联系与互补，尤其要做好对现有旅游码头的改造与综合利用。在旅游活动方面，可围绕湖景摄影、写生、观景等主题，适时策划一系列旅游节庆活动，如湖景摄影节、洞庭观鸟节、亲子写生节等等，并通过传媒扩大宣传和影响。湖泊体验游，应结合湖面不同环境特点，合理划定功能分区，设计主题融合又各有特色的亲水体验活动。首先，加强基础设施建设，湖泊外围修建乡土型环湖绿道，便于游客开展相关旅游活动，如民宿体验、摄影、散步、垂钓、马拉松比赛等，也可成为当地居民的休闲欢乐场，是居民健身、游玩、观景的好去处。其次，在功能分区方面，应兼顾多种功能，动静结合。譬如利用宽阔的水面，可设计划船、捕鱼、捉虾等趣味研学与水上游乐项目；湖区中部，具有良好的观景视野，应结合湖边的乡村聚落，打造一些民宿产品，让乡村游客开心玩、安心住、舒心赏；相对狭长的水面，可设计乡野垂钓区，满足垂钓爱好者的野钓兴致。再次，在湖区景观营造上，应注重与附近农业景观的结合，要留住“乡愁”，体现乡村性。

8.5.3　以农业农村旅游资源开发利用为主要方向

休闲农业与乡村旅游以田园风光、农事活动和乡村文化观光体验为主，对于多数生活于城市的居民来说具有吸引力，寄托着城市居民心中浓浓的乡愁，是农旅资源开发的“重头戏”与优势所在。围绕区域内高级别生产景观、生态景观旅游资源，如湖泊、水田、山体、鱼塘等农旅资源主要属性特征与所在区域场域综合环境状况，可以乡村农业旅游为重点，以乡村生态游为特色的旅游开发作为休闲农业与乡村旅游的主要思路和重要方向，最大程度发挥其综合价值与开发效益。农旅资源开发应重点注意以下几方面：① 积极推进土地流转，发展规模农业。农业景观的旅游价值发挥与否，其景观规模大小是一个主要条件。因而，要积极推进土地流转，为农业发展提供空间和资源，将规模农业作为农业旅游发展的基础，统筹谋划，同时要根据环境条件做好合理分区。② 推广农业轮作技术。长江经济带粮食主产区的耕地种植结构以双季稻为主，产量较好，但部分地区由于土壤中镉等重金属超标等原因，导致粮食卖不上价钱，当地农民的种粮积极性普遍较低，“谷贱伤农”的困境亟待纾解。可合理推广“水稻＋其他农作物”混种的农业轮作模式试点，一方面可以在不同季节形成风貌别具的田园景观，另一方面，可进一步提高农民的农业收入水平和乡村经济效益，对缓解农业面源污染也具有促进作用。③ 合理划定农业景观分区。要站在区域整体视角，结合不同的环境条件做出合理化农业资源布局，打造农业景观旅游资源，依据农业旅游资源的自然特性条件进行景观分区，能更好地划分景区功能，凸显资源特色。④丰富田园景观风貌。促进传统农业向可观、可赏、可玩、可学的“立体型”田园景观转变，增强农业景观的可进入性、可体验性、可亲近性。与此同时，也要注重完善休闲农业与乡村旅游配套服务设施。⑤务必要以农为本。由于长江经济带粮食主产区多数农旅资源集中区也是耕地集中区，尤其是永久基本农田的占比很大，休闲农业与乡村旅游一定要在不影响粮食安全和不降低耕地质量的前提下进行规划与开发，牢牢守住永久基本农田红线和耕地保护线。将永久基本农田与耕地保护作为农业旅游资源开发的基本原则和发展底线。

8.5.4 重视民俗文化旅游等特色和主题活动开发

在满足土地政策上关于农作物种植要求的基本前提下，农旅融合发展应兼顾农业景观的塑造，重视农业体验型乡村旅游活动的规划、策划与开发。民俗活动是乡村农业社会、生活、文化原真性的重要体现，其关键在于游客的亲身体验，即通过亲身参与到某一类型的乡村文化活动中，真实地感受民俗活动的价值与魅力。在乡村旅游资源开发过程中，需要加强对当地特色文化的挖掘、保护与继承性发展，讲好地方故事，提高民俗活动的感染力和参与性，增强乡村文化自信和发展软实力。因此，除开发农业旅游特性的主体旅游资源外，应高度重视如农业遗址遗迹、农业民俗活动、戏曲等乡村物质和非物质文化遗产价值，这些作为乡村文化旅游的主要内容，与农业旅游相互补充、相得益彰；还应积极策划各类农时节日活动，如农民丰收节、水稻插秧节、田间捕鱼节、瓜果采摘节等，以此增强日常农业活动的仪式感和农业劳动趣味，为乡村旅游者亲身体验农业生产、享受农业丰收提供参与机会，以文化活动激活乡土空间，促进虚实环境结合与协调发展。

8.6 坚决维护耕地红线，坚守粮食安全前提

据前文分析，乡村旅游对粮食安全具有显著的非线性影响。乡村旅游发展初期，旅游为乡村当地带来经济收益，农民收入水平提升，从而导致粮食生产投资

力度提升，正向影响粮食安全。但随着乡村旅游发展，尤其是规模的扩张，过度侵占耕地，耕地资源约束会造成土地负担加重、农业生产成本增加、粮食生产财政负担加重，进而威胁到国家粮食安全；同时，农民出于利润最大化考虑，会选择获得收益更高的非农部门，呈现非农化趋势，当农业旅游收益显著大于粮食生产带来的收益时，农民倾向于将收入更多地投入于旅游产业，从而危及粮食安全。但不可否认的是，农业与旅游业的融合发展是实现农业现代化、农业产业化、乡村振兴的重要手段，能有效拓宽农民增收渠道，减缓农村劳动力外流，加快推动农业结构升级调整。因此，长江经济带粮食主产区的农旅融合、乡村旅游发展需要在确保粮食安全的前提下进行。

8.6.1　优化政策制度，强化监管力度

以农旅融合的方式发展乡村旅游、休闲农业等，能推动农村经济发展，在一定程度上促进粮食安全的发展，从而推动农村经济的发展，实现乡村振兴的目标。在农旅融合过程中，地方政府要继续优化农旅融合发展的政策制度和基础条件，同时加大对产业发展的监管力度，在确保粮食安全的前提下推进农旅融合健康可持续发展，以促进乡村振兴和农业现代化。

8.6.2　考虑现实冲突，避开重点区域

粮食安全受到冲击也会导致农旅融合出现负向变动，在开发农业景观、现代农业示范区、特色景观旅游名镇、田园综合体等农旅融合项目时，要考虑实际操作过程中是否会与粮食安全产生冲突，坚决不触动粮食安全红线，避开保障粮食生产的基本农田等重点区域，避免重点粮食产区的农业种植结构与功能的转变带来的生产功能减弱，确保粮食产量的稳定增长，以维护粮食安全基本盘。

8.6.3　注重要素配置，缓解威胁冲击

通过农旅融合的方式发展乡村旅游与休闲农业，会使粮食安全面临耕地资源压力、劳动力资源压力以及景观资源威胁等。农业旅游用地问题难免会涉及土地流转，要规范流转程序，杜绝旅游基础设施过度占用耕地，遏制农业非农化，维护耕地红线，坚守粮食安全底线。虽然技术进步在一定程度上可以增加粮食单

产，但丘陵地带、城市郊区等不适合发展机械化农业的地区，农业机械化与劳动力之间的要素替代关系并不显著，要避免农村劳动力的过度转移对当地粮食安全造成一定威胁。游客过多以及外来投资商入驻会带来农业旅游资源过度消耗或质量下降，要维护景观和乡村良好的生态环境，维护好当地居民的生活秩序。乡村旅游资源开发是一项综合性很强的系统工程，离不开政府、企业、旅游者、社区居民等利益相关者的支持和参与，也需要长期不断的组织管理与运营维护，而这些都需要土地、政策、资金、人才等资源要素的有效供给和保障支撑。

8.7 构筑保障支撑体系，加强开发实施管理

8.7.1 强化土地配置

土地是乡村经济社会发展和村民生产生活的物质基础，是乡村旅游由蓝图付诸现实的空间载体。由于休闲农业与乡村旅游资源开发是一种以乡村“三生”景观为基础的，亦“农”亦“旅”的复合型土地利用形式，目前学界和业界对休闲农业、乡村旅游用地类型的界定及开发管理的指引上还存在一定模糊性。尽管相关省级行政区颁发了相关规范，但缺少对容积率、建筑高度、建筑密度等用地管控要求的说明，乡村文旅用地的合规性与可操作性仍处于较为尴尬的境地；另外，乡村建设用地规模与乡村旅游发展潜力之间并非线性相关，“一刀切”的做法也难以有效发挥“留白用地”在乡村旅游发展中的价值与效益。农旅融合人力资源实体的开发，应突破村、县的空间束缚，统一规划休闲农业与乡村旅游空间布局和申请乡村文旅设施用地，集中合力发展休闲农业与乡村旅游；以乡村“空心房”整治为抓手，探索休闲农业与乡村旅游视野下闲置宅基地“腾笼换鸟”的用地改革模式，推动在不增加乡村建设用地规模、不改变土地资源性质的基础上，实现乡村土地资源增值。

8.7.2 加强政策支持

农旅融合发展离不开政策的指引和支持，强化政策支持要注意以下几个方面：① 加强指导引导。发挥好政府的引领指导作用，科学制定农旅融合发展规

划，健全相应的管理制度体系。② 提供政策扶持。充分发挥资金合力作用，整合农产品加工、休闲农业开发、农村用地等分散的农业和旅游业扶持政策，形成农旅融合发展系列扶持政策。根据农旅融合发展需要，调整农村用地政策，允许农村集体建设用地用于农旅融合发展项目。③ 拓宽融资渠道。开展信用贷款，拓宽农户融资渠道，鼓励发展休闲农业。

8.7.3　加大资金支持

长期以来，资金匮乏、“输血式”的乡村发展模式难以为继，是乡村建设与发展的“老、大、难”问题，主要表现为村集体经济薄弱、村民缺乏资本积累、当地政府能力有限、“资本下乡”动力不足、融资贷款难度大等，制约着休闲农业、乡村旅游产业的发展。以乡村旅游产业助力乡村振兴的重点在于构建政府、企业、村民三方协同的发展路径，促进三方互利共生和旅游经济良性循环。加大资金支持可从以下几个方面入手：① 运用 PPP（Public-Private Partnership，政府和社会资本合作）模式投资做好乡村旅游基础设施建设，建立对口的专项扶持资金，合理引导金融资本投向乡村旅游领域，是走好乡村旅游“第一步”的关键所在。② 对于投资小、易落地的项目产品，可以采取众筹的融资模式，吸纳民间企业资本和村民自有资金投资兴业。③ 受企业资本逐利性的影响，在乡村旅游发展过程中也要注重规范、引导企业行为，警惕“资本下乡”失控对村民造成的利润剥夺与劳动剥削。

8.7.4　优化交通通达、舒适性

根据前文分析可知，长江经济带区域大交通条件不断改善，但不同省区、区域内部和区域之间存在很大差异。交通通达性显著影响农旅融合发展效率，是优化农旅融合发展的基础条件。因此，寻求农旅融合效率提升，需要提升交通通达性和舒适性。为此需要做到：一是进一步加强区域大交通的建设与完善；二是加强通村、通景公路建设与市政工程设施的协调，建立配套管理机制；三是加强通村、通景公路危桥改造，加快实现具备条件的乡镇和建制村通硬化路，对不满足安全通行要求的窄路基路面公路实施加宽改造，完善交通标志标线；四是加强外通内联的城乡交通骨干通道建设，加强城市道路、干线公路、农村公路、渡口码

头之间的有机衔接，强化市县城区与乡村旅游点之间的交通体系建设与运行。

8.7.5 增强人才支撑

21世纪的竞争是人才的竞争。大到国家，小到企业，人才是推动人类社会的车轮滚滚向前的主要驱动力之一。长期以来，城镇化使人们生活得更加美好的同时，也在不断加剧城乡二元局面，形成了人才等高价值要素由乡村向城市，再到都市的单向流动模式。虽然从早期“城乡二元结构”到“统筹城乡发展”，再到新时代背景下“城乡融合发展”，中央从顶层设计推动“新农村建设”“美丽乡村”“乡村振兴”等大政方针落地实施，在乡村人才振兴等方面取得了显著成效，但人才匮乏仍旧是制约多数乡村地区发展的一大瓶颈。① 乡村旅游是一项专业性较强的乡村服务业，离不开专业人才队伍的智力支撑，可通过项目包装，以“政府搭台，企业唱戏”的合作模式将休闲农业、乡村旅游中的重点项目与关键环节交由专业公司与项目团队负责管理、运营，发挥“以点带面”的促进作用。② 乡村旅游地不仅仅是一个景区，更是一个乡村社区，乡村居民才是休闲农业和乡村旅游发展的重要主体，其发展有赖于乡村居民的积极参与。这就需要各地区因地制宜通过构建合理有效的机制，采取灵活多样的方式，如活动宣传、农民夜校等方式增强村民的参与意识，提升村民的参与能力，打造“就地育才，就地成才”的人才培养模式。③ 发展休闲农业、乡村旅游应注重整合当地智库资源，通过积极与高校科研院所进行对接，建立人才实训基地，推动校地合作、校企合作。④ 应发挥当地乡贤、领导干部、党员等“关键少数”的带头示范作用，培育休闲农业与乡村旅游“新农人”，吸引和鼓励人才返乡兴业，促进休闲农业、乡村旅游可持续高质量发展。

研究结论与展望

本研究根据长江经济带特别是粮食主产区农旅融合的发展状况，运用系统论、自组织理论、产业融合理论、系统动力学理论等相关理论，在梳理农旅融合系统演进过程基础上，结合效率、效应及系统动力学分析，探究了农旅融合的发展机制和优化对策。主要结论如下：

（1）农旅融合系统是由农业产业系统和旅游产业系统打破系统边界，通过资源、技术、功能、市场、资本等融合路径形成的交叉复合系统。农旅融合系统是一个自组织系统，具有耗散特征。基于自组织理论，发现我国农业与旅游业共经历两次循环，形成观光农业、休闲农业两个关键节点。

（2）运用DEA-BCC模型和Malmquist生产率指数模型对长江经济带粮食主产区农业效率、旅游效率进行了测算和分解，以量化分析其农业和旅游业发展。结果表明农业综合效率整体呈波动下降趋势，有较大进步空间，旅游综合效率整体水平较好，呈波动上升趋势，旅游业集约化逐年提高。

（3）长江经济带农旅融合发展形态较为丰富，且已形成了一些经典的融合模式。以湖南环洞庭湖区域为个案进行分析，运用仁慈型DEA模型对2011—2019年洞庭湖区农旅融合效率的时空差异进行分析，研究发现洞庭湖区农旅融合效率分为两个阶段，且洞庭湖区农旅融合内部差异较大，主要受到产业结构和交通通达度的影响。与农旅融合效率不同，农旅融合效应更多关注农旅融合为区域发展带来的影响。从“量”和“质”两个维度对长江经济带粮食主产区的农旅融合效应展开了评价。结果表明2014—2019年各省域单元的农旅融合综合效应虽有波动，但总体而言呈上升趋势，各省市农旅融合经济－社会－生态效应耦合度较低，耦合协调度均处波动上升。

（4）鉴于研究区域长江经济带粮食主产区的区域属性，探讨了农旅融合与粮食安全的互动关系。首先借助汉森的门槛回归模型，对全国粮食主产区 11 个省域乡村旅游发展与粮食安全的非线性关系及门槛效应展开分析发现，作为农旅融合主要形态的乡村旅游对粮食安全的影响存在三重门槛。通过门槛估计值将乡村旅游水平划分为四个区制，乡村旅游水平处于不同区制时，对粮食安全水平的影响具有显著差异。在此基础上，将研究区域聚焦在长江经济带粮食主产区，通过构建 PVAR 模型，进一步探讨农旅融合与粮食安全之间的互动关系，结果表明农旅融合发展水平的波动会促进粮食安全的发展，并且促进作用随着时间的推移先增大后减小。

（5）为了更好地分析长江经济带农旅融合的系统机制，并进一步甄别长江经济带农旅融合的关键因素，运用系统动力学方法，对长江经济带粮食主产区农旅融合系统进行从 2014 年到 2025 年的模拟仿真分析。从投资结构、技术进步和政策落实多方面考虑，设置调控参数，将农旅融合发展模式分为四种，即自然融合发展模式、高速融合发展模式、保护融合发展模式和协调融合发展模式，对长江经济带粮食主产区农业与旅游业有效融合进行多情境调控分析，进而认为长江经济带粮食主产区农旅融合机制的本质是旅游、农业、农业旅游和区域环境四个子系统之间的因素互动。只有同时兼顾经济效益、社会效益与生态效益，在保障粮食安全与环境质量的前提下，加大固定资产投资与科研投入力度，加大政府对于农旅融合发展相关政策的支持，该区域才能实现农业与旅游业的深度融合与良性融合。

（6）根据长江经济带粮食主产区农旅融合机制研究结论，提出了长江经济带粮食主产区农旅融合发展的启示。该区域在未来农旅融合发展中可以从以下几方面寻求高质量发展：强化生态文明意识，确立“三生”价值理念；健全融合发展机制，统筹提高融合效率；推动农旅融合发展，全面提升综合效益；因地制宜推进融合，促进区域协调共进；加强科学规划引导，注重分级分类开发；坚决维护耕地红线，坚守粮食安全前提；构筑保障支撑体系，加强开发实施管理。

农旅融合系统是一个复杂性与综合性兼具的复合巨系统，涉及众多研究内容和研究领域。本研究囿于自身研究水平及客观环境，对这一系统的把握及农旅融合系统机制深化研究仍有较大改进与努力的空间。

（1）农旅融合机制的微观层面考察尚需进一步深化。本研究基于系统动力学的角度对农旅融合机制展开了研究，但是主要着眼于宏观层面探讨，在实践发展中，微观层面的演化机制同样需要受到关注。因疫情造成的数据获取不便，本研究未能从微观层面考察农旅融合的融合力，有待条件具备时选择多个差异化样本区域，采集第一手数据进行深入探究。

（2）农旅融合系统的模拟仿真有待进一步完善。本研究构建了农旅融合系统的仿真模型，并通过设置调控参数，对长江经济带粮食主产区农业与旅游业有效融合进行多情境调控分析，但受限于个别数据的收集局限，系统要素及影响因素可能未完全纳入，有待进一步提高模型仿真拟合度和调控参数精确度。

（3）本研究侧重农旅融合机制与研究区域相关对策探讨，未来对农旅融合视角下乡村旅游与乡村振兴的互动关系、乡村旅游与欠发达乡村居民生计可持续等问题也仍有较大延展探究的空间。

参考文献

[1] 周杰．产业融合：培育经济发展新动能［M］．长春：吉林人民出版社，2019：30.

[2] 王文强．21 世纪以来中国三农政策走向研究——对 14 个“中央一号文件”的回顾与展望［J］．江西社会科学，2017，37（07）：51-58.

[3] 中国政府网．农业农村部关于印发《全国乡村产业发展规划（2020—2025 年）》的通知［EB/OL］．https：//www.gov.cn/zhengce/zhengceku/2020-07/17/content_5527720.htm.

[4] 王铁，邰鹏飞．山东省国家级乡村旅游地空间分异特征及影响因素［J］．经济地理，2016，36（11）：161-168.

[5] 方世敏，陈洁．南洞庭湖区旅游与农业融合效应评价及发展对策［J］．湖南城市学院学报，2013，34（06）：78-83.

[6] PHILLIP S，HUNTER C，BLACKSTOCK K. A typology for defining agritourism［J］．Tourism Management，2010，31（06）：754-758.

[7] ARROYO C G，BARBIER C，RICH S R. Defining agritourism：A comparative study of stakeholders' perceptions in Missouri and North Carolina［J］．Tourism Management，2013（37）：39-47.

[8] FLANIGAN S，BLACKSTOCK K，HUNTER C. Agritourism from the perspective of providers and visitors：a typology-based study［J］．Tourism Management，2014（40）：394-405.

[9] STREIFENEDER T. Agriculture first: Assessing European policies and scientific typologies to define authentic agritourism and differentiate it from countryside tourism [J]. Tourism Management Perspectives, 2016 (20): 251-264.

[10] CHASE L C, STEWART M, SCHILLING B, et al. Agritourism: Toward a conceptual framework for industry analysis [J]. Journal of Agriculture, Food Systems, and Community Development, 2018, 8 (01): 13-19.

[11] 曾磊，邢慧斌．产业融合视角下的现代农业示范区规划——兼论其旅游功能的拓展 [J]. 安徽农业科学，2011，39 (33)：20617-20619.

[12] 赵航．休闲农业发展的理论与实践 [D]. 福州：福建师范大学，2012.

[13] 张文建，陈琳．产业融合框架下的农业旅游新内涵与新形态 [J]. 旅游论坛，2009，2 (05)：704-708+716.

[14] 李进军，陈云川．现代旅游农业产业融合发展业态及问题分析 [J]. 商业经济研究，2017 (15)：167-169.

[15] 聂磊．海南省农旅融合发展研究 [D]. 武汉：中南财经政法大学，2019.

[16] 杨颖．产业融合：旅游业发展趋势的新视角 [J]. 旅游科学，2008 (04)：6-10.

[17] 朱海艳．旅游产业融合模式研究 [D]. 西安：西北大学，2014.

[18] CHOO H, PARK D B. The role of agritourism farms' characteristics on the performance: A case study of agritourism farm in South Korea [J]. International Journal of Hospitality & Tourism Administration, 2020: 1-14.

[19] BARBIER C, MSHENGA P M. The role of the firm and owner characteristics on the performance of agritourism farms [J]. Sociologia Ruralis, 2008, 48 (02): 166-183.

[20] HUBER M, HOFSTETTER P, HOCHUIL A. A demand-driven success factor analysis for agritourism in Switzerland [J]. Journal of Rural and Community Development, 2020, 15 (01).

[21] MOGOMOTSI P K. An institutional framework for the sustainable co-exist-

ence of tourism and agriculture in Botswana [D]. Xi'an: North-West University, 2019.
[22] MCGEHEE N G. An agritourism systems model: A Weberian perspective [J]. Journal of Sustainable Tourism, 2007, 15 (02): 111-124.
[23] ROMAN M, PRUS P. Innovations in agritourism: Evidence from a region in Poland [J]. Sustainability, 2020, 12 (12): 1-21.
[24] 危浪，桂学文．农业与旅游产业融合发展的系统动力学分析 [J]. 数学的实践与认识，2020，50 (19)：261-268.
[25] 方世敏，王海艳．基于系统论的农业与旅游产业融合：一种粘性的观点 [J]. 经济地理，2018，38 (12)：211-218.
[26] 方世敏，王海艳．农业与旅游产业融合系统演化机制研究 [J]. 湘潭大学学报（哲学社会科学版），2019，43 (02)：63-68.
[27] 石培华．旅游业与其他产业融合发展的路径与重点 [J]. 旅游学刊，2011，26 (05)：9-10.
[28] 王琪延，徐玲．基于产业关联视角的北京旅游业与农业融合研究 [J]. 旅游学刊，2013，28 (08)：102-110.
[29] 张祝平．乡村振兴背景下文化旅游产业与生态农业融合发展创新建议 [J]. 行政管理改革，2021 (05)：64-70.
[30] 袁中许．乡村旅游业与大农业耦合的动力效应及发展趋向 [J]. 旅游学刊，2013，28 (05)：80-88.
[31] TORRES R, MOMSEN J H. Challenges and potential for linking tourism and agriculture to achieve pro-poor tourism objectives [J]. Progress in Development Studies. 2004, 4 (04): 294-318.
[32] 朱湖英，杨洪．武陵山片区农业与旅游业的共生关系研究 [J]. 中国农学通报，2015，31 (29)：259-266.
[33] 刘广宇，黎斌林，李新然．云南省农旅融合发展实证分析与模式构建——基于 VAR 模型的检验 [J]. 生态经济，2020，36 (06)：135-141.
[34] 刘红，张岚．江苏农业与旅游业产业关联融合度研究 [J]. 南京师大学报（自然科学版），2015，38 (04)：152-156.

[35] 夏杰长，徐金海．中国旅游业与农业融合发展的实证研究［J］．经济与管理研究，2016，37（01）：77-83.

[36] 林海丽，乔海程．产业融合视角下英国旅游业与农业互动发展的实证研究［J］．世界农业，2017（03）：143-147.

[37] 聂磊，范芳玉．自贸区背景下海南农旅融合绩效协整分析［J］．海南大学学报（人文社会科学版），2019，37（02）：63-69.

[38] 张红智，王波，韩立民．全域旅游视阈下海洋渔业与滨海旅游业互动发展研究［J］．山东大学学报（哲学社会科学版），2017（04）：135-143.

[39] 杨歌谣，周常春，杨光明．农业和旅游业产业融合与农村贫困减缓的关系分析［J］．统计与决策，2020，36（05）：81-86.

[40] 陈洁．益阳市旅游业与农业融合度评价研究［D］．湘潭：湘潭大学，2014.

[41] 王丽芳．山西省农业与旅游业融合的动力机制与发展路径［J］．农业技术经济，2018（04）：136-144.

[42] 王瑞雪，孙海清，朱彩霞．农业与旅游业耦合协调发展分析及前景预测——以云南省为例［J］．生态经济，2020，36（08）：107-113.

[43] 王公为．茶产业与旅游产业的融合互动发展研究——以“万里茶道”中国段沿线8省区为例［J］．茶叶科学，2020，40（04）：555-564.

[44] 田晓霞，刘俊梅，闫敏．基于产业融合度的新疆农业与旅游业融合发展研究［J］．安徽农业科学，2013，41（08）：3482-3484+3569.

[45] 杨振之．城乡统筹下农业产业与乡村旅游的融合发展［J］．旅游学刊，2011，26（10）：10-11.

[46] OHE Y. Evaluating integrated on-farm tourism activity after rural road inauguration-the case of pick-your-own fruit farming in Gunma，Japan ［J］. Tourism Economics，2010，16（03）：731-735.

[47] TCHOUAMOU NJOYA E，NIKITAS A. Assessing agriculture-tourism linkages in Senegal：A structure path analysis ［J］. Geo Journal，2019：1469-1486.

[48] GARCIA-RAMON M D，CANOVES G，VALDOVINOS N. Farm tourism，gender and the environment in Spain ［J］. Annals Tourism Research，

1995, 22 (02): 267-282.

[49] RAMSEOOK-MUNHURRUN P, NAIDOO P. Residents' attitudes toward perceived tourism benefits [J]. International Journal of Management and Marketing Research, 2011, 4 (03): 45-56.

[50] 罗文斌，吴次芳，戴美琪，等．城郊休闲农业旅游对社区居民的经济社会影响研究——以湖南省长沙市黄兴镇为例 [J]．农业技术经济，2008 (04)：48-54.

[51] 梁伟军．农业与相关产业融合发展研究 [D]．武汉：华中农业大学，2010.

[52] 胡平波，钟漪萍．政府支持下的农旅融合促进农业生态效率提升机理与实证分析——以全国休闲农业与乡村旅游示范县为例 [J]．中国农村经济，2019 (12)：85-104.

[53] 钟真，黄斌，李琦．农村产业融合的“内”与“外”——乡村旅游能带动农业社会化服务吗 [J]．农业技术经济，2020 (04)：38-50.

[54] BRUNE S, KNOLLENBERG W, STEVENSON K T, et al. The influence of agritourism experiences on consumer behavior toward local food [J]. Journal of Travel Research, 2021, 60 (06): 1318-1332.

[55] KIM S, LEE S K, LEE D, et al. The effect of agritourism experience on consumers' future food purchase patterns [J]. Tourism Management, 2019 (70): 144-152.

[56] LUPI C, GIACCIO V, MASTRONARDI L, et al. Exploring the features of agritourism and its contribution to rural development in Italy [J]. Land Use Policy, 2017 (64): 383-390.

[57] 翟付顺．农业旅游产业生态环境效应及发展策略 [J]．中国生态农业学报，2006 (04)：9-11.

[58] 刘佳雪．农业旅游开发的耦合效应研究——以南京江心洲为例 [J]．广东农业科学，2012，39 (19)：220-222.

[59] 麻学锋，张世兵，龙茂兴．旅游产业融合路径分析 [J]．经济地理，2010，30 (04)：678-681.

[60] KAZLOUSKI V, GANSKI U, PLANTONENKA A, et al. Sustainable

development modeling of agritourism clusters [J]. Management Theory and Studies for Rural Business and Infrastructure Development, 2020, 42 (02): 118-127.

[61] ROGERSO C M. Strengthening agriculture-tourism linkages in the developing world: Opportunities, barriers and current initiatives [J]. African Journal of Agricultural Research, 2012, 7 (04): 616-623.

[62] SHUMAEV V A, MORKOVKIN D E, NIKONOEOVAA V, et al. Innovative aspects of agritourism project management [M] //Financial and Economic Tools Used in the World Hospitality Industry. CRC Press, 2018: 241-247.

[63] 杨惠玲，江雨．创意农业与旅游产业融合发展实证研究——以四川省省级示范农业主题公园为研究对象 [J]. 中国农业资源与区划，2017，38 (07)：226-231.

[64] 颜醒华，李勇泉．农业与旅游业高层次的融合与良性互动 [J]. 软科学，2004 (04)：42-45.

[65] 刘霞．基于路径依赖的河南农业与旅游业融合发展研究 [J]. 中国农业资源与区划，2016，37 (03)：233-236.

[66] 张军．关于加强区域合作、推动长江经济带各省市农业融合发展的建议 [J]. 中国发展，2016，16 (01)：86-87.

[67] 王晶晶，周发明．农旅融合发展对农业生态效率的影响效应 [J]. 湖南农业大学学报（社会科学版），2021，22 (02)：50-56.

[68] 刘锐．环巢湖地区乡村旅游开发驱动机制系统分析 [J]. 山西师范大学学报（自然科学版），2010，24 (02)：117-121.

[69] 覃永晖，吴晓，刘奕彤．环洞庭湖区乡村旅游资源的门槛分析与开发对策 [J]. 中国农学通报，2010，26 (08)：366-369.

[70] 解巍．四川省休闲农业资源开发与规划研究 [J]. 中国农业资源与区划，2016，37 (03)：229-232.

[71] 张威，钟学斌，张玲玲．基于生态农业的乡村旅游发展模式与设计——以湖北省咸宁市为例 [J]. 天津农业科学，2013，19 (07)：35-39+45.

[72] 曹祎遐，耿昊裔．上海都市农业与二三产业融合结构实证研究——基于投入产出表的比较分析［J］．复旦学报（社会科学版），2018，60（04）：149-157.
[73] 杨光明，罗垚，陈也，等．川渝地区农业与旅游业耦合协调机理及优化研究——基于灰色系统理论［J］．资源开发与市场，2021，37（08）：991-997.
[74] 李继承，朱校奇，章勇，等．湖南省休闲农业发展战略研究［J］．中国农业资源与区划，2008（02）：74-78.
[75] 李欢，杨亦扬．乡村振兴背景下江苏茶文化旅游的休闲农业发展策略［J］．江苏农业科学，2021，49（16）：8-13.
[76] 吴健珍，罗晓，陈剑雪．控制系统 CAD 与数字仿真［M］．北京：清华大学出版社，2014：3.
[77] 冯·贝塔朗菲．一般系统论：基础、发展和应用［M］．林康义，魏宏森，译．北京：清华大学出版社，1987：15.
[78] 瓦·尼·萨多夫斯基．一般系统论原理［M］．贾泽林，刘坤，王兴成，等译．北京：人民出版社，1984：112.
[79] 李喜先．科学系统论［M］．北京：科学出版社，2005：20.
[80] 钱学森．钱学森系统科学思想文选［M］．北京：中国宇航出版社，2011：6.
[81] 苏东水．产业经济学（第二版）［M］．北京：高等教育出版社，2005：31.
[82] 许国志，顾基发，车宏安，等．系统科学［M］．上海：上海科技教育出版社，2000：4-16.
[83] 吴今培，李学伟．系统科学发展概论［M］．北京：清华大学出版社，2010：14-22.
[84] 普利高津，斯唐热．从混沌到有序 人与自然的新对话［M］．曾庆宏，译．上海：上海译文出版社，1987：224.
[85] 哈肯．协同学导论．［M］．徐锡申，陈式刚，陈雅深，等译．北京：北京原子能出版社，1984：70.
[86] 张建刚，王新华，段治平．产业融合理论研究述评［J］．山东科技大学学报（社会科学版），2010，12（01）：73-78.
[87] 莱切尔·卡逊．寂静的春天［M］．吕瑞兰，译．北京：科学出版社，1979：

291.
[88] Weiss E B. The planetary trust：Conservation and intergenerational equity [J]. Ecology Law Quarterly，1984，11 (04)：495-582.
[89] 世界环境与发展委员会．我们共同的未来 [M]. 王之佳，柯金良，等译．长春：吉林人民出版社，1997：52-81.
[90] 钟永光，贾晓菁，李旭，等．系统动力学 [M]. 北京：科学出版社，2009：3-8.
[91] 王其藩．系统动力学 [M]. 上海：上海财经大学出版社，2009：1.
[92] 李旭．社会系统动力学——政策研究的原理、方法和应用 [M]. 上海：复旦大学出版社，2009：40.
[93] 陈士军．基于复杂系统理论的区域农业可持续发展研究 [D]. 天津：天津大学，2007.
[94] 杨公朴．产业经济学 [M]. 上海：复旦大学出版社，2005：3.
[95] 叶翠红．基于经济与生态协同的产业系统演化研究 [M]. 武汉：华中科技大学出版社，2016：38.
[96] 曹国新．旅游产业的内涵与机制 [J]. 旅游学刊，2007 (10)：6-7.
[97] 赵景林．中国省域旅游产业可持续发展系统研究 [D]. 哈尔滨：哈尔滨工业大学，2015.
[98] 王慧敏．旅游产业的新发展观：5C 模式 [J]. 中国工业经济，2007 (06)：13-20.
[99] 徐金海，王俊．“互联网＋”时代的旅游产业融合研究 [J]. 财经问题研究，2016 (03)：123-129.
[100] 王仁贵．长江经济带战略诞生记 [J]. 瞭望，2014 (36)：23-24.
[101] 李朱．长江经济带发展战略的政策脉络与若干科技支撑问题探究 [J]. 中国科学院院刊，2020，35 (08)：1000-1007.
[102] 李忠，刘峥延，金田林．推动长江经济带农业绿色发展的思考和建议 [J]. 农业经济，2022 (04)：9-11.
[103] 原雷雷．粮食主产区水—能源—粮食耦合协调发展研究 [D]. 郑州：华北水利水电大学，2021.

[104] 彭瑛，张白平，赵士钊，等．安顺市农业结构调整与休闲农业旅游发展思路 [J]．贵州农业科学，2010，38 (12)：249-251.
[105] 伍惠君．东莞市全域农旅融合发展基础与格局研究 [J]．乡村科技，2022，13 (08)：53-57.
[106] 肖琴，周振亚，罗其友．新时期长江经济带农业高质量发展：问题与对策 [J]．中国农业资源与区划，2019，40 (12)：72-80.
[107] 冯斐．长江经济带文旅融合产业资源评价、利用效率及影响因素研究 [D]．上海：华东师范大学，2020.
[108] 葛立成，聂献忠．旅游业的新增长点——浙江工农业旅游发展问题研究 [J]．商业经济与管理，2004 (05)：49-52.
[109] 马兰芳，江卫亮．“农家乐”为什么吸引人 [J]．风景名胜，1996 (08)：46-47.
[110] 顾献权．江苏乡村旅游发展现状及对策研究 [J]．旅游纵览（下半月），2018 (22)：159-160.
[111] 杨锋，夏琼，梁樑．同时考虑决策单元竞争与合作关系的 DEA 交叉效率评价方法 [J]．系统工程理论与实践，2011 (01)：92-98.
[112] 张铁龙，崔强．中国工业化与信息化融合评价研究 [J]．科研管理，2013，34 (04)：43-49.
[113] 闫绍花，苗建军．长江中游城市群高技术产业与传统工业融合效率研究 [J]．科技管理研究，2017 (12)：66-72.
[114] 梁红宏．贵州省农业与旅游业融合度研究 [D]．贵阳：贵州财经大学，2018.
[115] 郭军华，倪明，李帮义．基于三阶段 DEA 模型的农业生产效率研究 [J]．数量经济技术经济研究，2010 (12)：27-38.
[116] 邓洪波，陆林．基于 DEA 模型的安徽省城市旅游效率研究 [J]．自然资源学报，2014，29 (02)：313-323.
[117] 保继刚．旅游开发研究：理论、方法与实践 [M]．北京：科学出版社，1996：30-34.
[118] 余志康，孙根年，罗正文，冯庆．40°N 以北城市夏季气候舒适度及消夏旅

游潜力分析 [J]. 自然资源学报，2015，30 (02)：327-339.

[119] 宋丽智. 我国固定资产投资与经济增长关系再检验：1980—2010 年 [J]. 宏观经济研究，2011 (11)：17-21+46.

[120] 梁明珠，易婷婷，BIN LI. 基于 DEA-MI 模型的城市旅游效率演进模式研究 [J]. 旅游学刊，2013，28 (05)：53-62.

[121] 秦伟山，张义丰，李世泰. 中国东部沿海城市旅游发展的时空演变 [J]. 地理研究，2014，33 (10)：1956-1965.

[122] 侯荣华. 固定资产投资效益及其滞后效应分析 [J]. 数量经济技术经济研究，2002 (03)：13-16.

[123] LI R，GUO Q，WU D，et al. Spatial characteristics of development efficiency for urban tourism in eastern China：A case study of six coastal urban agglomerations [J]. Journal of Geographical Sciences，2014，24 (06)：1175-1197.

[124] 黄少安，孙圣民，宫明波. 中国土地产权制度对农业经济增长的影响——对 1949—1978 年中国大陆农业生产效率的实证分析 [J]. 中国社会科学，2005 (03)：38-47+205-206.

[125] 龙冬平，李同昇，苗园园，等. 中国农业现代化发展水平空间分异及类型 [J]. 地理学报，2014，69 (02)：213-226.

[126] ANDERSON R I，FOK R，SCOTT J. Hotel industry efficiency：An advanced linear programming examination [J]. American Business Review，2000，18 (01)：40-48.

[127] BARROS C P. Measuring efficiency in the hotel sector [J]. Annals of Tourism Research，2005，32 (02)：456-477.

[128] 王兆峰，赵松松. 基于 DEA-Malmquist 模型的湖南省旅游产业效率时空动态演化及影响因素 [J]. 长江流域资源与环境，2019，28 (08)：1886-1897.

[129] 张俊容，郭耀煌. 评价指标与 DEA 有效的关系 [J]. 系统工程理论方法应用，2004，13 (06)：520-523.

[130] 刘晓英. 山西省乡村休闲旅游地空间分布特征及影响因素研究 [J]. 中国

农业资源与区划，2019，40（10）：262-268.
[131] 卢小丽，赵越，王立伟．基于DEMATEL方法的乡村旅游发展影响因素研究［J］．资源开发与市场，2017，33（02）：209-213＋243.
[132] 钱惠新．江苏乡村旅游产业空间相关性及影响因素研究［J］．中国农业资源与区划，2020，41（04）：209-215.
[133] 王耀斌，宋颖，黄珊，等．甘肃省乡村旅游示范村空间分布及影响因素研究［J］．中国农业资源与区划，2020，41（07）：240-247.
[134] 陈志军，徐飞雄．乡村旅游地发展驱动因素及机制研究——基于长沙市的实证分析［J］．经济地理，2019，39（10）：231-239.
[135] 郑光辉，蒋涤非，陈国磊，等．中国乡村旅游重点村空间分布格局及影响机理研究［J］．干旱区资源与环境，2020，34（9）：194-201.
[136] 何景明．城市郊区乡村旅游发展影响因素研究——以成都农家乐为例［J］．地域研究与开发，2006（06）：71-75.
[137] 吴昕昱，张文政．河南省乡村旅游地空间分布与影响因素研究［J］．中国农业资源与区划，2020，41（8）：238-246.
[138] 黄炜，孟霏，肖淑靓．精准扶贫视域下乡村旅游产业发展动力因素实证研究——以武陵山片区为例［J］．中央民族大学学报（哲学社会科学版），2017，44（05）：57-68.
[139] 敖荣军，韦燕生．中国区域旅游发展差异影响因素研究——来自1990～2003年的经验数据检验［J］．财经研究，2006，（3）：32-43.
[140] 罗文斌，徐飞雄，贺小荣．旅游发展与经济增长、第三产业增长动态关系——基于中国1978～2008数据的实证检验［J］．旅游学刊，2012，（10）：20-26.
[141] 黄璨，邓宏兵，李小帆．乡村旅游空间结构与影响因素研究——基于湖北省的实证分析［J］．国土资源科技管理，2017（01）：116-125.
[142] 钱惠新．江苏乡村旅游产业空间相关性及影响因素研究［J］．中国农业资源与区划，2020（04）：209-215.
[143] 曾文．洞庭湖区环境变迁与生态安全维护探析［J］．湖南大学学报（社会科学版），2015（02）：70-75.

［144］王威，隋兵，林南，等．基于长时间序列的洞庭湖面积变化与气候响应关系研究［J］．湖北农业科学，2020，59（17）：38-42＋45.

［145］刘军胜，马耀峰，吴冰．入境旅游流与区域经济耦合协调度时空差异动态分析——基于全国31个省区1993—2011年面板数据［J］．经济管理，2015，37（03）：33-43.

［146］钱丽，陈忠卫，肖仁桥．中国区域工业化、城镇化与农业现代化耦合协调度及其影响因素研究［J］．经济问题探索，2012（11）：10-17.

［147］中国工程院国家食物安全可持续发展战略研究组．国家食物安全可持续发展战略研究（综合卷）［M］．北京：科学出版社，2017：52-53.

［148］周洲，李光泗．基于国家粮食安全新战略视角分析我国谷物供需状况［J］．粮食科技与经济，2016，41（01）：3-6＋34.

［149］张颖，徐阳华．中国国家粮食安全战略演进及前瞻［J］．国际安全研究，2015，33（03）：96-113＋158-159.

［150］陈玉中，胡文国，李慧强，等．建党百年来中国共产党领导粮食流通体制改革的光辉历程和取得的伟大成就（上）［J］．中国粮食经济，2021（07）：20-25.

［151］陈祥云，李荣耀，赵劲松．我国粮食安全政策：演进轨迹、内在逻辑与战略取向［J］．经济学家，2020（10）：117-128.

［152］韩杨．中国粮食安全战略的理论逻辑、历史逻辑与实践逻辑［J］．改革，2022（01）：43-56.

［153］回顾：《中国的粮食问题》白皮书（1996年）［EB/OL］．（2022－5－13）［2022－5－30］．https：//mp. weixin. qq. com/s/ qnZgdI8gXGY _ D9xMhXzu3A.

［154］王钢，钱龙．新中国成立70年来的粮食安全战略：演变路径和内在逻辑［J］．中国农村经济，2019（09）：15-29.

［155］卫志民，于松浩．我国粮食安全保障体系构建研究：结构特征、潜在挑战与路径优化［J］．理论学刊，2021（04）：70-78.

［156］陈秧分，王介勇．对外开放背景下中国粮食安全形势研判与战略选择［J］．自然资源学报，2021，36（06）：1616-1630.

［157］HÜLLER S，HEINY J，LEONHÄUSER I U. Linking agricultural food production and rural tourism in the Kazbegi district-A qualitative study [J]. Annals of Agrarian Science, 2017, 15 (01): 40-48.

[158] GÖSSLING S, GARROD B, AALL C, et al. Food management in tourism: Reducing tourism' s carbon 'foodprint' [J]. Tourism Management, 2011, 32 (03): 534-543.

[159] 张盼盼，王灵恩，白军飞，等．旅游城市餐饮消费者食物浪费行为研究 [J]. 资源科学，2018，40 (06)：1186-1195.

[160] BECKFORD C L, CAMPBELL D R. Domestic Food Production and Food Security in the Caribbean [M]. New York: Palgrave Macmillan, 2013: 197-208.

[161] HOEFLE S W. Multi-functionality, juxtaposition and conflict in the Central Amazon: Will tourism contribute to rural livelihoods and save the rainforest [J]. Journal of Rural Studies, 2016 (44): 24-36.

[162] GUGUSHVILI T, SALUKVADZE G, SALUKVADZE J. Fragmented development: Tourism-driven economic changes in Kazbegi, Georgia [J]. Annals of Agrarian Science, 2017, 15 (01): 49-54.

[163] HJALAGGER A M. Agricultural diversification into tourism: Evidence of a European Community development programme [J]. Tourism Management, 1996, 17 (02): 103-111.

[164] MONTEFRIO M J F, Sin H L. Between food and spectacle: The complex reconfigurations of rural production in agritourism [J]. Geoforum, 2021 (126): 383-393.

[165] 吴冠岑，牛星，许恒周．乡村土地旅游化流转的风险评价研究 [J]. 经济地理，2013，33 (03)：187-191.

[166] 陈秀芝，庞英，丁娜．平度市粮食生产效率与乡村旅游发展研究 [J]. 资源开发与市场，2017，33 (08)：1017-1020.

[167] 刘若男，石小亮．乡村旅游对农村劳动力外流与粮食安全的影响 [J]. 农村经济与科技，2017，28 (05)：117-119.

[168] 王文森．变异系数——一个衡量离散程度简单而有用的统计指标 [J]. 中

国统计，2007（06）：41-42.

[169] 李如友，黄常州．中国交通基础设施对区域旅游发展的影响研究——基于门槛回归模型的证据［J］．旅游科学，2015，29（02）：1-13+27.

[170] HANSEN B E. Threshold effects in non-dynamic panels: Estim action, testing and inference［J］. Journal of Econometrics，1999，93（02）：345-368.

[171] 高延雷，张正岩，王志刚．基于熵权 TOPSIS 方法的粮食安全评价：从粮食主产区切入［J］．农林经济管理学报，2019，18（02）：135-142.

[172] 易丹辉，王际宇．乡村旅游统计监测指标体系的构建［J］．统计与决策，2015（18）：29-31.

[173] 公茂刚，王学真．我国粮食安全现状的多维度衡量［J］．新疆社会科学，2017（06）：29-37+179.

[174] 王帅，赵秀梅．中国粮食流通与粮食安全：关键节点的风险识别［J］．西北农林科技大学学报（社会科学版），2019，19（02）：124-132.

[175] 杨志海，王雅鹏．城镇化影响了粮食安全吗？——来自 1462 个县（市）面板数据的实证检验［J］．城市发展研究，2012，19（10）：1-5.

[176] 刘丽辉，辛焕平．粮食安全与农业结构调整水平的协整分析——以广东省为例［J］．中国农业资源与区划，2018，39（10）：23-29.

[177] 连玉君，程建．不同成长机会下资本结构与经营绩效之关系研究［J］．当代经济科学，2006（02）：97-103+128.

[178] 罗翔，曾菊新，朱媛媛，等．谁来养活中国：耕地压力在粮食安全中的作用及解释［J］．地理研究，2016，35（12）：2216-2226.

[179] 闫先东，张鹏辉．土地价格、土地财政与宏观经济波动［J］．金融研究，2019（09）：1-18.

[180] 杨慧，渠丽萍，杨保战，陈一璐，汤云．粮食与经济重心迁移路径及空间耦合关系分析——以湖北省粮食主产县为例［J］．中国农业资源与区划，2018，39（12）：40-47.

[181] 杨春宇，陈梅，徐兴花，任娟．旅游科技创新、产业升级与经济增长——基于面板数据联立方程模型的研究［J］．华侨大学学报（哲学社会科学

版)，2020 (01)：45-57.
[182] HOLTZ-EAKIN D, NEWEY W, ROSEN H S. Estimating vector autoregressions with panel data [J]. Econometrica, 1988, 56 (06): 1371-1395.
[183] 陈守东，王淼．我国银行体系的稳健性研究——基于面板 VAR 的实证分析 [J]. 数量经济技术经济研究，2011，28 (10)：64-77.
[184] 植草益．信息通讯业的产业融合 [J]. 中国工业经济，2001 (02)：24-27.
[185] 高凌江，夏杰长．中国旅游产业融合的动力机制、路径及政策选择 [J]. 首都经济贸易大学学报，2012，14 (02)：52-57.
[186] 孙永波，王道平．产业融合及如何促进我国产业融合的发展 [J]. 北京工商大学学报（社会科学版），2009 (01)：105-110.
[187] 游士兵，蔡远飞．人口老龄化对经济增长影响的动态分析——基于面板 VAR 模型的实证分析 [J]. 经济与管理，2017，31 (01)：22-29.
[188] DUMITRESCU E I, HURLIN C. Testing for Granger non-causality in heterogeneous panels [J]. Economic Modelling, 2012, 29 (04): 1450-1460.
[189] 聂英．中国粮食安全的耕地贡献分析 [J]. 经济学家，2015 (01)：83-93.
[190] 钟甫宁，陆五一，徐志刚．农村劳动力外出务工不利于粮食生产吗？——对农户要素替代与种植结构调整行为及约束条件的解析 [J]. 中国农村经济，2016 (07)：36-47.
[191] 何勋．区域特色农业旅游发展动力机制研究 [J]. 安徽农业科学，2011，39 (28)：17432-17435.
[192] 杨军．中国乡村旅游驱动力因子及其系统优化研究 [J]. 旅游科学，2006 (04)：7-11.
[193] 周鹏飞，沈洋，李爱民．农旅融合能促进农业高质量发展吗——基于省域面板数据的实证检验 [J]. 宏观经济研究，2021 (10)：117-130.
[194] 张春香，刘志学．基于系统动力学的河南省文化旅游产业分析 [J]. 管理世界，2007 (05)：152-154.
[195] 马历，龙花楼．中国乡村地域系统可持续发展模拟仿真研究 [J]. 经济地

理，2020，40（11）：1-9.

［196］麻学锋，刘玉林，谭佳欣．旅游驱动的乡村振兴实践及发展路径——以张家界市武陵源区为例［J］．地理科学，2020，40（12）：2019-2026.

［197］王中华．基于产业融合视角下的我国乡村旅游发展策略研究［J］．农业经济，2018，370（02）：40-42.

［198］卢小丽，隋立军，郭玲玲，武春友．乡村旅游发展驱动机制的系统仿真研究——以大连市为例［J］．系统工程，2017，35（11）：121-129.

［199］刘文琦，何宜庆．系统动力学视角下地方政府债务风险研究——基于我国地区面板数据的仿真［J］．江西财经大学学报，2017（03）：3-12.

［200］刘志强，陈渊，金剑，等．基于系统动力学的农业资源保障及其政策模拟：以黑龙江省为例［J］．系统工程理论与实践，2010，30（09）：1586-1592.

［201］包乌兰托亚，鞠立瑜．山东省乡村旅游协调发展的系统动力机制研究［J］．湖北农业科学，2021，60（04）：36-43.

［202］方世敏，刘小燕．粮食安全与农旅融合的互动关系——基于长江经济带粮食主产区的分析［J］．湘潭大学学报（哲学社会科学版），2022，46（03）：62-66.

附 录

农业与旅游产业融合系统演化机制研究

方世敏，王海艳，黄 琰
（湘潭大学商学院，湖南 湘潭 411105）

摘要： 农业与旅游产业融合作为一种产业发展趋势，对产业增长及转型具有重要意义。基于自组织系统理论，分析了农业与旅游产业融合系统的耗散特征，采用基于主成分的序参量识别模型，建立了农业与旅游产业融合系统演化方程，基于2003—2011年数据，对我国农业与旅游产业融合系统演化进行了实证分析。研究发现，农业与旅游产业融合系统从无序向有序发展关键在于农业产业发展自身需求、旅游产业强关联性、市场需求、范围经济追求等自组织因素和产业政策、技术创新、经济发展水平、资源环境生态导向等他组织因素之间的非线性相互作用；发展导向变量是农业与旅游产业融合系统序参量，支配着系统的演化，且随着时间的推移，其支配力量越来越强；在农业与旅游产业融合过程中，应充分发挥导向变量的支配作用，关注农业的可持续发展，以市场需求为导向，以生态环境为准绳，加大政府扶持力度。

关键词： 农业与旅游产业融合；自组织；系统演化

产业融合是现代产业发展的手段，也是当代转型国家和地区产业发展的趋向。产业融合发展能够吸纳新的动能，不仅能够克服或缓解产业发展历程中的痼疾，还能优化产业结构、促进产业增长。农业在其发展过程中面临农业资源短缺、生态环境恶化等可持续发展挑战，旅游业发展存在供给不足等问题，农业与旅游产业融合（以下简称“农旅融合”）有利于解决两产业自身的瓶颈问题、改进产业增长模式、优化产业结构。自20世纪80年代以来，我国农业与旅游产业在融合过程中互为促进[1]77-83，呈现出多种路径、多样形态、多种模式共同发展的态势。相关研究就农旅融合过程中的相互促进和共生关系[2]477-495、融合模式[3]35-50及路径[4]157-163、融合效应[5]57-60、[6]383-390、融合程度[7]3482-3484和融合策略[8]57-59等方面展开研究，奠定了一定的理论基础，但鲜有从系统演化的角度对农旅融合发展进行研究。因而，本文基于自组织理论，在分析农旅融合系统特征及主要因素的基础上，运用基于主成分的序参量识别方法建立农旅融合系统演化模型，采用2004—2013年的相关数据实证分析我国农旅融合系统演化过程，并识别役使演化的支配因素（序参量），以揭示农旅融合系统演化机制，为探索我国农旅融合系统的发展规律提供理论参考。

1　农业与旅游产业融合系统演化分析

1.1　农业与旅游产业融合系统及其自组织特征

产业融合是指产业内或不同产业之间相互渗透、交叉、融合，导致产业边界模糊或消失，产生新兴产业的过程[9]4-6。农旅融合是二者相互交叉、渗透，通过资源融合、技术融合、功能融合、市场融合、资本融合、人才融合、组织融合等路径，逐步形成新兴产业的动态发展过程[10]233-236。农旅融合系统包含两个主要子系统——旅游产业系统和农业系统，包含资源、技术、功能、市场、资本、人才、组织等要素集合。

农旅融合是一个动态演化的过程。自组织理论揭示系统自组织的核心即演化。目前尚未有将自组织理论应用于农业产业融合的相关研究，但已有少量将其应用于旅游产业融合的相关研究。沈莹提出旅游产业融合是一个自组织系统，具有自创生、自适应、自演化等自组织特性；旅游产业融合的动力机制是竞争与协同，竞争使得系统远离平衡态，协同则整合系统演化进程[11]40-43。严伟则将旅游产业结构视为自组织系统，认为其具有耗散性，在自组织与他组织的协同作用下使旅游产业结构失稳，系统微涨落累积形成巨涨落，从而导致旅游产业融合的发生[12]91-96。李伯华等分析农业文化遗产地旅游产业融合的发展演化，提出内部系统融合、外部系统融合、空间系统拓展三种产业融合路径[13]60-66。

根据自组织理论，综合农业产业融合和旅游产业融合特性相关研究，可以认为农旅融合是一个自组织系统，具有耗散特征：（1）农旅融合系统具有开放性特征。农旅融合过程中不断与系统外部的物质、能量、信息进行交换。开放是农业与旅游产业发生融合的必要前提。（2）农旅融合系统内部因资源分布不均、企业竞争、创新能力水平差异使得农旅融合系统远离平衡态。（3）市场需求、产业政策、科学技术等要素的变动导致农旅融合产生微涨落，并逐渐显性化，形成规模效应，产生巨涨落。早期的“农家乐”和随后的“休闲农庄”融合模式就引致了大规模的效仿和响应，并逐步向有序状态发展。（4）农旅融合各子系统之间的关联变量之间存在复杂的非线性作用。农旅融合系统中存在许多参量，包括市场需求、竞争压力、技术创新、利益协调等，这些参量之间的非线性作用形成一种势能——农旅融合力，影响农旅融合系统时间、空间上的整体演化。但系统演化起支配作用的是系统序参量，序参量是系统中的慢变量，相较于快变量，其阻尼小、衰减慢，具有宏观性、命令性，支配着快变量的行为，主宰着系统演化进程。

1.2 农业与旅游产业融合系统演进的主要因素分析

系统从无序向有序发展受到自组织因素和他组织因素的双重作用，自组织与他组织相互转换、共同作用于农业与旅游产业的融合发展。

自组织因素是系统内部影响其演化发展的因素，农旅融合系统演化的自组织因素表现在产业自身发展、市场需求、企业经营等方面。农业是国民经济的基础，传统农业在发展过程中面临生产效率低下、产业链附加值不高、资源浪费、农民增收无力等多种问题，影响其可持续发展[14]22-23。因此，农业转型升级需求是农旅融合的初始动力并一直驱动着农旅融合的系统演化。而从旅游产业发展视角来看，旅游产业的强关联性使其易与各产业发生融合渗透[15]6-10。开放的、多层次的旅游产业系统能够在任何创造“旅游体验”的环节对自身要素结构及其他产业链进行解构与整合，形成产业融合。从市场需求角度看，随着收入的增加，城市居民越来越渴望远离喧嚣、回归自然、体验乡土，而日益更新、追求个性化的市场需求也影响着农旅融合的深度与广度[16]22-39。从企业经营视角看，范围经济追求是影响产业融合的重要因素[17]126-131，借助于范围经济，农旅融合可以使农业、旅游业中的部分生产要素具有甚至增强“公共性”，降低成本。农业或旅游企业对范围经济的追求影响着农旅融合系统演化。

除了自组织因素，农旅融合系统演化还受外部政策、经济、生态、科技等外部环境因素的影响。政策放松是产业融合的重要条件之一[18]152-160，而促进性政策更是产业融合发展的重要推动力量[19]61-62。政府相关部门对农业与旅游产业活动的政策干预对农业与旅游产业资源配置能够产生重要影响，成为系统外部重要指令之一。其次，区域经济整体发展水平能够直接反映区域经济力量的强弱，从而影响农业与旅游业融合的投资情况、市场状况[20]681-687，区域经济整体发展水平的提升对农旅融合系统演化有重要的推动作用，为系统融合发展提供有力保障。此外，从资源环境生态角度看，农旅融合与美丽乡村建设密切相关[21]61-65，资源节约和环境保护的绿色发展理念能够引发并促进农业与旅游产业的融合发展。旅游业发展早期被认为是无污染产业，且农业与旅游产业的融合充分利用了闲置农业资源与劳动力。然而，随着旅游产业的发展，旅游开发与旅游活动带来的环境污染也越来越重。而农业生态保护既是粮食安全的重要防线，也是旅游吸引力的源泉，生态导向对农旅融合发展路径起着重要作用。从科学技术角度出发，现代农业发展依赖农业科技创新，生物、信息等高新技术的应用有利于增强农产品保障能力，把劳动力解放出来。另一方面，农业技术创新也为农业观光、农业文化展示提供了技术保障[14][illegible]。技术创新因素在一定阶段被输入系统，能够引导农旅融合产品高质高效供给。

2 农业与旅游产业融合系统演化模型构建及变量选取

2.1 模型构建

依据哈肯的协同学理论，系统中的序参量通过役使其他变量，主宰着系统的演化。因此，序参量的识别及其役使，是研究系统演化的关键。已有研究识别序参量的方法主要有通过定性分析确定[22]42-52、利用哈肯模型判定[23]14-17、基于主成分识别[24]44-51等。本文采用基于主成分的序参量识别方法[15]构建农旅融合系统演化模型。该模型综合运用主成分分析、数学建模、系统仿真等方法，解决了农旅融合系统观测变量众多导致的信息繁杂问题；将主成分变量作为序参量候选变量较之定性选取相对客观；通过分析模型特点及参数即可判别系统在平衡点的稳定性从而确定序参量。模型具体表述如下：

（1）选取农旅融合系统观测变量，并进行主成分分析，提取主成分。

（2）模型假设。系统变量应满足以下假设：① 变量之间存在一定程度相关性；② 系统具有马尔科夫性，系统状态只与上个时刻状态有关，而与之前状态无关；③ 假设主成分变量为序参量候选变量；主成分变量之间不存在直接相关性，主成分变量之间的相互作用通过改变因变量变化率实现；④ 当所有主成分变量为零时，主成分变量的影响也随之消失。

（3）构造系统演化模型的微分方程。鉴于系统的马尔科夫假设，可构建主成分变量的差分方程：

$$z_i(k+1)=\widetilde{f}_i(z_1(k),z_2(k),\cdots,z_q(k)) \tag{1}$$

式中，i 为主成分变量，k 为时间变量，$i=1$，2，…，q；$k=1$，2，…，$n-1$

将式（1）连续化，得到非线性微分方程：

$$\dot{z}_i(t)=f_i(z_1(t),z_2(t),\cdots,z_q(t))\quad i=1,2,\cdots,q \tag{2}$$

由于主成分变量之间不存在直接相关性，主成分变量之间的相互作用通过改变因变量变化率实现，因此，非线性函数 f_i 为：

$$f_i(z_1(t),z_2(t),\cdots,z_q(t))=[\gamma_i+g_i(z_1(t),z_2(t),\cdots,z_q(t))]z_i(t)$$

$$i=1,2,\cdots,q；\gamma_i \text{ 为 } z_i(t) \text{ 的阻尼系数} \tag{3}$$

从式（3）分离出线性项，得到系统演化模型方程：

$$\dot{z}_i=f_i(z_1,z_2,\cdots,z_q)=\gamma_i z_i+g_i(z_1,z_2,\cdots,z_q)z_i\quad i=1,2,\cdots,q \tag{4}$$

（4）识别序参量，构造序参量方程。利用偏导矩阵求方程（4）在$\dot{z}_i=0$处的线性化方程为：

$$\dot{z}_i=\gamma_i z_i\quad i=1,2,\cdots,q \tag{5}$$

可得偏导矩阵的特征值$\lambda_i=\gamma_i\neq 0$。根据 Lyapunov 稳定性理论区分快慢变量：若所有 $\gamma_i<0$，$|\gamma_i|$越接近 0 的变量为慢变量；若存在 $\gamma_i>0$，则对应变量为

慢变量，其他为快变量。运用绝热近似法消去快变量，得到序参量方程：

$$\dot{z}_u = \gamma_u z_u + g_u(z_u, z_s(z_u))z_u \tag{6}$$

式中，z_u 为慢变量，z_s 为快变量；$u=1$，2，…，p，$s=p+1$，$p+2$，…，q.

序参量方程可描述农旅融合系统演化的路径，序参量之间的非线性作用支配着农旅融合系统演化。

（5）构造并仿真势函数。引入函数 $V(z_u)$，满足 $-\frac{\partial V}{\partial z_u}=\frac{d_{z_u}}{d_t}$，$V(z_u)$ 即为序参量方程的势函数，对其进行仿真，可以看出序参量的虚拟运动，分析其演化路径。

2.2 变量指标选取及数据来源

根据前文对农旅融合系统主要因素的定性分析，通过梳理文献，结合数据的可得性，构建出农旅融合系统观测变量指标（表1）。

表1 农旅融合系统观测变量指标体系

观测变量	表征指标	指标说明
农业转型升级需求	农业土地生产率 X_1	反映农业资源利用及增长[25]7-10，采用农业总产值/灌溉面积计算获得
旅游产业强关联性	旅游产业溢出效应 X_2	反映旅游产业与其他部门的关联效应，基于投入产出表计算而得，具体取值来自查建平等[26]62-74的研究①
市场需求	城镇居民人均可支配收入 X_3	反映市场消费能力
范围经济追求	旅游企业范围经济系数均值 X_4	反映旅游企业多元化经营效果及范围经济追求，具体取值来源于窦璐[27]13-23的研究②
产业政策	政策力度 X_5	依据政策主体层级对政策力度进行赋值[28]：国务院、国务院组成部门、国务院直属机构、农业部或旅游部门、其他部门依次赋值5、4、3、2、1，采用 $\sum$ 政策数量 * 主体层级赋值计算而得
资源环境生态导向	人均沼气量 X_6	反映农村可再生资源利用情况，采用沼气总量/乡村人口计算获得[29]209-212
技术创新	农业国家级科技奖励 X_7	反映农业科技情况

续表

观测变量	表征指标	指标说明
经济发展水平	人均 GDP 值 X_8	反映经济整体发展水平，采用 GDP/年末总人口计算获得

注：① 旅游产业溢出效应：查建平等利用 2002、2007、2012 年《中国投入产出表》计算了旅游产业的关联效应及分解效应——乘数效应、溢出效应和反馈效应，其中乘数效应表示其他产业对旅游产业的溢出性，反馈效应表示旅游产业与其他产业的关联对国民经济总产出的反馈性驱动，而溢出效应表示旅游产业对其他产业的拉动能力，且是旅游产业总关联效应变化的关键。本研究突出反映旅游产业对其他产业的拉动作用，因而选取旅游产业溢出效应。2002、2007、2012 年分别取值 0.9，1.09，0.89；由于投入产出表年份局限性，本文 2004—2006 年数据采用 2002 年值；2007—2011 年数据采用 2007 年值；2012—2014 年数据采用 2012 年值。② 旅游企业范围经济系数均值：窦璐选用我国 2004—2013 年 13 家旅游上市公司的半年报数据计算得到每年每家旅游企业的总体范围经济系数及均值，反映旅游企业的总体范围经济性。本文通过计算每年所有企业的总体范围经济系数均值表征范围经济追求变量。

本研究选取我国 2004—2013 年农旅融合发展为研究对象，满足模型数理逻辑，数据主要来源于 2004—2013 年《中国统计年鉴》《中国农村统计年鉴》《中国科技统计年鉴》和前人文献，以及相关政府部门官网。其中，农业生产率、城镇居民人均可支配收入、人均 GDP 值等数据来源于《中国统计年鉴》；人均沼气量数据获取自《中国农村统计年鉴》；农业国家级科技奖励来源于《中国科技统计年鉴》；旅游产业溢出效应、旅游企业范围经济系数均值来自前人文献；产业政策数据来源于相关政府部门官网、中国农业年鉴、国家法规数据库。

3 农业与旅游产业融合系统演化实证分析

首先，农旅融合系统是一个实际存在的随机运动系统，该系统下一时刻处于什么状态只与当前所处状态有关，与之前状态无关，满足假设①；为消除数量级和量纲误差影响，对数据进行 z 标准化；其次进行相关性分析可见，部分变量之间存在较强相关性（表 2），满足模型假设②；然后进行 Kaiser 和 Bartlett 验证是否适合主成分分析，由表 3 可知，KMO 值为 0.414，根据 Kaiser 度量标准不太适合主成分分析。但 Bartlett 检验显示显著性水平小于 0.05，根据 Bartlett 检验标准，适合主成分分析。

表 2 指标均值、标准差、相关系数

变量	均值	标准差	1	2	3	4	5	6	7
X_1	1.05	0.30							
X_2	0.99	0.10	0.038						
X_3	17085.44	5990.02	0.994**	0.045					
X_4	−0.16	0.19	−0.653*	0.35	−0.639*				
X_5	57.80	37.73	0.958**	0.236	0.976**	−0.528			
X_6	17.23	6.35	0.969**	0.233	0.976**	−0.533	0.993**		
X_7	38.80	10.96	0.423	−0.134	0.428	−0.279	0.419	0.452	
X_8	26557.90	10960.73	0.995**	0.07	0.999**	−0.649*	0.977**	0.98**	0.423

注：** $p<0.01$，双尾检验，* $p<0.05$，双尾检验。

表 3 KMO 和 Bartlett 的检验

取样足够度的 Kaiser-Meyer-Olkin 度量		0.414
Bartlett 的球形度检验	近似卡方值	147.274
	自由度	28
	显著性水平	0.000

根据假设③，选取累积贡献率达到 86.174%的两个主成分作为候选序参量（表 4）。显然，当主成分变量为零时，主成分变量的影响也随之消失，满足假设④。旋转后的因子载荷矩阵（表 5）可分析主成分与指标之间的关系，对主成分命名：第一主成分主要载荷为农业土地生产率、城镇居民人均可支配收入、政策力度、人均沼气量、人均 GDP，因而可视为发展导向变量；第二主成分因子载荷主要为旅游产业溢出效应、旅游企业范围经济系数均值，因而可称为产业关联一多元变量。根据成分得分系数矩阵，可得出主成分表达式及主成分值（表 6）。主成分表达式如下：

$$z_1 = 0.18X_1 + 0.10X_2 + 0.18X_3 - 0.07X_4 + 0.19X_5 + 0.19X_6 + 0.06X_7 + 0.18X_8$$

$z_2 = 0.02X_1 + 0.71X_2 - 0.01X_3 + 0.41X_4 + 0.13X_5 + 0.12X_6 - 0.21X_7 + 0.01X_8$

表 4　主成分特征值和贡献率

主成分	特征值	贡献率（%）	累积贡献率（%）
1	5.565	69.558	69.558
2	1.329	16.616	86.174

表 5　旋转后的因子载荷矩阵

	成分	
	1	2
农业土地生产率	0.980	−0.126
旅游产业溢出效应	0.188	0.936
城镇居民人均可支配收入	0.986	−0.113
旅游企业范围经济系数均值	−0.601	0.607
政策力度	0.991	0.075
人均沼气量	0.995	0.064
农业国家级科技奖励	0.465	−0.326
人均 GDP	.990	−0.098

表 6　主成分值

	2004	2005	2006	2007	2008	2009	2010	2011	2012	2013
z_1	−1.36	−1.22	−1.00	−0.44	−0.16	0.14	0.57	0.93	1.24	1.30
z_2	−1.02	−0.53	−0.52	0.88	1.32	1.16	0.46	0.59	−1.52	−0.82

由表 6 可知，2004—2013 年发展导向变量整体呈上升趋势，产业关联一多元变量则上下波动，说明农旅融合中产业发展、需求发展、环境导向、产业政策等发展导向的拉动力越来越强。

借助 Matlab 软件对表 7 主成分值进行拟合，得到下列差分方程：

$$z_1(k+1) = 1.03z_1(k) + 0.08z_1(k)z_2(k) + 0.17\,z_1^{\,2}(k) \tag{7}$$

$$z_2(k+1) = 0.52z_2(k) - 0.11z_1(k)z_2(k) + 0.05\,z_2^{\,2}(k) \tag{8}$$

连续化后得到微分方程：

$$\dot{z}_1 = 0.03z_1 + 0.08z_1 z_2 + 0.17 z_1^2 \tag{9}$$

$$\dot{z}_2 = -0.48z_2 - 0.11z_1 z_2 + 0.05 z_2^2 \tag{10}$$

根据前文分析，利用偏导矩阵特征值可知（0，0）处为不稳定鞍点，变量 z_1 即发展导向变量为系统慢变量，在系统远离平衡态下成为系统序参量。发展导向变量的主要构成因素有农业土地生产率、城镇居民人均可支配收入、政策力度、人均沼气量、人均 GDP，与我国农旅融合实践基本吻合。我国历来关注农业发展中呈现出的问题，并积极寻求解决路径。农业转型升级需求作为内在刺激力量，始终影响着农业与旅游产业的融合发展。人均 GDP 和城镇居民人均可支配收入体现了经济发展和市场消费能力，影响着农旅融合方式的多样化。资源生态导向作用于农旅融合的各方面，推进了农业旅游的生态化发展。政府管制放松是产业融合的重要条件，农旅融合也不例外，政策支持力度很大程度影响着农业与旅游产业的发展，对农旅融合示范创建起到重要作用。

运用绝热近似法消去快变量，令 $\dot{z}_2 = 0$，考虑 $z_2 \neq 0$，快变量 z_2 可由慢变量 z_1 表示：$z_2 = 2.2z_1 + 9.6$ ，此时快变量受慢变量役使，代入方程（10）可得序参量方程：

$$\dot{z}_1 = 0.35 z_1^2 + 0.8z_1 \tag{11}$$

引入函数 $V(z_1)$，满足 $-\dfrac{\partial V}{\partial z_1} = \dfrac{d_{z_1}}{d_t}$ ，得到序参量方程势函数 $V(z_1) = -0.12 z_1^3 - 0.4 z_1^2$ ，借助 Matlab 软件仿真势函数（图 1），描述序参量 z_1 的虚拟粒了的运动。势函数反映出农旅融合系统的方向和能力。如前所述，发展导向变量的变动引起势函数的变化，从而使得农旅融合系统由稳定状态转向不稳定状态。依据序参量方程仿真序参量演化路径可见，序参量呈自增长趋势，如图 2 所示。随着系统演化，序参量在系统中的驱动作用越来越明显，这与农旅融合实际相吻合，农业产业面临的问题迫切需解决、社会消费水平和消费需求越来越多样、农业与旅游过程中的生态性越来越受关注、政府政策倾斜与扶持越来越明显，这些因素都影响着序参量，从而影响整个系统的演进。

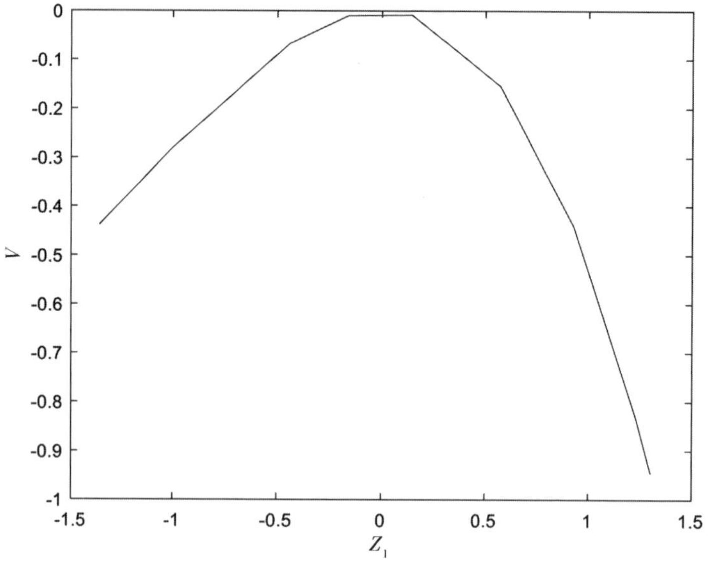

图 1　序参量势函数

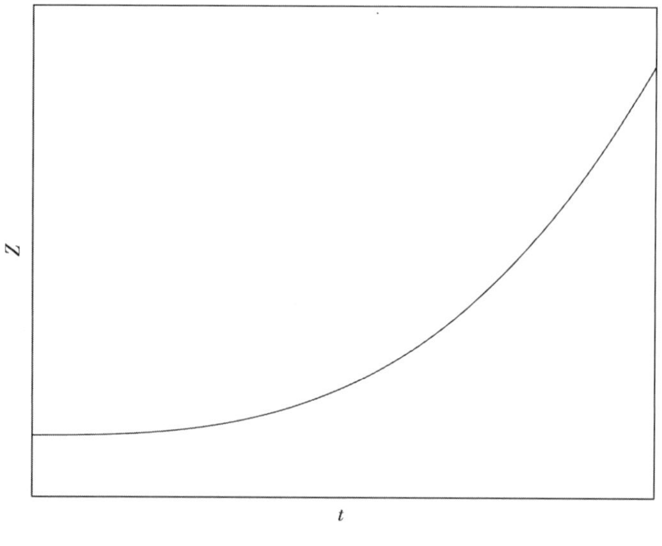

图 2　序参量演化路径

4　结论与讨论

经前述研究，形成如下主要结论：

第一，基于自组织理论分析农旅融合演化，认为农旅融合系统是一个自组织系统，具有开放性、非平衡态、涨落和非线性特征；农旅融合系统主要因素具有自组织与他组织的复合性，系统自组织因素主要有农业产业发展自身需求、旅游产业强关联性、市场需求、范围经济追求，他组织因素主要有产业政策、技术创新、经济发展水平、资源环境生态导向，各种因素之间的非线性作用所形成的融合力使得系统从无序向有序发展。

第二，研究发现，发展导向变量为我国农旅融合系统序参量，役使着其他变量，主导着农旅融合系统的演化。发展导向变量主要包含农业转型升级需求、市场需求、产业政策、资源环境导向等内容，随着时间推移，其在农旅融合系统中的主导驱动作用越来越明显。这与我国农业旅游的发展实际相吻合，农业转型升级需求作为产业发展的内在刺激力量，是农业与旅游产业融合的内在动力，事实上，近年来“三农”问题受到我国各级政府高度关注；市场需求则影响着农旅融合方式的多样化，我国农业旅游融合形态在市场需求的驱使下从最初的“农家乐”到休闲农庄、民俗村、特色小镇、田园综合体等不断演进；资源生态导向作用于农旅融合的各方面，推进了农业旅游的生态化发展；政府管制放松是产业融合的重要条件，政策支持力度很大程度影响着农业与旅游产业的发展，对农旅融合示范创建起到重要作用。

第三，从农旅融合系统演化机制，可以对乡村振兴及全域旅游背景下我国农旅融合发展提供启示。首先，农旅融合应以农业为基础，关注农业的可持续发展，为农业产业结构优化、转型升级做出贡献，从根本上促进区域农业、农村、农民的发展；其次，在融合过程中以市场需求为导向，以生态环境为准绳，对供给侧进行有针对性的改革；最后，由于农业发展的特殊性，在农旅融合过程中，政府应加大扶持力度，在其融合过程中充当主导与制衡的角色，既要主导其发展，又要兼顾企业、农民等多方利益。

第四，在乡村振兴战略实施背景下，农旅融合演化机制研究对农旅融合理论构建与实践探索都具有重要意义。本文基于序参量构建了我国农旅融合系统模型，从宏观上剖析了我国农旅融合的系统演化路径，是对农旅融合研究的补充和完善。后续研究还可从中观和微观层面探索地域、文化、资源、管理等形成的要素异质性对农旅融合系统演化的影响，以进一步揭示农旅融合系统演化的规律。

参考文献：

［1］夏杰长，徐金海．中国旅游业与农业融合发展的实证研究［J］．经济与管理研究，2016（1）．

［2］Rogerson C M. Tourism-agriculture linkages in rural South Africa：Evidence from the accommodation sector［J］．Journal of Sustainable Tourism，2012，20（3）．

［3］朱为斌．产业价值链提升视角下的农旅融合路径与模式研究［D］．金华：浙江师范大学，2016．

［4］丁雨莲，马大全．旅游业与现代农业融合路径实证研究——以芜湖大浦乡村世界为例［J］．中国农学通报，2012，28（14）．

［5］梁伟军，易法海．新农村建设中旅游农业发展的“三农”效应研究——来自全国五省（市）农户的调查分析［J］．农村经济，2010（4）．

［6］Lupi C，Giaccio V，Mastronardi L，et al. Exploring the features of agritourism and its contribution to rural development in Italy［J］．Land Use Policy，2017，64．

［7］田晓霞，刘俊梅，闫敏．基于产业融合度的新疆农业与旅游产业融合发展研究［J］．安徽农业科学，2013，41（8）．

［8］熊晓红．休闲观光农业发展中的问题及提升对策——以浙江省为例［J］．生产力研究，2010（1）．

［9］厉无畏．产业融合与产业创新［J］．上海管理科学，2002（4）．

［10］刘霞．基于路径依赖的河南农业与旅游产业融合发展研究［J］．中国农业资源与区划，2016，37（3）．

［11］沈莹．基于自组织理论的旅游产业融合研究［D］．西安：西北大学，2012．

［12］严伟．自组织理论视域下的旅游产业融合机理［J］．社会科学家，2016（1）．

［13］李伯华，刘沛林，窦银娣．基于自组织理论的农业文化遗产地旅游产业融合发展研究——以湖南省新化县紫鹊界梯田为例［J］．中南林业科技大学学报（社会科学版），2015，9（6）．

［14］梁伟军．农业与相关产业融合发展研究［D］．武汉：华中农业大学，2010．

［15］杨颖．产业融合：旅游业发展趋势的新视角［J］．旅游科学，2008，22（4）．

［16］陈洁．益阳市旅游业与农业融合度评价研究［D］．湘潭：湘潭大学，2014．

［17］丁雨莲，赵媛．旅游产业融合的动因、路径与主体探析——以深圳华强集团融合发展旅游主题公园为例［J］．人文地理，2013，28（04）．

［18］单元媛，赵玉林．国外产业融合若干理论问题研究进展［J］．经济评论，2012（05）．

［19］林茜．产业融合背景下农业旅游发展新模式［J］．农业经济，2015（09）．

[20] 王灵恩，何露，成升魁等．驱动因素视角的我国农业旅游发展模式与策略研究 [J]. 中国生态农业学报，2012，20（6）.

[21] 曹雯．乡村旅游与农业现代化融合发展的路径 [J]. 农村经济，2015（05）.

[22] 张铁男，韩兵，张亚娟．基于B-Z反应的企业系统协同演化模型 [J]. 管理科学学报，2011，14（02）.

[23] 张子龙，薛冰，陈兴鹏，鹿晨昱．基于哈肯模型的中国能源—经济—环境系统演化机制分析 [J]. 生态经济，2015，31（01）.

[24] 吴丁娟，孙延明，丁绒．转型升级背景下制造企业两化融合演化模型——基于主成分选取序参量的方法 [J]. 系统工程，2016（9）.

[25] 胡华江．农业生产率的综合指数法 [J]. 农村经济，2002（04）.

[26] 查建平，谭庭，李园园，等．中国旅游产业关联效应及其分解——基于投入产出分析的实证研究 [J]. 山西财经大学学报，2018，40（04）.

[27] 窦璐．我国旅游上市公司规模经济与范围经济研究 [J]. 旅游学刊，2015，30（02）.

[28] 汪琪．我国现代物流产业政策评价研究 [D]. 武汉：中南财经政法大学，2017.

[29] 那伟，祝延立，庞凤仙，等．吉林省农业循环经济发展评价及优化对策研究 [J]. 农业现代化研究，2011，32（02）.

（刊发情况：《湘潭大学学报（哲学社会科学版）》2019 年第 2 期）

基于系统论的农业与旅游产业融合：一种黏性的观点

方世敏[1]，王海艳[1]

（湘潭大学 商学院，湖南 湘潭 411105）

摘要：引入物理学黏性理论，剖析农业与旅游产业融合系统内部要素的相互作用，并利用最优熵值法模型测度了长江经济带和黄河经济带2003—2017年农业与旅游产业融合系统的产业黏度，在此基础上分析了两区域产业黏度时空演化规律及演化模式。研究发现：两经济带2003—2017年农业与旅游产业融合系统产业黏度总体呈上升趋势，经济带内省级区域之间产业黏度差异较显著；从空间布局演化趋势看，长江经济带农业与旅游产业融合系统产业黏度格局置换较大，黄河经济带格局则变动较小；从整体来看，长江经济带黏度中值以上省区较多、黄河经济带黏度中值以下区域较多。时空演化的主要原因是不同时间不同地区系统内农业资源旅游开发及利用、技术创新、旅游运行机制、相关利益主体参与及行为等要素之间的相互作用关系及程度不同。系统要素之间相互作用形成不同的融合模式，主要有基于利益主体合作的“政府＋企业＋农户”模式、基于资源利用的资源依托模式和产业基础空间融合模式、基于技术创新的农业科技体验模式和智慧农业旅游模式，实践中这些模式往往相互交织，又形成更为复杂的融合模式。

关键词：农业与旅游业；产业融合系统；产业黏性与黏度；智慧农业旅游；长江经济带；黄河经济带

1　引言

产业融合是经济发展的潮流、产业发展的趋势，对产业链延伸、产业结构重塑及优化、产业竞争力提升具有重要意义，成为近年来学界的研究热点。当前，中国的农业产业发展环境和旅游产业发展环境发生了重大变化，更有利于推进农业与旅游业的深度融合。一方面，随着国家乡村振兴战略的确定，困扰社会各界的“三农”问题明确聚焦在农业产业创新、农村全面发展及农民素质提升等问题上，农村寻求一、二、三产业融合发展被提上日程。另一方面，在全域旅游发展的新时期，中央倡导推进旅游业与农业、林业、水利、工业、科技、文化、体育、健康医疗等产业深度融合，推动旅游与城镇化、新型工业化、农业现代化和现代服务业融合发展。随之，各地积极开展农业与旅游产业融合实践。然而，在农业与旅游产业融合发展过程中，各地也出现“假融合”“浅融合”现象。因而，促进农业与旅游产业深度、持续融合，推进农业与旅游业的健康发展，成为一个亟待探讨的现实课题。

已有对农业与旅游业融合的相关研究主要集中在农业与旅游业融合的互动关系、农业与旅游业融合路径、农业与旅游产业的关联融合度、农业与旅游业融合效应及特定区域农业与旅游业融合发展研究等方面。多数学者利用VAR模型实证分析农业与旅游业融合的互动关系[1-3]。农业与旅游业融合路径方面，丁雨莲以芜湖大浦乡村世界为例进行探讨，认为农业与旅游业融合既包含资源融合、技术融合、功能融合、市场融合四大直接路径，也包含资金融合、企业融合、人才融合三大间接路径[4]；刘霞等从路径依赖理论出发探讨河南农业旅游业融合过程中存在的路径闭锁效应，并提出发展生态旅游、建立常态应对机制及开发特色产品等路径解锁对策[5]。农业与旅游产业的关联融合度研究方面，相关学者主要基于投入产出模型测算两产业的产业关联度[6-8]，也有学者借鉴自然生态系统的种群间作用关系模型构建产业融合过程模型，并运用Maple软件对新疆农业和旅游业发展过程的融合度进行轨迹模拟[9]。农业与旅游业融合效应方面，刘佳雪以南京江心洲为例分析了农业与旅游业融合的耦合效应[10]；方世敏等运用熵值法对南洞庭湖区旅游业与农业融合的社会、经济、生态效应进行了测度[11]；袁中许阐述了旅农耦合对农村第一、第三产业分别产生牵动效应和促动发展效应的机理并运用模型进行了实证分析[12]。对于特定区域农业与旅游业融合发展研究，学者主要着眼于生态贫困、经济贫困区域的农业与旅游业融合发展问题。尹新哲等以三峡库区生态农业与生态旅游业为例，基于林地资源、劳动力供给与环境约束框架下分析农业与旅游业的耦合问题[13]；王淑娟等着眼于环京津贫困带农业与旅游业的发展，构建了环京津贫困带旅游扶贫开发、生态补偿、区域合作机制[14]。

农业与旅游业融合发展方兴未艾，关乎乡村振兴，是社会发展的重要问题。已有研究为探讨农业与旅游产业融合规律和趋势奠定了理论基础，但仍需继续完善和研究。从研究内容来看，多集中在融合度、融合效应等方面，缺少对农业与旅游业融合深层次的机理与模式研究，尤其是从农业产业特性出发的研究；从研究视角来看，缺少多学科多领域方法的介入；从研究对象来看，多从乡村、市域或省域，个别从国家层面，而跨区域的农业与旅游业融合影响因素的研究尤其是实证分析较少。从研究范式来看，多从经济学角度分析，对产业融合的分布规律和变动趋势关注较少。因此，本研究拟从系统论角度，引入物理学中的“黏性”理论，构建“产业黏性”及“产业黏度”，以长江经济带和黄河经济带为研究对象，运用最优熵值法定量测度农业与旅游产业融合系统的产业黏度，分析农业与旅游产业融合系统产业黏度的时空分布特征和动态变化趋势，总结概括农业与旅游产业融合的内在机理和演化模式，从而为新形势下我国农业与旅游产业融合发展提供相关理论依据。

2　农业与旅游产业融合系统

2.1　产业融合系统

从系统论的角度理解产业融合，可以将其视为由两个及以上产业系统内不同产业构成要素之间在时空维度上均相互关联、交叉、渗透，彼此竞争与协作而形成的、复杂的、运动着的开放性系统[15-17]。产业融合系统本质是自组织系统，具有耗散特征：（1）产业融合系统是开放的。该系统通过与外界进行物质、能量和信息交换，感应外界环境变化进而进行适应性调整。此外，依据产业经济学揭示的产业层次性与开放性特性可知，产业融合系统具有层次性，各子系统之间的有形或无形要素互动，从而能够产生新业态。（2）产业融合系统是非均衡、远离平衡态的。不同产业在资源、技术、产品、知识、和市场等方面均存在较大的差异和互补性，且不同要素之间相互扩散，加剧非平衡态。（3）产业融合系统存在涨落，产业融合是一个动态演化的过程。产业融合系统将随产业融合能力、融合程度及融合效应呈现不同的系统状态。随着时间的演替，产业融合系统往往从无序、浑浊、非均衡向有序、网络化、均衡化发展。产业融合系统运动的生命周期也因产业融合系统内部外要素之间的互动性不同而呈现不同发展状态。（4）产业融合系统存在非线性作用，系统要素相互作用、相互关联、相互制约。产业在融合过程中会导致原有产业链的结构改变，形成新的产业融合产业链，剖析产业融合产业链可以明辨产业融合系统的内外部具体要素。因产业内部要素之间作用力的不同，也会致使产业融合系统内部部门之间的不均等现象，即发展不平衡现象。

2.2　农业与旅游产业融合机理分析

20 世纪 80 年代，鉴于国外农业与旅游结合带来的甜果，我国对农业与旅游业的结合展开探索，徽州、珠海、深圳、北京等一批城市开展旅游农业[18-19]，此后，农业与旅游业融合呈多形态、多类型发展态势。在上述分析的基础上，结合我国农业与旅游产业融合实践，从产业融合系统的视角可以透视农业与旅游产业融合的内在机理。农业与旅游产业发生融合时，产业自身结构失稳，产业要素相互交叉、融合、渗透，在新形成的融合产业链上演变出新的融合后的产业要素。农业与旅游产业融合本质即农业与旅游产业融合系统内部要素之间的相互作用。农业与旅游产业融合系统内部要素主要涉及农业资源旅游开发及利用、技术创新、旅游运行机制、相关利益主体参与及行为等，这些要素之间存在非线性作用，影响着农业与旅游产业融合系统时间、空间上的整体演化。这种非线性作用主要表现为：不同的地理、气候条件差异形成不同的农业生态景观、农业生产生活方式、农业文化等农业资源，农业旅游参与主体利用农业科技手段或旅游开发规划将具有乡土性的农业资源转化为具有观光、休闲及娱乐等吸引力的旅游资源，辅以农户餐饮、住宿带动，再进行宣传营销以吸引旅游者。融合过程中参与利益主体之间的协同与博弈、农业旅游资源自身优势、农业高新技术创新等要素的差异引致了不同的融合模式。这种非线性作用使得农业与旅游产业融合系统内要素间自发地相互组织和协调，在内部形成一种“通信”联系机制，促使系统有序发展。通过农业与旅游产业融合，使得农业与旅游产业融合系统的土地、劳动力、资金等要素得到优化配置，从而拓展旅游空间、扩大农业经营范围，同时通过带动其他产业的发展，激活乡村经济活力，促进农村物产的增值、农民收入增加。

经济地理学以地域为单元，研究经济活动的地域分异规律，从区域视角审视农业与旅游产业融合，可以发现农业活动与旅游经济发展的资源条件、技术水平及其组织内在联系等是农业与旅游产业融合系统内部要素结构地域分布差异的前提条件。区域农业与旅游产业融合系统要素的不同组合及其变化对农业与旅游产业融合发展产生不同的影响，随之也出现不同的产业融合发展状况。

3 基于融合系统的产业黏性及其测度

3.1 黏性

物理学中的黏性（Viscous）是指实际流体的一种宏观属性[20]。由于流体相对分子不规则运动导致产生能量转换，分子间相互吸引，快速运动的分子被慢速运动的分子拉扯，慢速运动的分子被快速运动的分子吸引，从而流体分子间形成一种内摩擦力。实际流体都是有黏性的，如水、蜂蜜等。流体所具有的黏性会使得流体相对不易发生剪切变形。流体黏性的大小用黏度（也称黏性系数）来表示，不同流体的黏性大小不同，同一流体的黏性一般随压力和温度的变化而变化。

从物质联系的某些层面上看，物理学中流体与产业融合系统颇为相似。产业融合系统是由相互关联、融合渗透的若干产业组成的客观运动的开放性系统，产业融合系统在其运动过程中，系统内部影响因素互相联系与制约，形成一种内在摩擦力，使得产业融合系统趋于有序状态。因此，将物理学中“黏性”理论引入产业研究具有理论契合性。

已有产业黏性相关文献中通常指产业（区域）黏性，即从地域空间角度展开研究。产业的区域黏性[21]是指因劳动力成本、产业集群效应、区域产业发展的路径依赖、基础设施、人力资本水平[22]、投资软环境差异[23]等要素，导致先发区域产业生命周期延长、产业区域转移滞缓的现象。从经济空间角度，只有李金华将产业间的特质——产业间多种形态、多种性质的联系称为产业黏性[24]。本研究所指产业黏性与李金华所指属于同一范畴（经济空间），即研究旅游产业融合过程中系统内部要素之间的相互联系与作用。虽然本研究所指产业黏性与已有研究不同，但本研究发现农业与旅游产业融合现象及本质与物理学“黏性”理论所揭示的原理具有一定的契合性，因而将其引入产业融合研究。

3.2 产业黏性及产业黏度

基于上述产业融合系统分析，可以进一步证实物理学“黏性”引入产业融合系统的契合性：在开放的产业融合系统中，系统内部要素的相对非线性运动往往会导致内部要素之间产生一种内部结合力。基于此，所谓产业黏性是指产业融合过程中由于产业融合系统内部要素之间的关联性和结合力而形成的一种内摩擦，是产业融合系统的一种内禀属性。

产业黏性的大小可用产业黏度表示，不同的产业融合系统因系统自身性质而使其所具有的产业黏性大小不同。因此，影响产业黏度的决定性因素是产业融合系统自身性质，而产业融合系统自身性质因系统内部要素不同而不同。例如，每个地区的产业融合系统因地理环境、产业发展水平、主体参与度、资金投入力度等系统内部因素差异而形成性质迥异的产业融合系统，也就有不同的产业黏度。

产业黏度可以采用最优改进熵值法模型[25]进行测度。熵可以衡量系统的不确定性，衡量系统的无序程度，同时可以克服变量之间信息的重叠性。产业融合系统在运动过程中各要素之间相互重叠、相互作用，利用熵值法模型可以更好地衡量旅游产业融合系统的性质，也就是产业黏度。具体步骤如下：

（1）构建产业黏度指标体系，主要由融合系统内部要素构成。

（2）数据标准化。为了避免各指标量纲不同造成的影响，对数据进行极值标准化处理：$x'_{ij}=(x_{ij}-\min x_{ij})/\max x_{ij}-\min x_{ij}$，$x_{ij}$ 为标准化后的指标值，$\min x_{ij}$ 为第 j 项指标的最小值，$\max x_{ij}$ 第 j 项指标的最大值。

指标比重计算，$p_{ij}=x'_{ij}/\sum\limits_{i=1}^{m}x'_{ij}$，$m$ 为样本数。

指标熵值计算，$e_j=-\frac{1}{\ln(m)}\sum\limits_{i=1}^{m}p_{ij}\ln(p_{ij})$，$m$ 为样本数。

指标差异化系数计算，$d_j=1-e_j$。

指标权重计算，$w_j=d_j/\sum\limits_{i=1}^{j}d_j$。

产业黏度计算，$\eta=\sum\limits_{j-1}^{n}w_j x'_{ij}$。

4 农业与旅游产业融合系统产业黏度测度实证分析

4.1 样本选取及数据来源

农业与旅游业融合一般发生在有悠久农业文明的地域，农业文明则离不开大江大河，所以本研究选取中国最大的两个以江河为纽带的经济区域——长江经济带、黄河经济带为农业与旅游产业融合的实证区域，涵括22个省级行政区。长江经济带涵盖上海、江苏、浙江、安徽、江西、湖北、湖南、重庆、四川、云南、贵州等11个省（市、区）[26]，黄河经济带涵盖北京、天津、河北、山东、山西、河南、陕西、内蒙、宁夏、甘肃、青海共11个省（市、区）[27]。

本文研究数据主要来源于《中国统计年鉴》《中国旅游统计年鉴》《中国农村统计年鉴》《中国工业统计年鉴》《中国固定资产统计年鉴》及各省级行政区统计年鉴、国民经济和社会发展统计公报（2003—2017年）。此外，国家统计局、国家旅游局、国家农业部以及各省级行政区统计官网也是重要的数据补充来源。

4.2 农业与旅游业融合系统产业黏度指标构建

在梳理、分析相关文献的基础上，结合农业与旅游产业融合实践，构建农业与旅游产业融合系统产业黏度指标体系。产业黏度主要由产业融合系统内部要素决定，通过文献梳理发现，从农业与旅游产业融合过程来分析系统要素是一种合适的途径，其融合过程可体现出农业资源利用、利益主体参与、技术创新、旅游运行机制等内在要素的相互作用。农业与旅游产业融合的产业链与模块化过程包含农业旅游资源开发、农业旅游产品及线路设计、农业旅游商品打造等[28]。此外，农业与旅游产业基础也是融合系统的基础性要素。以此为出发点，结合客观性和可操作性原则，可构建三个维度10项指标（表1）：① 产业发展基础。农业与旅游产业基础是两产业融合的基础条件，本文采用农林牧渔总产值和旅游收入作为产业发展水平的衡量指标，采用农业总产值占GDP比重和旅游收入占GDP比重作为产业在地区经济发展中地位的衡量指标。② 农业旅游资源开发。农业与旅游业融合是将农业生产生活场景、农村民俗节庆等原汁原味的原生态的农业资源转化为具有旅游价值的农业旅游资源，因而农业旅游资源开发需要依赖原生态的农业资源、旅游规划开发以及农业技术。本研究采用全国农业旅游示范点、全国休闲农业与乡村旅游示范县（市、区）的数量（其中2003年由于农业旅游示范点活动还在进行，采用2004年统计值）衡量农业旅游资源丰度。采用农业旅游价值认知程度及开发水平表示旅游规划开发能力，具体采用以下模型：$L = P_1 + P_2 + P_3$。[式中P_1、P_2、P_3分别表示相关年度有省级旅游产业五年规划且涉及农业旅游、相关年度有省级旅游总体（发展）规划且涉及农业旅游、相关年度有省级乡村旅游规划（计划）且涉及农业旅游，有则赋值1，无则赋值0]。农业高新技术及农业机械化水平是打造名特优农作物、大规模农业旅游景观的重要技术保障，本文以农业机械总动力衡量农业技术水平。③农业旅游产品打造。农村劳动力及资产参与度是农业旅游产品打造的重要条件，囿于数据的可得性，本文采用乡村人口总数*劳动力人口占比作为农户劳动力参与的表征指标，采用农林牧渔固定资产投资、住宿和餐饮业固定资产投资作为资金投入的表征指标。

表1 农业与旅游业融合系统产业黏度指标体系及熵值指标

维度	指标	2003年		2007年		2011年		2017年	
		e_j	w_j	e_j	w_j	e_j	w_j	e_j	w_j
融合产业基础	农林牧渔总产值x_1（亿元）	0.880	0.075	0.867	0.105	0.871	0.096	0.877	0.103
	旅游收入x_2（百万美元）	0.716	0.177	0.777	0.177	0.817	0.136	0.868	0.110
	农业总产值占GDP比重x_3（%）	0.954	0.029	0.941	0.047	0.944	0.042	0.939	0.051
	旅游收入占GDP比重x_4（%）	0.737	0.164	0.834	0.132	0.846	0.114	0.854	0.122
农业旅游资源开发	农业旅游资源丰度x_5（个数）	0.906	0.058	0.866	0.106	0.874	0.093	0.854	0.122
	农业旅游价值认知及开发水平x_6	0.700	0.187	0.929	0.056	0.745	0.189	0.864	0.114
	农业机械总动力x_7（万千瓦）	0.845	0.097	0.860	0.111	0.869	0.097	0.873	0.107
农业旅游产品打造	乡村人口总数*劳动力占比x_8（万人）	0.885	0.072	0.889	0.088	0.901	0.074	0.886	0.096
	农林牧渔固定资产投资x_9（亿元）	0.871	0.081	0.875	0.099	0.899	0.075	0.906	0.078
	住宿和餐饮业固定资产投资x_{10}（亿元）	0.899	0.063	0.900	0.079	0.886	0.084	0.884	0.097

4.3 农业与旅游产业融合系统产业黏度总体特征

通过数据收集与处理，根据最优熵值法模型，在计算农业与旅游产业融合系统产业黏度各项指标的熵值及权数（表1）的基础上，最终得出2003—2017年长江经济带和黄河经济带农业与旅游业融合系统产业黏度值，以揭示两经济带农业与旅游业融合系统产业黏度的总体特征（表2）。从表2可知，两经济带产业黏度总体水平较低，最高值为0.803。均值整体呈上升趋势，说明两经济带农业与旅游业融合系统产业黏度总体上呈上升趋势；另外，两经济带标准差都较大，说明两经济带省级区域之间产业黏度差异均较为显著，且黄河经济带超过长江经济带，2003、2007、2011、2017年长江经济带产业黏度平均值最低的省级行政区依次为贵州、重庆、重庆、上海，最高的省级行政区依次为江苏、江苏、重庆、云南，黄河经济带产业黏度最低的省级行政区为宁夏和青海，最高的省级行政区一直为山东；长江经济带的标准差态势呈现先下降后上升再下降的波动态势，说明其省级区域之间产业黏度差异先缩小后增大随后又缩小，这是由于在发展初期农业旅游资源丰度及农业旅游资源价值认知水平差异较大。随着农业旅游资源逐渐被开发利用，尤其是2003年国家旅游局开始组织全国农业旅游示范点评比，各省级行政区开始重视农业旅游的发展，省级行政区之间农业旅游资源丰度及农业旅游资源价值认知水平差异逐渐缩小，而2007年到2011年是新农村发展和休闲农业发展关联密切的时期，这一时期各省级行政区对新农村建设整体发展规划与农业旅游的发展呈现出不同的开发打造力度，省域间差异拉开，2011年至2017年期间，随着农业部门与旅游部门对农业与旅游产业融合更加重视，组织了全国休闲农业与乡村旅游示范县（点）、中国最美休闲乡村、中国美丽田园、中国重要农业文化遗产等活动，积极鼓励各省级行政区将本地自然田园风光与旅游结合、深入挖掘与创新利用本地农业文化，致使省域间差异又逐步缩小。黄河经济带标准差则呈先上升后下降的态势，说明其省级区域之间产业黏度差异先增大后缩小，黄河经济带区别于长江经济带的“鱼米水乡”，区域内山区较多，其农业与旅游产业发展初期农业与旅游业融合需要倚重当地经济及旅游发展水平，呈现都市周边农业旅游兴盛之态[29-30]，产业黏度差异逐渐增大，而随着国家对乡村发展的扶持，尤其是2011年以来国家各部门对农业与旅游产业融合、农村产业融合、农村建设的重视，农业旅游逐渐从都市向偏远乡村地区发展，因而区域之间的产业黏度差异又逐渐缩小。

表 2 2003—2017 年区域农业与旅游业融合系统产业黏度

地域		2003	2007	2011	2017	地域		2003	2007	2011	2017
长江经济带	上海	0.296	0.365	0.256	0.236	黄河经济带	北京	0.487	0.392	0.459	0.204
	江苏	0.475	0.520	0.686	0.511		天津	0.094	0.101	0.324	0.262
	浙江	0.295	0.364	0.317	0.387		河北	0.405	0.436	0.358	0.398
	安徽	0.257	0.327	0.310	0.479		山东	0.612	0.701	0.803	0.766
	江西	0.155	0.231	0.217	0.297		山西	0.097	0.161	0.161	0.197
	湖北	0.379	0.308	0.468	0.427		河南	0.474	0.510	0.614	0.604
	湖南	0.321	0.336	0.495	0.518		陕西	0.280	0.237	0.415	0.410
	重庆	0.123	0.166	0.168	0.285		内蒙	0.166	0.256	0.199	0.248
	四川	0.355	0.395	0.504	0.537		宁夏	0.130	0.063	0.037	0.051
	云南	0.244	0.286	0.260	0.548		甘肃	0.094	0.148	0.115	0.204
	贵州	0.105	0.198	0.341	0.271		青海	0.030	0.039	0.055	0.106
均值		0.273	0.318	0.366	0.409	均值		0.261	0.277	0.322	0.314
标准差		0.108	0.094	0.147	0.113	标准差		0.191	0.200	0.230	0.205

4.4 农业与旅游产业融合系统产业黏度时空演化分析

基于 ArcGIS10.2 软件分析平台，依据产业黏度从高到低的顺序，运用自然断点 Jenks 法将长江经济带、黄河经济带产业黏度值分别分为 5 种类型区：低黏度值区、较低黏度值区、中等黏度值区、较高黏度值区、高黏度值区，得到 2003—2017 年长江经济带和黄河经济带农业与旅游产业融合系统产业黏度空间分布格局。由此分析两个经济带农业与旅游产业融合系统产业黏度时空演化过程：

(1) 空间演化：从空间分布格局看，长江经济带呈现东西两端高、间隔分布的格局，黏度高值区主要分布在江苏、四川，黏度低值区主要分布在重庆、贵州、江西；黄河经济带呈现东部高、西部低的空间分布格局，黏度高值区主要分布在山东、河南，黏度低值区主要分布在青海、宁夏、甘肃。从演变趋势看，长江经济带格局置换较大，黄河经济带格局变动较小。将两经济带置于整体比较，长江经济带黏度中值以上省区相对较多、黄河经济带黏度中值以下区域相对较多；2003 年中值以上区域长江经济带有江苏、四川、湖北，黄河经济带有山东、河南、北京、河北，2007 年中值以上区域长江经济带有江苏、四川、安徽、浙江、湖南，黄河经济带有山东、河南、河北，2011 年中值以上区域长江经济带有江苏、四川、湖南、湖北，黄河经济带有山东、河南、陕西、北京，2017 年中值以上区域长江经济带有江苏、四川、安徽、云南、湖南，黄河经济带有山东、河南；2003 年中值以下区域长江经济带有重庆、贵州、江西，黄河经济带有青海、宁夏、甘肃、山西、内蒙古、天津，2007 年中值以下区域长江经济带有重庆、贵州，黄河经济带有青海、甘肃、宁夏、山西、天津，2011 年中值以下区域长江经济带有重庆、江西，黄河经济带有青海、甘肃、宁夏、山西、内蒙古，2017 年中值以下区域长江经济带有重庆、贵州、江西、上海，黄河经济带有青海、甘肃、宁夏、内蒙古、山西、北京。

（2）时间演化：随着时间的推移，系统要素之间的相互作用关系及程度都有所变化，不同地区之间形成了各异的融合模式。2003 年，农业与旅游产业融合以旅游带动为主，旅游产业基础、农业旅游价值认知及开发水平是融合的重要要素，这一时期正处于“农家乐”发展的爆发期，农户资产及劳动参与度对两产业融合影响也较大。就长江经济带而言，江苏省是乡村旅游及休闲农业发展较早、较成熟的地区之一，是农业旅游大省，农业旅游资源丰度高[31]，江苏省农业旅游整体呈良性趋势发展。四川省农业旅游资源丰度高，农户资产参与度高，形成了独具特色的“农家乐”模式，尤其是成都“农家乐”成为当时风靡一时的发展模式[32]。湖北省农业旅游价值认知及开发水平较高，在旅游产业规划、旅游总体规划中注重农业旅游的发展。浙江则基于深厚的旅游产业基础，再加之较高的农户资产参与度，形成了较好的农业与旅游业融合态势。相较而言，湖南的农业旅游发展处于蓄势阶段，较为平稳。云南省旅游产业基础虽较好，但这一时期农业旅游价值认知及开发水平及农户资产参与度都较低。安徽、重庆、贵州、江西这一时期的旅游产业基础较低，农户参与度低，因此产业黏度较低。就黄河经济带而言，山东省依托旅游产业基础，大力开发农业旅游资源，农户参与度高。北京依托旅游产业优势，注重农户参与，形成了特色的民俗接待户模式。河南、河北农业与旅游产业融合发展次之。山西、甘肃这一时期的旅游产业优势低，农户参与度极低。青海农户参与较高，但旅游产业基础及农业旅游价值认知及开发水平仍比较薄弱。至 2007 年，农业与旅游产业融合仍以旅游带动为主，但农业也开始发力。这一时期农业旅游融合发展更加注重体验质量及个性化，农业旅游资源丰度与农业旅游价值认知及开发水平是融合的主要要素。就长江经济带而言，上海重视农业旅游发展，大力开展农业旅游节庆活动，发展多种农业旅游类型[33]，成为农业与旅游产业融合的“一匹黑马”。就黄河经济带而言，山西、甘肃也开始模仿其他地区的发展模式，开始重视农业旅游开发，农业旅游资源丰度有所提升。至 2011 年，农业在融合过程中的主动性逐渐增强，以农业产业基础为依托的产业基地型融合模式发展较快，同时农业旅游价值认知及开发水平仍是重要的融合要素。就长江经济带而言，四川、江苏农业旅游发展较好，湖北、湖南次之，贵州、云南、安徽也逐步发挥农业优势，加强农业与旅游产业融合。就黄河经济带而言，河南省依托农业产业基础，重视农业旅游发展，形成了具有特色的产业基地型融合模式，陕西省依托历史悠久的农耕文明及黄土高原、关中平原及陕南秦巴山区形态各异的农业景观空间，形成了以农业田园观光和民俗风情为主的农业旅游产业[34]。至 2017 年，各省级行政区在全域旅游发展背景下，加快了农业与旅游产业融合的步伐，农业旅游点大量开发，此外还有特色小镇、田园综合体等新型业态，云南、湖南、浙江、河北、青海等地在这一时期农业与旅游产业融合黏度明显上升，发展较快。但在这一时期，农业与旅游产业融合也遇到了同质化严重、脱离当地实际发展等问题，导致部分省级行政区农业与旅游产业融合黏度反而下降。

5　结论与讨论

第一，从系统论的视角剖析了农业与旅游产业融合的机理，认为农业与旅游产业融合的本质是系统要素之间的相互作用。在此基础上引入物理学“黏性”理论，论证了产业系统与物流学流体的相似性，构建了产业黏性理论，认为产业黏性可以打开产业融合过程黑箱，剖析产业融合的影响因素，并利用最优熵值法模型构建了产业黏度的测度模型。

第二，从农业与旅游产业融合过程的角度出发，剖析其系统本质内部影响要素，结合数据可得性原则，构建了融合产业基础、农业旅游资源开发、农业旅游产品打造三个维度的农业与旅游产业融合系统产业黏度指标体系，并运用最优熵值法模型测度了2003—2017年长江经济带和黄河经济带农业与旅游产业融合系统产业黏度，从区域发展视角探讨了农业与旅游产业融合发展的时空演变趋势和融合模式，得出以下结论：（1）两经济带2003—2017年产业黏度总体呈上升趋势，经济带内省级区域之间产业黏度差异较显著；（2）从空间分布格局来看，长江经济带呈现北端高、间隔分布的格局，黄河经济带呈现东部高、西部低的空间分布格局；从演变趋势看，长江经济带农业与旅游产业融合空间分布格局置换较大，黄河经济带则保持稳定分布态势；长江经济带黏度中值以上区域较多，黄河经济带中值以下区域较多。（3）时空演化的主要原因是不同时间不同地区系统要素之间的相互作用关系及程度，由此形成了不同的融合模式。旅游产业基础、农户主导参与、政府农业旅游价值认知及开发水平之间的相互作用形成了复杂的“政府＋农户＋景区”融合模式；政府农业旅游价值认知及开发水平及农业旅游资源丰度之间的相互作用形成了“政府＋农业旅游资源优势”的发展模式；政府农业旅游价值认知及开发水平及农业产业基础之间的相互作用形成了“政府＋产业基地”的融合模式。（4）农业与旅游产业融合的机理即农业资源旅游开发及利用、技术创新、旅游运行机制、相关利益主体参与及行为等要素之间的非线性作用。从不同角度出发，呈现不同的融合模式，但实践中每种融合模式都不是纯粹的，而是复杂混合的。

第三，为了增强农业与旅游产业有效融合，应充分发挥农业与旅游产业的双重主动性，充分利用融合过程中的各项要素。首先，应结合当地产业基础、资源禀赋，找准自身产业优势，充分运用农业科技创新，拓展融合发展空间。其次，在融合过程中应注重各利益主体的充分参与，政府应增强规划引导能力，提高当地农业旅游价值认知及开发水平；企业应增大投资力度，注重农业旅游产品的创新性；农户应提高参与度，积极参与到农业旅游发展中来。最后，相关住宿、餐饮、旅游中介、农业旅游商品等旅游运行机制的建立是农业与旅游产业融合的重点，是旅游体验满意度的直接来源。

第四，需要指出的是，本研究存在一定的局限性，由于研究地域范围较广，一定程度上忽视了农业环境的基础依赖因素与地区间的天然差异。后续研究可着眼于市域、县域以及更小尺度的空间产业融合系统产业黏度分析，另外延伸性的机理分析如产业黏度与产业融合水平、产业融合区域均衡性、产业结构等之间的内在作用机制也需下一步深化研究。

参考文献：

[1] 夏杰长，徐金海．中国旅游业与农业融合发展的实证研究［J］．经济与管理研究，2016，37（01）：77-83.

[2] 林海丽，乔海程．产业融合视角下英国旅游业与农业互动发展的实证研究［J］．世界农业，2017（03）：143-147.

[3] 俞彤，叶月李．全域旅游背景下广东省旅游业与农业融合发展的实证研究——基于VAR模型［J］．特区经济，2018（01）：120-123.

[4] 丁雨莲，马大全．旅游业与现代农业融合路径实证研究——以芜湖大浦乡村世界为例［J］．中国农学通报，2012，28（14）：157-163.

[5] 刘霞．基于路径依赖的河南农业与旅游业融合发展研究［J］．中国农业资源与区划，2016，37（03）：233-236.

[6] 王琪延，徐玲．基于产业关联视角的北京旅游业与农业融合研究［J］．旅游学刊，2013，28（08）：102-110.

[7] 刘红，张岚．江苏农业与旅游业产业关联融合度研究［J］．南京师大学报（自然科学版），2015，38（04）：152-156.

[8] 黄细嘉，李凉．基于投入产出模型的江西省旅游业与农业融合发展研究［J］．农业考古，2016（01）：257-263.

[9] 田晓霞，刘俊梅，闫敏．基于产业融合度的新疆农业与旅游业融合发展研究［J］．安徽农业科学，2013，41（08）：3482-3484＋3569.

[10] 刘佳雪．农业旅游开发的耦合效应研究——以南京江心洲为例［J］．广东农业科学，2012，39（19）：220-222.

[11] 方世敏，陈洁．南洞庭湖区旅游与农业融合效应评价及发展对策［J］．城市学刊，2013，34（6）：78-83.

[12] 袁中许．乡村旅游业与大农业耦合的动力效应及发展趋向［J］．旅游学刊，2013，28（5）：80-88.

[13] 尹新哲，任玉珑，杨红．基于林地资源、劳动力供给与环境约束框架下的农业与旅游业耦合产业分析［J］．管理世界，2009（11）：172-173.

[14] 王淑娟，周丽娜，李诚．环京津贫困带农业与旅游业融合互动发展研究［J］．湖北

农业科学，2015，54（19）：4916-4920.

[15] 芮明杰，胡金星．产业融合的识别方法研究——基于系统论的研究视角［J］．上海管理科学，2008（03）：33-35.

[16] 王成东．我国装备制造业与生产性服务业融合机理及保障策略研究［D］．哈尔滨理工大学，2014.

[17] 昝廷全，金雪涛．传媒产业融合——基于系统经济学的分析［J］．中国传媒大学学报（自然科学版），2007（03）：17-22＋78.

[18] 刘达华．略论旅游农业［J］．特区经济，1989（6）：28-28.

[19] 乔建华．对旅游农业的探索［J］．新闻与写作，1989（1）：44-45.

[20] 林建忠，阮晓东，陈邦国，等．流体力学［M］．北京：清华大学出版社，2005：7-9.

[21] 郭丽．产业区域转移粘性分析［J］．经济地理，2009，29（3）：395-398.

[22] 王思文，祁继鹏．要素流动性差异与地区间产业转移粘性［J］．兰州大学学报社会科学版，2012，40（2）：105-110.

[23] 杜传忠，韩元军，张宪国．我国区际产业转移的动力及粘性分析［J］．江西社会科学，2012，33（5）：5-11.

[24] 李金华．中国产业的粘性与互动性研究——基于电力行业的实证［J］．统计与决策，2005，21（6X）：4-8.

[25] 朱喜安，魏国栋．熵值法中无量纲化方法优良标准的探讨［J］．统计与决策，2015，31（2）：12-15.

[26] 吴琦．《长江经济带发展规划纲要》正式印发［J］．中国商界，2016，22（10）：67.

[27] 王海江，苗长虹，乔旭宁．黄河经济带中心城市服务能力的空间格局［J］．经济地理，2017，37（07）：33-39.

[28] 伍婷．农业与旅游产业融合模型及实证研究——以桂林休闲农业旅游发展为例［D］．广西师范大学，2014.

[29] 周晓芳．广州都市农业旅游发展探讨［J］．农业现代化研究，2002，23（2）：124-126.

[30] 沈和江，沈绍岭，张秋娈．都市休闲观光农业旅游的结构布局与开发模式研究——以杭州市为例［J］．商业经济与管理，2007，1（11）：75-80.

[31] 王云，史春云，林杰，孙浩．江苏省农业旅游的时空格局与特征分析［J］．北京第二外国语学院学报，2012，34（07）：13-17.

[32] 邹统钎．中国乡村旅游发展模式研究——成都农家乐与北京民俗村的比较与对策分

析 [J]. 旅游学刊，2005 (03)：63-68.

[33] 刘文敏. 上海农业旅游发展分析 [J]. 上海经济研究，2006 (08)：53-60.

[34] 问建军，汶录凤，王鼎峰. 陕西农业旅游开发的现状与对策 [J]. 陕西农业科学，2011，57 (01)：220-222.

(刊发情况：《经济地理》2018 年第 12 期)

洞庭湖生态经济区农旅融合效率的时空差异及其优化研究

方世敏，李向阳

（湘潭大学 商学院，湖南 湘潭 411105）

摘要： 运用仁慈型DEA模型，对2011—2018年洞庭湖生态经济区农旅融合效率的时空差异进行评价。研究发现，从总体上看，洞庭湖生态经济区农旅融合效率分为下降（2011—2014年）与上升（2015—2018年）两个阶段；从空间上看，农旅融合效率分为稳定高效率地区（望城区）、非稳定高效率地区（岳阳市）、稳定低效率地区（常德市）和非稳定低效率地区（益阳市、荆州市）四种地区类型。在此基础上，提出湖区农旅融合效率的优化建议。

关键词： 农旅融合效率；时空差异；仁慈型DEA模型

1 引言

2014年4月14日，国务院批复同意《洞庭湖生态经济区规划》，规划范围包括湖南省岳阳市、常德市、益阳市、长沙市望城区和湖北省荆州市等四市一区，规划面积6.05万平方公里。洞庭湖生态经济区（以下简称洞庭湖区）地处长江中游荆江南岸，地跨湘、鄂两省，历来是我国重要的农产品生产基地。在农业现代化进程中，洞庭湖区着力调整农业产业结构，通过农业与旅游产业融合（以下简称农旅融合）大力发展休闲农业与乡村旅游，起步早，势头劲，迄今已具相当规模，在全国具有典型性和代表性。党的十八大以来，随着供给侧结构性改革持续推进，洞庭湖区在农旅融合过程中的土地利用、管理体制等“输入”瓶颈，以及资源粗放利用、产业融合效率不高等“输出”问题日益凸显，亟待从全局视角深入剖析输入与输出之间的反应机制，优化农旅融合效率，推进农旅深度融合和经济高质量发展。

目前，学界对农旅融合效率等概念尚未形成共识，本文在综合汲取前人研究成果的基础上，[1]43-49,[2]66-72将农旅融合效率界定为在一定资源条件下，旅游产业对农业促进效率与农业对旅游产业促进效率之间的较小值。通过梳理国内外的相关文献，现有关于农旅融合效率的研究成果主要包括：对某个农业园区的农业旅游效率评价；[3]78-81 以特定地区“农家乐”[4]30-39 或休闲农庄[5]335-340 为研究样本的经营效率分析；以全国休闲农业与乡村旅游示范县[6]138-143、省（区、市）休闲农业与乡村旅游示范点[7]226-230、农业观光园[8]48-58 为研究对象，分析该地区休闲农业发展效率；对特定研究区内各评价单元休闲农业效率[9]231-244 与乡村旅游效率[10]2181-2191 的空间分布差异性进行研究等。已有研究对农旅融合效率进行了不同程度的探讨，但从研究方向来看，多数缺乏对发展效率的动态评价；从研究深度来看，多以描述区域整体特征为主，对内部发展效率的差异性刻画不足；从研究视角来看，鲜有学者基于产业融合的视角分析效率发展特征。为拓宽农旅融合效率的研究范围与理论方法，弥补相关研究不足，本文利用仁慈型 DEA 模型对 2011—2018 年洞庭湖区农旅融合效率的时空差异和演变特征展开分析，进而提出优化建议，为推进湖区农旅融合发展提供思路借鉴。

2 测度方法与研究设计

2.1 测度方法

鉴于农旅融合的相互影响长期存在，本文选用仁慈型 DEA 模型，其运算特点是在各决策单元保证自身效率最大值的前提下，使其他决策单元的交叉效率最大化，克服了传统 DEA 基于自评思想的不足。由于所选模型应用广泛且公式简单，在此不作赘述。

2.2 研究设计

2.2.1 指标选取

（1）投入指标：根据经济学原理，基于本文研究视角与相关经验借鉴，将农业与旅游产业的投入要素确定为土地、劳动、资本和其他投入等四个方面。①土地投入：考虑到洞庭湖区农业复种、休耕、弃耕和非耕地产出等实际情况，本文以农作物总播种面积作为农业的土地投入；由于旅游产业受区域土地面积指标的影响较小，而旅游资源对旅游发展具有重大基础性作用，本文借鉴相关处理方法，[11]327-339 以各地旅游资源丰度值代替土地投入指标。② 劳动投入：鉴于广义农业的研究视角与旅游产业的综合性，本文以第一产业和第三产业从业人员数计算劳动投入，分别代表从事农业和旅游产业的劳动力数量。③ 资本投入：鉴于固定资产投资与经济增长之间存在长期稳定的相互促进关系，以及农业投资对洞庭湖区农业增加值的重要贡献，借鉴龙冬平等学者的研究，[12]213-226 以农业固定资产投资作为农业资本投入要素；旅游产业方面，由于洞庭湖区官方统计未涉及旅游产业固定资产投资，参考相关研究的处理方法，[13]313-323 选取住宿业和餐饮业固定资产投资作为旅游产业投资规模。考虑到固定资产投资效益的一年滞后期效应，本文选取上一年的固定资产投资对应当年产出数据进行计算。④ 其他投入：洞庭湖区是全国粮食主产区，农业机械总动力作为区分现代农业与传统农业的主要特征是衡量其农业发展的关键性指标，用于表示农业机械技术投入；旅游产业方面，既有研究多以星级饭店客房数或星级饭店数作为旅游效率的投入指标，本着指标可操作性原则，本文以星级饭店数衡量旅游接待能力，用于表示旅游产业服务投入。

（2）产出指标：在农业方面，相关研究多以农业总产值与粮食产量作为评价农业生产效率的产出要素，在此基础上考虑到农业现代化进程中农业中间投入在农业总产值的占比因素及农业生产对农民收入的显著影响，通过借鉴相关文献处理方式，[14]70-82 本文将第一产业增加值与农村居民人均可支配收入①也纳入农业产出指标体系。在旅游产业方面，旅游收入与旅游人数作为表征旅游发展水平的主要指标是多数研究成果所选用的产出指标，因而本文以入境旅游者人数和国内旅游人数以及国际旅游外汇收入和国内旅游收入作为旅游产业的产出指标。

2.2.2　数据来源

由于暂时无法直接获得洞庭湖区的相关数据，本文以洞庭湖区四市一区的统计数据作为原值样本数据，在以 2010 年为研究基准年进行指数处理②后对洞庭湖区农旅融合效率进行测度。本文所使用的数据主要来源于相关统计年鉴与统计公

---

① 由于国家统计口径的变化，2015 年以前用农民人均纯收入代替。

② 2010—2018 年地区第一产业增加值指数、农林牧渔业总指数和农村居民人均可支配收入指数分别来源于《湖南统计年鉴 2019》和《湖北统计年鉴 2019》；2010—2018 年湖南、湖北固定资产投资指数和居民旅游消费价格指数来源于 CEIC Data 统计数据库。

报，此外，各省、市、区及相关部门官网也是重要的数据补充来源。

3　实证分析

利用 Matlab2018 软件，首先对 2011—2018 年洞庭湖区农旅融合效率进行总体测度，然后分别对各地区进行效率评价，结果如表 1。

表 1　2011—2018 年洞庭湖区农旅融合效率评价结果

指标类别	评价地区	年份								均值
		2011	2012	2013	2014	2015	2016	2017	2018	
农旅融合效率	洞庭湖区	0.803	0.762	0.758	0.733	0.821	0.834	0.864	0.875	0.806
	望城区	0.841	0.905	0.899	0.789	0.832	0.813	0.896	0.883	0.857
	岳阳市	0.883	0.736	0.903	0.669	0.700	0.846	0.848	0.955	0.818
	常德市	0.890	0.802	0.758	0.733	0.689	0.746	0.788	0.911	0.790
	益阳市	0.691	0.772	0.726	0.543	0.648	0.806	0.842	0.985	0.752
	荆州市	0.738	0.622	0.675	0.660	0.725	0.879	0.760	0.897	0.745
农业对旅游产业的促进效率	洞庭湖区	0.803	0.762	0.758	0.733	0.852	0.834	0.868	0.886	0.812
	望城区	0.889	0.905	0.899	0.866	0.883	0.813	0.896	0.937	0.886
	岳阳市	0.883	0.736	0.903	0.669	0.700	0.846	0.848	0.962	0.818
	常德市	0.890	0.802	0.896	0.768	0.689	0.746	0.788	0.968	0.818
	益阳市	0.917	0.800	0.726	0.543	0.648	0.806	0.842	0.985	0.783
	荆州市	0.738	0.622	0.675	0.660	0.725	0.899	0.760	0.911	0.749
旅游产业对农业的促进效率	洞庭湖区	0.883	0.807	0.885	0.833	0.821	0.866	0.864	0.875	0.853
	望城区	0.841	0.952	0.900	0.789	0.832	0.936	0.912	0.883	0.881
	岳阳市	0.919	0.916	0.908	0.843	0.857	0.865	0.885	0.955	0.894
	常德市	0.907	0.827	0.758	0.733	0.770	0.894	0.882	0.911	0.835
	益阳市	0.691	0.772	0.801	0.670	0.785	0.908	0.945	1.000	0.822
	荆州市	0.834	0.815	0.727	0.708	0.874	0.879	0.918	0.897	0.832

3.1　洞庭湖区总体状况分析

根据表 1 和图 1a，2011—2018 年洞庭湖区农业对旅游产业的促进效率整体呈现先降后升的演化趋势。具体表现为：2011—2014 年的促进效率呈不断下降的趋势，在 2014 年达到最小值 0.733，而后波动上升到最大值 0.886，这说明农业对旅游产业的推动作用先减弱后增强。相比之下，在 2011—2018 年间，旅游产业对农业的促进效率比较稳定，且在 2011—2014 年高于农业对旅游产业的促进效率，在 2015—2018 年与之十分接近。因此，2011—2018 年洞庭湖区农旅融合效率基本上表现为农业对旅游产业的促进效率。

从表 1 和图 1b 可知，2011—2018 年洞庭湖区农旅融合效率的波动趋势整体可划分为两个阶段：一是下降阶段（2011—2014 年），农旅融合效率从 0.803 下降到 0.733，下降幅度为 8.7％；二是上升阶段（2015—2018 年），农旅融合效率从 0.733 上升到 0.875，增长 19.4％。

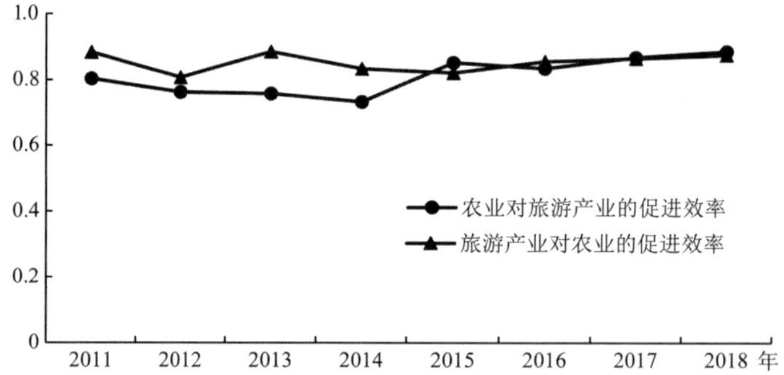

图 1a　洞庭湖区农业和旅游产业相互促进效率

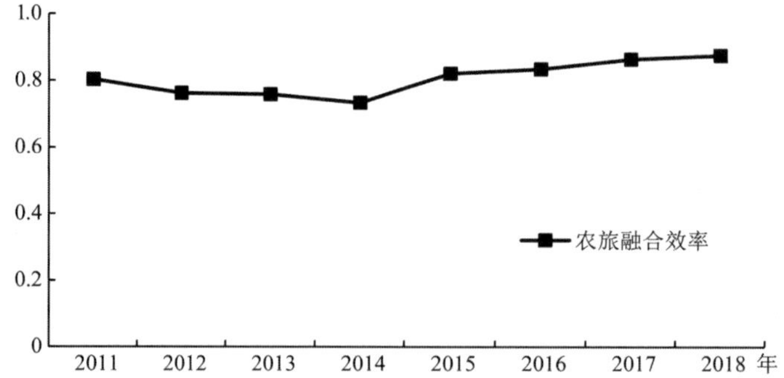

图 1b　洞庭湖区农旅融合效率

经分析，呈现以上特征的主要原因如下。(1) 下降阶段：一是由于生态环保意识淡薄，环境污染日益加剧，加之自然灾害的影响，生态治理与防灾减灾成为制约洞庭湖区发展的最大瓶颈，这在很大程度上抑制了农业资源向旅游资产的转化效率；二是“农家乐”、休闲农庄等乡村旅游业态是早期洞庭湖区农旅融合的主要形式，由于缺乏规划引导与专业帮扶，广大农民不具备商业运作与抵御市场风险的能力，造成乡村旅游同质化严重，“假融合”“浅融合”现象屡见不鲜；三是“靠水吃水”的发展惯性思维，导致传统农业的发展模式难以转化成稳定的农业旅游效应。(2) 上升阶段：一是《洞庭湖生态经济区规划》的出台，为新形势下农业转型与旅游业发展指明了方向，对农旅融合产生积极影响；二是在宏观政策的引导下，各级政府日益重视乡村旅游，通过多种形式推动农旅融合发展；三是洞庭湖区以生态文明建设倒逼经济发展转型，促使粗放型的传统农业向多功能的现代农业转化，进一步提高了农旅融合效率。

3.2 各地区对比分析

3.2.1 农业对旅游产业的促进效率比较分析

从表 1 和图 2a 得出，在 2011—2018 年间各地区的促进效率大致经历了先下降后上升的发展阶段。在 2011—2014 年下降阶段，望城区的促进效率年均值最高且发展稳定，岳阳市、常德市和益阳市的年均效率值处于一般水平，但益阳市波动幅度相对较大，荆州市的年均效率值较低且波动幅度较小；在 2015—2018 年上升阶段，望城区和荆州市呈波动上升之势，岳阳市、常德市和益阳市缓慢上升。可见，望城区农业对旅游产业的年均促进效率最高且处于较为稳定的发展水平；岳阳市和常德市的年均促进效率相等，同处于较高水平；益阳市农业对旅游产业的年均促进效率表现一般且发展不稳定；荆州市处于较为稳定的一般发展水平。

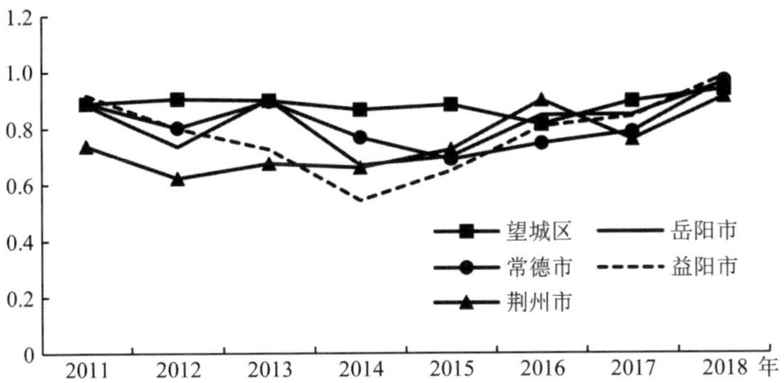

图 2a 各市（区）农业对旅游产业的促进效率

3.2.2 旅游产业对农业的促进效率比较分析

从表 1 和图 2b 可以发现，在 2011—2018 年间各地区的促进效率表现不尽相同，其中望城区处于相对稳定的较高水平，岳阳市、常德市和荆州市的促进效率经历了先降后升的波动发展阶段，而益阳市的促进效率一直（2014 年除外）处于稳步提升阶段。从年均促进效率情况来看，岳阳市旅游产业对农业的促进效率最高，望城区紧随其后，常德市和荆州市依次次之，益阳市最低。

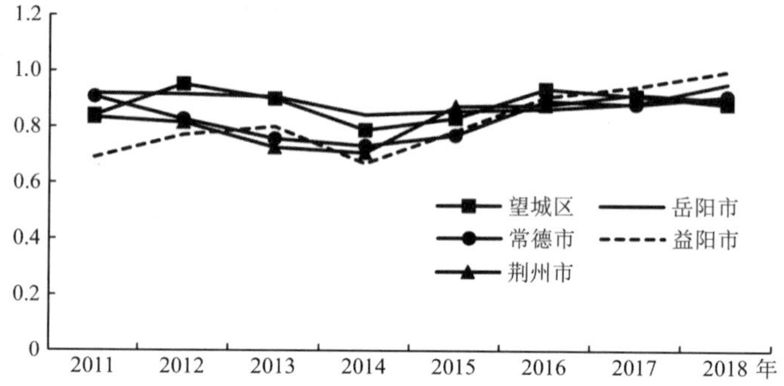

图 2b　各市（区）旅游产业对农业的促进效率

3.2.3 农旅融合效率比较分析

根据表 1 和图 2c，望城区农旅融合效率在 2011—2014 年间呈现先上升后下降的趋势，在 2015—2018 年间稳定上升，年均效率值为 0.857 且发展平稳，说明其农旅融合发展质量较高，稳定性较好；岳阳市农旅融合效率在 2011—2014 年间波动下降，在 2015—2018 年间缓慢回升，年均效率值为 0.818，说明其融合质量在前期并不稳定而后趋于平缓并逐渐回升；常德市农旅融合效率总体表现平稳，呈先降后升之势，年均效率值为 0.790，说明其农旅融合质量相对稳定；益阳市农旅融合效率的波动幅度较大，年均效率值为 0.752，在 2011—2014 年间波动下降，2015—2018 年间快速上升，说明其农旅融合发展水平并不稳定；荆州市农旅融合效率整体稳步增长，年均效率值为 0.745，说明其农旅融合质量处于不断提升的发展阶段。

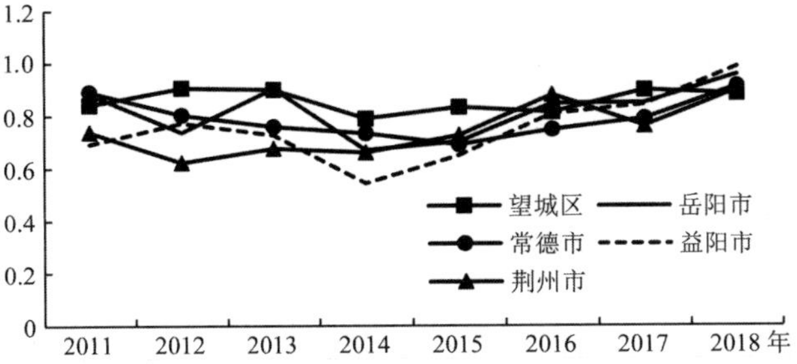

图 2c 各市（区）农旅融合效率

3.3 洞庭湖区农旅融合效率的时空差异

综上，借鉴黄莉芳等学者的研究方法，[15]54-61+74 分别以农旅融合效率的平均值和标准差为纵、横坐标绘制效率矩阵图（图 3）。为便于总结洞庭湖区农旅融合效率的时空差异与演变特征，本文将农旅融合效率的平均值和平均标准差作为临界值。其中农旅融合效率平均值为 0.8，大于平均值说明效率高，反之效率低；平均标准差为 0.09，小于平均标准差为稳定，反之为非稳定。依据此方法划分四种地区类型，其中 I 型为稳定高效率地区；II 型为非稳定高效率地区；III 型为稳定低效率地区；IV 型为非稳定低效率地区。

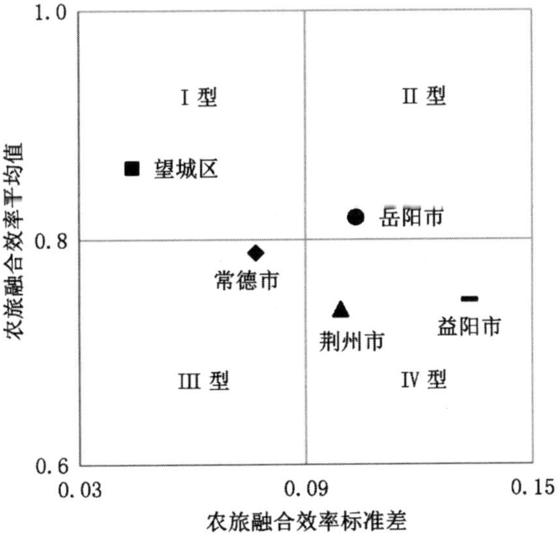

图 3 农旅融合效率矩阵图

4 结论与建议

4.1 研究结论

从产业融合的视角，通过创新性建构了农旅融合效率测度指标体系，弥补了相关理论研究方法的不足；运用仁慈型 DEA 模型对 2011—2018 年洞庭湖区农旅融合效率的时空差异进行分析，并划分四种地区类型。结果表明：

第一，从总体上看，洞庭湖区农旅融合效率可以分为两个阶段：第一阶段为 2011—2014 年，受生态环境问题突出、乡村旅游同质化严重及传统农业粗放式发展等因素的影响，农旅融合效率呈下降趋势。第二阶段为 2015—2018 年，由于《洞庭湖生态经济区规划》的出台、宏观政策的影响和现代农业转型发展的促进作用，农旅融合效率不断提高。

第二，从空间上看，洞庭湖区农旅融合效率划分为四种地区类型。其中，望城区为稳定高效率地区（I 型）；岳阳市为非稳定高效率地区（II 型）；常德市为稳定低效率地区（III 型）；益阳市、荆州市为非稳定低效率地区（IV 型）。

4.2 优化建议

基于洞庭湖区农旅融合发展的时空差异与演变特征，为促进湖区休闲农业与乡村旅游健康发展，建议如下：

第一，对于湖区整体，农旅融合需要做好统筹规划。为科学利用湖区资源，提高农旅融合发展质量，农旅融合应统筹协调好以下几种关系：一是保护与发展的关系。推进农旅融合必须坚持“两山理论”，严守生态底线，保护生态资源，要最大限度减小资源开发对生态环境造成的负面影响，实现农旅融合与生态保护协调发展。二是农民与市场的关系。农旅融合发展离不开农民与市场的相互协作，然而农民阶层处于经济市场化边缘的事实，决定两者并不是一对能够对等的作用力。农旅融合需要创新运营模式，制衡各方诉求，在保障农民实际利益的同时，加强对农民的职业教育与乡村的金融服务，提高农民的职业素质和抗风险能力，促进人力资源配置与管理效用最大化。三是过去与未来的关系。“可持续”

是人类发展永恒的话题，由于农旅融合具有较强的政策导向性与发展周期性，在规划中应借鉴“留白”“分期”的做法，为农旅融合发展留出未来发展的弹性空间。

第二，对于I型地区，农旅融合需要加强创新合作。这类地区通常位于大城市周边，区位优势明显，农旅融合发展较为成熟，其面临的主要风险在于若不提前加以应对，发展到一定阶段就容易陷入停滞期。因此，这类地区应当推动农旅融合转型升级，通过引入新业态，提高农旅要素供给精准性，增强农业在农旅融合中的主动性。同时，应当借助周边地区的优势资源，积极对接宏观区域的政策红利，加强开放合作，促成共建共享。

第三，对于II型地区，农旅融合需要倡导错位发展。从研究结果来看，这类地区农旅融合发展具有明显阶段性特征，主要原因在于地区内部农旅融合差异性较大。因此，这类地区应当对内部资源进行综合评判，减少同质竞争。对于资源匮乏与发展条件尚不成熟的地区，应以现代农业和特色农业为主；对于区位优越、资源丰富的地区，应精准定位，扬长避短；对于资源条件相类似的地区，需要加强相互协作，形成合力。

第四，对于III型地区，农旅融合需要树立品牌形象。这类地区的农旅融合质量表现一般，发展短板主要在于品牌形象模糊。实践证明，农旅融合具有农业与旅游产业的双重特性，重大事件与品牌宣传对促进农旅融合具有重要作用。随着消费者对旅游要素消费升级，农旅融合在做好供给侧结构性改革的同时，也要注重对品牌形象的建立与运营，增强游客感知度，进一步促进农旅资源转化为市场效益，引导农旅融合全面发展。

第五，对于IV型地区，农旅融合需要法规政策保障。由于缺乏政策引导与法律法规保障机制，该类地区农旅融合发展呈现出较强的不稳定性。因此，应当通过政府帮扶，引入社会资本，建立“政府＋企业＋农户”的运营模式，在政策上向支持农旅融合发展的建设项目适当倾斜，多渠道激发社会资本投资农业领域的活力，但在此过程中也要妥善处理社会资本与村民利益之间的关系。

参考文献：

[1] 张铁龙，崔强．中国工业化与信息化融合评价研究［J］．科研管理，2013，34（04）．

［2］闫绍花，苗建军．长江中游城市群高技术产业与传统工业融合效率研究［J］．科技管理研究，2017（12）．

［3］苏瑞，钱益春．丰县现代农业示范区旅游运营生产效率分析［J］．中南林业科技大学学报（社会科学版），2016，10（02）．

［4］Galluzzo N. Technical and economic efficiency in some Italian farms：An analysis in two Italian islands［J］．Agricultural Economics Review，2017，18（02）．

［5］Morimoto H. Evaluating efficiency of agritourism management with Data Envelopment Analysis［J］．Journal of Rural Planning Association，2013，32（S1）．

［6］王明康，王诚庆．休闲农业效率特征及演化分析——以长三角地区为例［J］．地域研究与开发，2019，38（01）．

［7］张淑萍．DEA模型下的休闲农业评价实证分析：以河南省为例［J］．中国农业资源与区划，2017，38（02）．

［8］龙祖坤，李绪茂．城市不同功能区农业观光旅游效率与规模演进研究——以北京市为例［J］．农业经济与管理，2017（03）．

［9］李彬彬，米增渝，张正河．省域休闲农业发展效率的差异性与收敛性［J］．中国农业大学学报，2020，25（01）．

［10］江燕玲，潘卓，潘美含．重庆市乡村旅游运营效率评价与空间战略分异研究［J］．资源科学，2016，38（11）．

［11］余志康，孙根年，罗正文，等．40°N以北城市夏季气候舒适度及消夏旅游潜力分析［J］．自然资源学报，2015，30（02）．

［12］龙冬平，李同昇，苗园园，等．中国农业现代化发展水平空间分异及类型［J］．地理学报，2014，69（02）．

［13］邓洪波，陆林．基于DEA模型的安徽省城市旅游效率研究［J］．自然资源学报，2014，29（02）．

［14］周端明．技术进步、技术效率与中国农业生产率增长——基于DEA的实证分析［J］．数量经济技术经济研究，2009（12）．

［15］黄莉芳，杨向阳．中国城市旅游业的投入产出效率［J］．城市问题，2015（03）．

（刊发情况：《湘潭大学学报（哲学社会科学版）》2021年第1期）

乡村旅游发展对粮食安全的影响
——基于粮食主产区的门槛面板数据分析

方世敏[1]，戴玉聪[1]，廖立琼[2]
（1. 湘潭大学 商学院，湖南 湘潭 411105；2. 长沙商贸旅游职业技术学院，湖南 长沙 410007 ）

摘要： 粮食主产区保障国家粮食安全是其经济社会发展的首要责任，现实中乡村旅游开发对粮食主产区粮食安全产生一定影响。根据旅游业挤出效应理论，基于粮食主产区 10 年的面板数据，借助 Hansen 门槛效应模型，对乡村旅游作用于粮食安全的非线性影响展开分析发现：乡村旅游发展水平较低时，促进粮食安全发展；乡村旅游发展水平较高时，对粮食安全水平有负向影响；粮食主产区各省份处于旅游发展的不同阶段，乡村旅游对粮食安全的影响存在差异。为了保障国家粮食安全，相关省份在区域发展规划与政策制定时应正视乡村旅游对粮食安全水平影响的非线性作用，合理调控乡村旅游的发展规模与速度，以促进区域乡村旅游与粮食安全的协调发展与利益最大化。

关键词： 粮食主产区；乡村旅游；粮食安全；门槛面板；非线性影响

1　问题提出

“民以食为天”，自古以来粮食安全都是治国理政的头等大事。1983 年联合国粮农组织（WFO）指出，粮食安全通常是指保证任何人在任何时候能买得到又能买得起为维持生存和健康所必需的足够食品，从国家和地区层面而言粮食自给率是其终极衡量标准[1]。新中国成立以来，国家一贯高度重视粮食安全，长期实施国家粮食安全战略，在解决自身粮食安全上取得巨大成就。粮食产量从 1949 年的 2264 亿斤增加到 2018 年的 13158 亿斤，呈现跨越式发展。然而，一个时期以来我国粮食安全依然面临着粮食成本上升、粮食产量增长后劲乏力、农业农村生态环境恶化等压力。《国家粮食安全中长期规划纲要（2008—2020 年）》中就指出我国粮食的供需将长期处于“紧平衡”状态，保障粮食安全面临严峻挑战。

长期以来乡村旅游发展对于我国农村的生产生活生态产生一定积极影响，有些地区还十分显著。由此，中央一直鼓励发展乡村旅游与休闲农业。2017 年中央一号文件强调农业供给侧结构性改革，指出发展农村新产业新业态、促进三产融合是供给侧改革的重要内容。对此，有关专家认为，抓住包括乡村旅游在内的农村三产融合，也就抓住了拓宽农民增收渠道、拓展农业功能、改善农业供给质量和效率的“牛鼻子”，农民增收则能加大粮食生产投入[2]。也就是说，能够促进农业供给质量和效率提升的乡村旅游也是保障粮食安全的重要途径。由此可以认为，乡村旅游发展与粮食安全密不可分。

然而，从近年乡村旅游发展实践中也能够发现乡村旅游并不总是促进农业的发展。一个时期以来许多地方发展乡村旅游的不良行为对农业健康发展造成不良影响，乃至对粮食安全构成一定的威胁。为此，2018 年 8 月，农业农村部、自然资源部联合部署，在全国范围开展“大棚房”专项清理整治，对侵占农业用地、威胁粮食安全的乡村旅游与休闲农业建筑设施下令限期拆除，遏制了乡村旅游发展中的不良现象。

粮食主产区是我国实施粮食安全战略的重点区域。财政部 2003 年发布的《关于改革和完善农业综合开发若干政策措施的意见》依据各地主要农产品的产量等指标，将黑龙江、吉林、辽宁、内蒙古、河北、河南、山东、江苏、安徽、四川、湖北、湖南和江西 13 个省（自治区）界定为粮食主产区。《全国主体功能区规划》将粮食主产区划定为限制开发区域。可见，基于保障国家粮食安全的前提，粮食主产区的乡村旅游开发更是存在“限度”的问题。而其中的限度到底在哪里，粮食主产区发展乡村旅游的力度如何把控，是值得关注的重要问题。

关于粮食生产效率与乡村旅游发展方面的研究学术界早已有之。哈拉格认为乡村旅游提高农业劳动力的利用率，旅游业雇用了闲置的农业人力，让旅游者接触农产品，从而有助于推销农产品[3]。切奇克[4]、休勒[5]认为，农业旅游能增加产品和服务的附加价值，提高农业经营的长期利润。拉西提格劳拉[6]、麦基希[7]指出，农业旅游是农村地区农业经济多样化和农业产业升级的重要形式。在国内，卢朝晖[8]、黄萍[9]、邱云美[10]、罗伟[11]、胡文海[12]等学者通过定性分析与思考认为乡村旅游能有效改善农村产业结构，吸引城市资金实现以城带农，缓解农产品销售压力，提高农业平均利润率，促进农业发展。桂拉旦研究“以旅助农”传导机制，认为乡村旅游能够推动农业市场化、规模化、工业化、产业化发展[13]。陈秀芝通过相关分析法发现乡村旅游中的旅游收入水平和粮食生产效率呈现高度正相关性，在商品粮产区通过发展乡村旅游能增加农民收入，从而增加农民在粮食生产上的投入，提高国家粮食安全水平[14]。

对于粮食生产效率与乡村旅游发展的关系，也有学者提出相悖的研究结论。赫曼斯认为农业和旅游业在劳动力和土地方面存在竞争[15]。布斯比认为乡村旅游和农业之间的联系越来越弱，农民开始在他们的农场上从事旅游业，慢慢地有脱离农业活动的倾向[16]。霍夫勒[17]和古穆什维利[18]分别研究亚马孙河流域和卡兹贝吉市，认为旅游业对农业以及粮食生产没有明显影响。在国内，学者对于农业和旅游业的土地和劳动力竞争问题也有一些研究。在土地利用方面，彭慧[19]、刘丹研究发现，在经济利益的驱动下，极易出现农用地内部土地类型和种植结构的分化，即农地流转中“去粮化”的现象，威胁粮食安全[20]。在农民就业方面，黎洁采用双重选择等模型分析农户参与旅游对家庭农林业劳动时间、外出务工时间的影响发现，参与旅游对农户农林业生产时间具有显著负向作用，但农户参与旅游的一些特征或形式，如土特产销售，对农林业生产则有显著正向作用[21]。

既往研究未能综合分析由乡村旅游发展引致的经济、社会、环境效益对衡量粮食安全的农业用地、农业劳动力、农产品销售等主要因素的影响，往往只讨论了其中的某一方面，或者只是进行定性的笼统概括。另外，既有实证研究往往只对单个或少量研究地进行截面研究，未能探讨多个地区乡村旅游对粮食安全影响的动态变化。而根据前文分析可知，乡村旅游对粮食安全的影响往往是随着时间、地点不断变化甚至可能会出现相反结论的问题，单个或少量样本的截面研究难以为我国乡村旅游对粮食安全的影响提供准确预测并提出有效建议。

本文试图构建乡村旅游与粮食安全关系更为完善的测度指标体系，假设乡村旅游对粮食安全存在着非线性的影响，通过10年的数据，利用门槛面板回归模型深入探讨中国粮食主产区11个省的乡村旅游对粮食安全的动态影响，探究粮食安全前提下乡村旅游发展是否存在“限度”问题，进而为粮食主产区乡村旅游健康持续发展提供参考。

2　理论依据与研究假设

关于旅游业的挤出效应国内外已有较多研究成果。1995年，亚当斯研究发现澳大利亚以旅游为产业导向的昆士兰州农业和采矿业被旅游业的扩张所排挤[22]。普锐斯研究南非世界杯足球赛的旅游业，提出可用于省级层面的旅游业挤出效应计算方法[23]。王隽妮构建旅游业与非旅游业产业的挤出效应模型来分析旅游业区域差异的原因[24]。熊正贤研究讨论了乡村旅游对居民收入和生态环境的挤出现象[25]。

旅游业的挤出效应理论指对于基础设施比较完善、交通便捷、旅游业或其他服务业又是主导产业的地区，旅游业的关联效应越显著，旅游产业规模经济和范围经济不断扩大，产生正挤出效应，从而挤占其他产业所需的要素和空间，抑制其他产业发展；而旅游规模较小的地区，短期虽对旅游投资有所增加，政府或私人投资首先倾向当地主导产业，因而当地的优势主导产业挤占了旅游业发展所需生产要素，从而产生负挤出效应，旅游产业促进其他产业发展。

粮食生产是粮食主产区主导产业。“挤出效应”为乡村旅游和粮食安全的非线性关系分析提供了理论视角。由此提出以下假设：

假设 1：乡村旅游对粮食安全发展具有非线性的影响；

假设 2：当乡村旅游发展水平较低时，对粮食安全有负挤出效应，促进粮食安全水平提升；

假设 3：当乡村旅游发展水平较高时，乡村旅游对粮食安全产生正挤出效应，抑制粮食安全水平发展。

3 研究方法及模型设定

3.1 样本选择

我国粮食主产区的 13 个省级行政区域除四川和内蒙古外，主要集中在三大平原地区。三大平原具体指：包括黑龙江、吉林、辽宁的东北平原；包括河南、河北、山东的华北平原；包括江苏大部分区域、安徽大部分区域以及湖北、湖南、江西的长江中下游平原。为便于比较分析，本文选取地形与气候类似、粮食产量相当的三个平原地区的 11 个省份作为分析样本。鉴于《国家粮食安全中长期规划纲要》的规划期限为 2008 年至 2020 年，提出了保障粮食安全的一系列新政策、措施，为探究该规划期内乡村旅游对粮食安全的影响情况，但由于 2018 年的一些数据官方尚未公布，因而本文采用 2008 年至 2017 年 10 年的数据对样本地展开分析。

3.2 研究方法

3.2.1 变异系数法

变异系数法是直接利用各项指标本身所包含的信息来进行客观赋权的方法[26]。由于在评价体系中，指标取值差异越大的指标，也是越难实现的指标，但却是更能反映评价对象之间差距的指标，且变异系数能消除指标量纲的影响，来直接比较差别程度，所以本文利用变异系数法为指标赋权。

各指标变异系数公式为：

$$V_i = \frac{\sigma_i}{\overline{x}_i}(i = 1,2,\cdots,n) \tag{1}$$

V_i 是第 i 项指标的变异系数；σ_i 是第 i 项指标的标准差；$\overline{x}_i$是第 i 项指标的平均数。

各指标的权重为：

$$W_i = \frac{V_i}{\sum\limits_{i=1}^{n} V_i} \tag{2}$$

3.2.2 门槛面板回归

门限自回归模型自从汤家豪（1978）提出以后，得到经济和金融领域的广泛应用，来解决变量之间的非线性关系。门槛效应指在定义的门槛变量区间内，解释变量对被解释变量的影响会随着区间的不同呈现不同的作用程度和作用方向[27]。为了避免人为划分区间带来的偏误，我们采用汉森发展的门槛面板模型[28]，根据数据本身特点来划分区间来分析乡村旅游与粮食安全之间的非线性关系。

单一门槛的模型设定如下：

$$y_{it} = \mu_i + \beta_1 x_{it} \times I(q_{it} < \gamma) + \beta_2 x_{it} \times I(q_{it} \geqslant \gamma) + \theta \boldsymbol{G}_{it} + \varepsilon_{it} \tag{3}$$

i 代表个体，y 代表时间，y_{it} 为被解释变量，x_{it} 为解释变量，μ_i 为个体截距项，q_{it} 为门槛变量，γ 为待估计的门槛值，I（$q_{it}<\gamma$）和 I（$q_{it}\geqslant\gamma$）为指标函数，其相应的括号内条件成立时取值为 1，否则取值为 0，$\boldsymbol{G}_{it}$ 为一组对 y 有影响的控制变量，θ、β_1、β_2 为相应项系数，扰动项 ε_{it} 为独立同分布。

为了得到参数的估计量，首先从每个观察值中减去组内平均值以消除个体效应 μ_i，进而对所有观察值累叠，采用矩阵形式将模型转换为：

$$Y_{it}^{*}=X^{*}(\gamma)\beta+\varepsilon^{*} \tag{4}$$

对于任一给定的Y，可以通过 OLS 估计得到β的估计值：

$$\beta(\gamma)=[X^{*}(\gamma)^{T}X^{*}(\gamma)]^{-1}X^{*}(\gamma)^{T}Y^{*} \tag{5}$$

相应残差平方和为：

$$\begin{aligned}S_1(\gamma)&=\hat{e}^{*}(\gamma)^{T}\hat{e}^{*}(\gamma)\\&=Y^{*T}\{I-X^{*}(\gamma)^{T}[X^{*}(\gamma)^{T}X^{*}(\gamma)]^{-1}X^{*}(\gamma)^{T}\}Y^{*}\end{aligned} \tag{6}$$

采用逐步搜索法最小化$S_1(\gamma)$来求得对应的门槛值：

$$\gamma(\hat{\gamma})=\arg_{\gamma}\min S_1(\gamma) \tag{7}$$

最终可得到$\hat{\beta}=\hat{\beta}(\hat{\gamma})$，残差向量$\hat{e}^{*}(\gamma)=\hat{e}^{*}(\hat{\gamma})$，和残差平方和$\hat{\sigma}^2=\hat{\sigma}^2\gamma^2$。

得到参数值后需要进行两个检验：一是门槛效应是否显著，原假设$H_0:\beta_1=\beta_2$，检验统计量为$F_1=\frac{S_0-S_1(\hat{\gamma})}{\hat{\sigma}^2}$，$s_0$为在原假设下得到的残差平方和。在原假设下由于$y$无法识别，Hansen 建议采用“自抽样法”（Bootstrap）来获得渐近性分布，继而构造P值；二是门槛值是否等于真实值，原假设为$H_0:\hat{\gamma}=\gamma_0$，相应的似然比检验统计量为$LR_1(\gamma)=\frac{S_1(\gamma)-S_1(\hat{\gamma})}{\hat{\sigma}^2}$，Hansen 认为当$LR_1(\gamma_0)\leqslant c(\alpha)$时，不能拒绝原假设。其中，$\alpha$表示显著水平。

从计量角度可能会出现多个门槛，估计方法是假设$c(\alpha)=-2\ln(1-\sqrt{1-\alpha})$单一门槛模型中估计出的$\hat{\gamma}_1$已知，再重复上述步骤进行$\hat{\gamma}_2$的搜索，得到$\hat{\gamma}_2$的值。我们还可以固定$\hat{\gamma}_2$，对$\hat{\gamma}_1$进行再次搜索，来得到优化后的一致估计量。

3.3 指标体系、数据来源与变量设定

3.3.1 粮食安全水平衡量的指标体系

本文“粮食安全”为被解释变量。我国政府在粮食安全概念与统计口径中将粮食定义为谷物（包括小麦、稻谷、玉米等）、豆类和薯类，而粮食自给率则被确定为我国粮食安全水平的衡量标准。为了更全面地衡量粮食安全水平，本文基于国际化的粮食安全概念，结合中国国情农情粮情的特殊性，采用高延雷从短期视角的供给一获得性维度和长期视角的稳定性一持续性维度构建的粮食安全的评价体系[29]。为了体现农业现代化程度，纳入机械动力这一指标，用全部农业机械

动力的额定功率之和来表示。本文粮食安全衡量的指标体系如表 1 所示，数据均来自国家统计局官方网站和《中国农村统计年鉴》。其中变量有正负性质之分，对负向指标使用“倒扣逆变换法”进行正向化处理[30]，权重根据变异系数法求得。

稳定性层指标属于逆向指标，正向化处理公式为：

$$y_{it} = \max_{1\leqslant i\leqslant n}\{x_{ij}\} - x_{ij} \tag{8}$$

持续性层指标属于适度逆向指标，正向化处理公式为：

$$y_{it} = \max_{1\leqslant i\leqslant n} | x_{ij} - \overline{x_{ij}} | - | x_{ij} - \overline{x_{ij}} | \tag{9}$$

表 1　粮食安全水平衡量的指标体系

目标层	标准层	指标变量	指标性质	变量解释	数据来源	权重
粮食安全 Food safety	供给侧	单位面积产量（吨/平方千米）	正	反映该省产粮能力，指省域当年粮食总产量占省域总面积的比重	数据均来国家统计局以及《中国农村统计年鉴》	0.07
		农业机械动力	正	体现粮食生产的现代化程度，指全部农业机械动力的额定功率之和		0.10
		耕地面积比例（%）	正	耕地面积是粮食生产的基础，体现该省对耕地面积的保护程度，用粮食耕地面积与省域面积之比来表现		0.07
		财政支农金额比例（%）	正	体现该省政府对粮食生产的重视与支撑，用财政支农总额与总支出之比体现		0.17
	获得性	人均粮食占有量（吨/人）	正	体现粮食产量对省内需求的满足程度，用省内粮食总产量与省内常住人口之比来衡量		0.10
	稳定性	粮食生产波动系数（%）	负	用粮食产量与粮食平均产量的差额占粮食平均产量的比值表现粮食生产的波动程度		0.16
		粮食受灾比例波动系数（%）	负	粮食每年受灾面积波动也能体现粮食生产的稳定性。用受灾面积与农作物播种面积的比值计算得到粮食受灾比例，算出各个年份该比例的平均值，用粮食受灾比例与平均值的差和平均值本身的比来计算粮食受灾比例波动系数		0.15
	持续性	农药施用量（吨/千公顷）	负	农药、化肥、塑料薄膜过度使用造成的污染会严重影响耕地的可持续性。用农药施用量与农作物播种面积之比表示		0.05
		化肥施用量（万吨/千公顷）	负	用化肥施用量与农作物播种面积之比表示		0.04
		塑料薄膜使用量（吨/千公顷）	负	用塑料薄膜使用量与农作物播种面积之比表示。		0.10

3.3.2 乡村旅游水平衡量的指标体系

乡村旅游指旅游者以休闲、学习为目的进行的以乡村环境为基础，以乡村物质和非物质文化遗产、自然风景和农业活动为核心旅游资源，以城市居民为主要客源市场，以可持续旅游为发展导向的旅游形式和旅游活动[31]。衡量乡村旅游水平，首先需要明确乡村的范围。1963 年由中共中央和国务院发布的《关于调整市镇建制、缩小城市郊区的指示》明确，设置除镇建制和城镇化地区标准外的区域均属乡村。由于乡村的空间范围不同，乡村旅游统计的范围也就不同[32]，本文选取的乡村相关数据也将严格遵守该范围规定。通过借鉴中国社会科学院《中国乡村旅游发展指数报告》中的指标体系，以及易丹辉构建的乡村旅游统计检测指标体系[33]，从乡村旅游规模、收入、就业、基础设施和自然环境衡量乡村旅游发展水平，建立如表 2 所示乡村旅游发展水平衡量的指标体系。乡村旅游规模采用乡村旅游固定资产投资额来反映。由于没有直接的统计数据，采用《中国固定资产投资年鉴》样本地农村住宿和餐饮业的固定资产投资额来替代；乡村旅游收入数据缺失严重，采用乡村居民收入占所有居民收入比重来替代旅游收入中乡村旅游收入所占的部分，居民收入数据和旅游总收入数据均来自国家统计局；乡村旅游就业人口数据来自《中国第三产业统计年鉴》中样本地农村餐饮业和住宿业就业人数；农村自然环境用绿化覆盖率、人均绿地面积和绿地率三个指标通过变异系数法求权后的加权和表示，农村基础设施用用水普及率、燃气普及率、排水管道密度、乡村改厕四个指标通过变异系数法求权后的加权和表示，数据来自《中国城乡建设统计年鉴》。权重由变异系数法计算得出。

表 2 乡村旅游发展水平衡量的指标体系

变量名称	变量含义	指标性质	变量解释	数据来源	权重
asi	乡村旅游规模（亿元）	正	用乡村旅游固定资产投资额反映乡村旅游规模大小，乡村旅游固定资产投资额越多证明乡村旅游规模越大，反之亦然	《中国固定资产投资统计年鉴》中各地区农村在住宿和餐饮业中的固定资产投资额	0.33
inc	乡村旅游收入（十亿元）	正	由于各省 10 年乡村旅游收入的数据缺失严重，所以采用替代指标，用乡村居民收入占所有居民收入比重来计算旅游收入中乡村旅游收入所占的部分	居民收入数据和旅游总收入数据均来自国家统计局	0.16

续表

变量名称	变量含义	指标性质	变量解释	数据来源	权重
oe	乡村旅游就业人口（万人）	正	用农村餐饮业和住宿业就业人口表示	数据来自《中国第三产业统计年鉴》中分地区农村餐饮业和住宿业就业人数	0.27
env	农村自然环境	正	农村自然环境是乡村旅游吸引力的重要组成部分，本文用绿化覆盖率、人均绿地面积和绿地率三个指标通过变异系数法求权后的加权和表示	《中国城乡建设统计年鉴》中农村部分	0.15
inf	农村基础设施	正	农村基础设施决定旅游服务质量，本文用用水普及率、燃气普及率、排水管道密度、乡村改厕四个指标通过变异系数法求权后的加权和表示	《中国城乡建设统计年鉴》中农村部分	0.08

本文门槛面板回归模型以乡村旅游发展水平作为解释变量，探讨其对粮食安全水平的影响，同时将其作为门槛变量，就乡村旅游发展水平的非线性门槛效应展开分析，并根据数据本身的特点将乡村旅游发展水平划分为几个阶段，分别探讨各个阶段对粮食安全的正、负影响。

3.3.3　控制变量

地区经济水平、交通便捷程度、城镇化水平和产业结构为对粮食安全具有显著影响的控制变量，其中地区经济水平影响粮食获取能力[34]，交通便捷程度决定粮食运输效率[35]，城镇化水平影响粮食生产劳动力[36]，产业结构体现该地区农业生产的重要程度[37]。具体的计算方法和数据来源如表3所示。

表3　控制变量说明

变量名称	变量含义	计算方法	数据来源
GDP	地区经济水平（千亿元）	地区GDP值	国家统计局
road	交通便捷程度	省域运输路线（铁路、公路、水运）长度与省域面积之比	
urb	城镇化水平	城市人口与总人口的比值	
ind	产业结构	第一产业产值与总产值之比	

3.4 模型设定

根据上文分析和变量设定，参考 Hansen 门槛模型的设计思路，得到以下模型，此时门槛个数未设定，需通过之后的数据分析得到。

$$\begin{aligned} Food_{it} = {} & \mu_i + \beta_1 tour_{it} \cdot 1(tour_{it} \leqslant \gamma_1) + \\ & \beta_2 tour_{it} \cdot 1(\gamma_1 < tour_{it} \leqslant \gamma_2) + \cdots + \\ & a_n tour_{it} \cdot 1(\gamma_{n-1} < tour_{it} \leqslant \gamma_n) + \\ & \beta_{n+1} tour_{it} \cdot 1(tour_{it} > \gamma_2) + \theta_1 GDP_{it} + \\ & \theta_2 road_{it} + \theta_3 env_{it} + \theta_4 inf_{it} + \theta_5 urb_{it} + \theta_6 ind_{it} + \varepsilon_{it} \end{aligned} \tag{10}$$

$Food_{it}$ 为解释变量，指粮食安全水平；i 代表个体，t 代表年份；β_n 为待估计系数；θ_n 为控制变量系数；μ_i 为个体截距项；ε_{it} 为扰动项且独立分布。

4 实证分析

4.1 统计性描述

对乡村旅游发展与粮食安全结合进行统计性描述如表 4，并绘制出折线图图 1，更直观地展现乡村旅游与粮食安全发展状况；也绘制图 2、图 3 所示折线图，对三大平原的粮食安全和乡村旅游发展水平进行简单的对比分析。

表 4 主要变量的描述统计

变量	均值	标准差	最小值	25 分位值	50 分位值	75 分位值	最大值
food	627.469	333.514	223.59	360.89	529.825	998.34	1395.52
tour	135.791	80.652	25.16	64.31	126.48	193.51	328.67
GDP	2.60×10^4	1.70×10^4	4.43×10^3	1.40×10^4	2.20×10^4	3.20×10^4	8.60×10^4
road	110.953	43.659	34.19	82.86	112.74	150.46	181.19
urb	0.527	0.076	0.36	0.47	0.53	0.57	0.69
ind	0.398	0.055	0.28	0.36	0.39	0.43	0.56

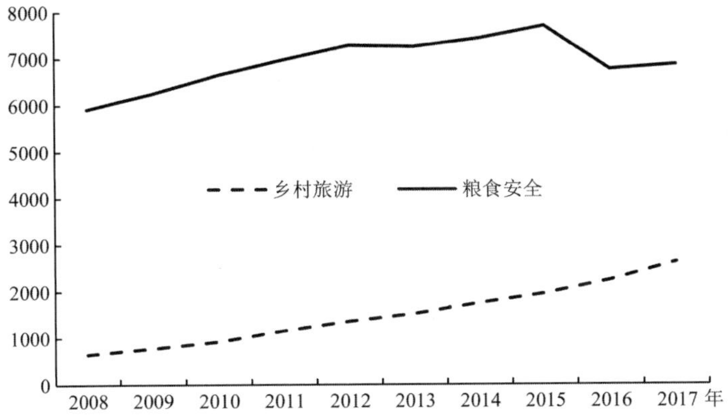

图 1　粮食主产区乡村旅游与粮食安全发展状况

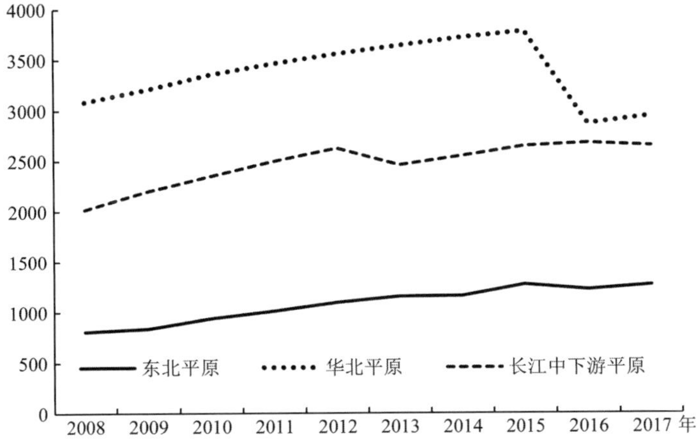

图 2　三大平原粮食安全发展状况

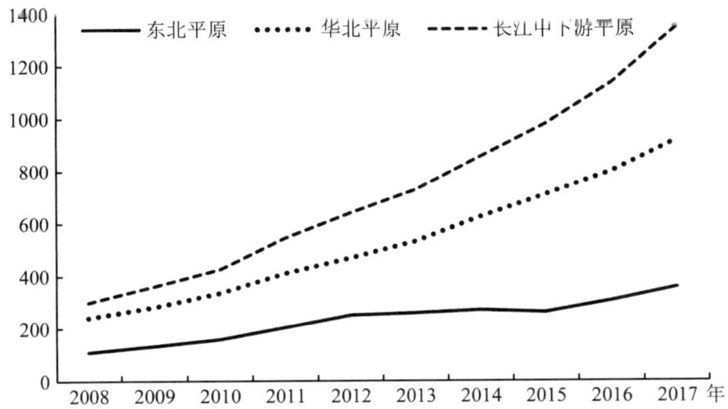

图 3　三大平原乡村旅游发展状况

通过折线图可见，粮食主产区的乡村旅游持续呈现递增的变化态势，而粮食安全则在 2016 年出现下降趋势，2017 年粮食安全水平有所回升。

从三大平原的相关数据对比可见，三大平原中，东北平原粮食安全水平平稳中略有上涨；长江中下游平原粮食安全水平除 2012 年略微波动外，保持着平稳上升的趋势；而华北平原 2016 年粮食安全水平出现了较大幅度的下降，2017 年停止下降，缓慢回升。各地区的乡村旅游发展基本处于上升趋势，其中曾经发生粮食安全水平下降的长江中下游平原、华北平原乡村旅游上升幅度比较大，东北平原乡村旅游上升幅度不明显。

通过上述简要分析可以发现，乡村旅游发展趋势在某种程度上和粮食安全相关联。

表 5　门槛效果自抽样检验

	F 值	*P* 值	临界值		
			1%	5%	10%
单一门槛模型	10.589	0.248	40.883	27.377	19.319
双重门槛模型	19.606	0.204	76.96	47.018	35.579
三重门槛模型	9.521*	0.08	18.725	12.436	7.574

注：*P* 值和临界值均为采用“自抽样法”（Bootstrap）反复抽样得到的结果；***、**、*分别表示在 1%、5%、10%水平下显著。

4.2　门槛效应检验

根据汉森的研究思路，首先对模型门槛效应进行检验。利用 STATA16 分析工具，对乡村旅游的门槛效应进行估计，得到 *F* 统计量和采用 bootstrap 方法，设置 bootstrap 次数为 500 次得出的 *P* 值。结果如表 5 所示，乡村旅游的三重门槛模型通过 10%的显著性水平检验。

三个门槛的估计值和相应的 95%置信区间列示于表 6。借助图 4、图 5、图 6 绘制的似然比函数图，可以更清晰地理解门槛值的估计和置信区间的构造过程。门槛参数的估计值是似然比统计量 *LR* 值为零时的取值，各个门槛估计值的 95%置信区间是所有 *LR* 值小于 5% 显著水平下的临界值（图中虚线）构成的区间[38]。

表 6　门槛值的固定模型估计结果

	门槛估计值	95%置信区间
第一门槛	91.4	[55.69，108.93]
第二门槛	198.09	[55.69，198.09]
第三门槛	280.68	[280.68，287.54]

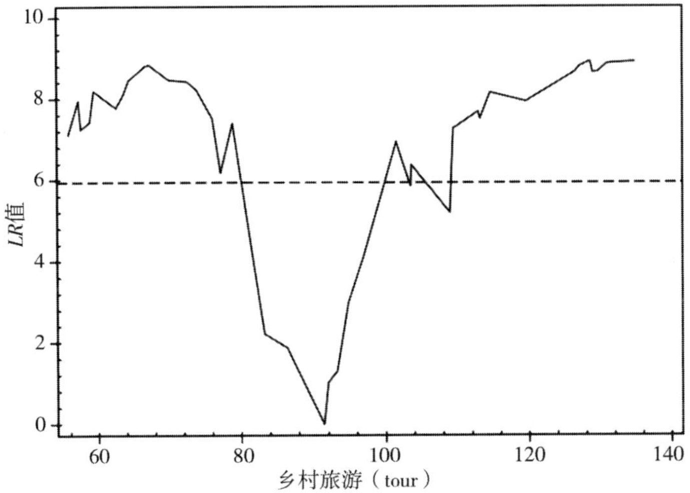

图 4　第一门槛值的似然比函数图

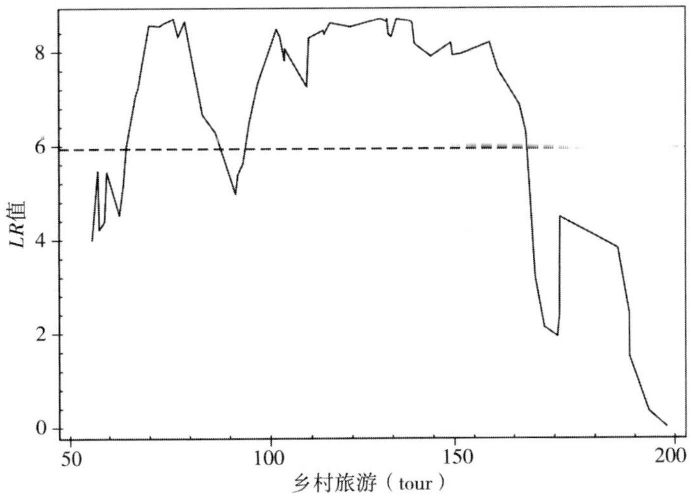

图 5　第二门槛值的似然比函数图

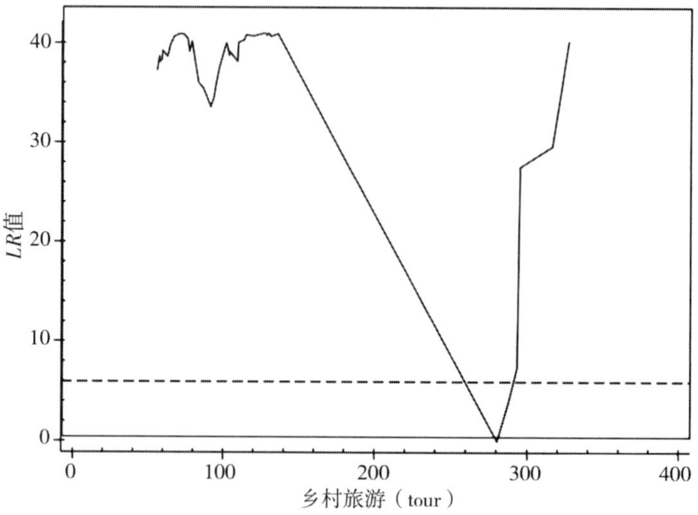

图 6　第三门槛值的似然比函数图

4.3　门槛估计结果分析

门槛回归模型实质上是根据门槛估计值将样本分成多个区制，分别考察每个区制内部解释变量对被解释变量的作用，并通过比较回归系数的差异来检验门槛效应是否显著[10]。根据门槛值将乡村旅游分为不同的区间，可以根据这三个门槛值将省级行政区按乡村旅游发展水平划分为低水平（tour＜91.4）、中低水平（91.4≤tour＜198.09）、中高水平（198.09≤tour＜280.68）、高水平（tour≥280.68）四种类型。模型的参数估计、同方差设定下的 t 值（t_{OLS}）以及异方差设定下的 t 值（t_{White}）如表 7 所示。

表 7　模型的参数估计结果

变量	系数估计值	t_{OLS}	t_{White}
tour _ 低水平	1.240	3.00***	2.45**
tour _ 中低水平	0.170	0.82	0.98
tour _ 中高水平	−0.390	−1.91*	−1.38
tour _ 高水平	−1.079	−5.63***	−5.44***
GDP	0.0111	5.51***	3.34***
road	3.111	2.00**	1.25

续表

变量	系数估计值	t_{OLS}	t_{White}
env	4.238	0.50	0.51
inf	−6.183	−1.52	−1.16
urb	−791.2	−1.15	−1.14
ind	504.1	2.32**	1.50

注：* $p<0.1$，** $p<0.05$，*** $p<0.01$；t_{OLS} 为同方差设定下的 t 值，t_{White} 为异方差设定下的 t 值。

据前文分析所得门槛估计值可知，乡村旅游对粮食安全具有显著的非线性影响。当乡村旅游指数小于 91.4 时，乡村旅游发展对粮食安全水平正向影响显著；当乡村旅游指数处于 91.4～198.09 之间时，乡村旅游对粮食安全的影响不显著；当乡村旅游指数大于 280.68 时，乡村旅游对粮食安全具有显著的负向影响。结论满足根据旅游业“挤出效应”提出的假设 1、假设 2 和假设 3，乡村旅游对粮食安全的影响呈“倒 U”形。控制变量中的经济发展水平 GDP 对粮食安全水平产生显著正向影响。

究其原因，乡村旅游对粮食安全具有正面影响发生在乡村旅游发展初期，此时乡村旅游为当地带来经济收益，提升了农民收入水平，从而提升了粮食生产的投资力度，正向影响粮食安全。随着乡村旅游的发展尤其是规模的扩张往往伴随着耕地侵占，乡村旅游给粮食安全带来的弊端开始显现。大量研究强调了耕地资源约束对粮食安全的负面影响：会造成土地负担加重、农业生产成本增加，为了平衡粮食价格使政府在粮食生产方面的财政负担加重[39]。同时，根据经济学一般理论，农民作为理性人、经济人，出于利润最大化的考虑，会选择获得收益更高的非农部门，导致呈现非农化趋势[40]。当旅游产业的收益显著大于粮食生产带来的收益时，农民倾向于将收入更多地投入于旅游产业，从而危及粮食安全。

杨慧通过构建重心模型和空间耦合模型，发现经济发展和粮食生产的重叠性、变动一致性、空间耦合度有从好变差的趋势[41]也从另一角度证明该研究论。

将该结论进行样本对比分析，可以得到图 7 的柱状图。由图 7 可知，黑龙江仍然处于乡村旅游正向影响粮食安全的阶段；吉林、辽宁、河北、安徽、湖北的乡村旅游对粮食安全影响不显著；湖南、江西即将突破临界值进入乡村旅游显著负向影响粮食安全阶段；河南、山东、江苏近两年的乡村旅游发展已经开始负向影响粮食安全。

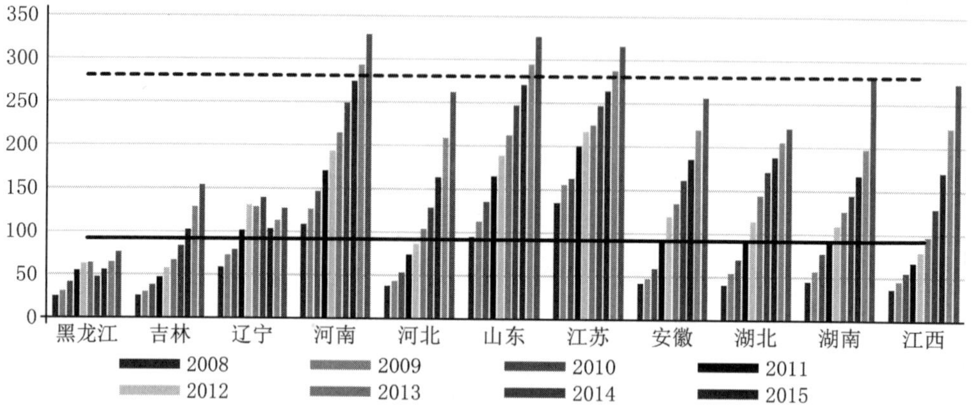

图 7　11 个省级行政区乡村旅游水平对比

5　结论与讨论

本文基于粮食主产区 11 个省级行政区 10 年的面板数据，借助汉森的门槛回归模型，以乡村旅游发展水平为门槛变量，探讨了乡村旅游发展与粮食安全的非线性关系。研究结果表明，乡村旅游对粮食安全的影响存在三重门槛，通过门槛估计值将乡村旅游水平划分为四个区制，乡村旅游水平处于不同区制时，对粮食安全水平影响具有显著差异。具体表现为乡村旅游发展水平较低地区对粮食安全具有显著正向影响；乡村旅游发展水平一般（中低水平和中高水平）的地区对粮食安全影响关系不显著；乡村旅游发展水平较高地区对粮食安全发展具有抑制作用。该关系受到地区经济发展水平和产业结构的显著正向影响。粮食主产区不同省份处于乡村旅游发展水平的不同阶段。本文结论基本满足研究假设。

基于以上结论，粮食主产区乡村旅游发展有两个方面的问题需要高度重视：(1) 正确认识乡村旅游对粮食安全的非线性作用，并在区域发展规划中与政策制定时予以正视。政府需充分发挥主导作用，协调旅游部门和农业部门的关系。乡村旅游发展需要和粮食安全相协调。牢记粮食主产区肩负国家粮食安全的神圣使命，加强对乡村旅游的宏观调控和科学预测，使粮食安全发展水平符合区域发展规律，力避盲目发展乡村旅游而危及粮食主产区粮食安全的状况出现。(2) 相关省区要合理调控乡村旅游的发展规模与速度。华北地区和长江中下游地区的粮食安全水平都在不同程度上出现过下跌，而这两大平原各有几个省级行政区的乡村旅游发展水平已经突破或临近妨碍粮食安全阶段。这些地区需要放缓乡村旅游发展步调，重视粮食主产区粮食生产的重要责任。而黑龙江省乡村旅游发展水平还有很大的提升空间，合理推动乡村旅游发展还能促进其粮食安全水平的提高。

本文通过建立指标体系对我国粮食主产区三大平原相关省级行政区近 10 年的粮食安全水平和乡村旅游发展水平进行了统一的测度与直观的比较分析，囿于乡村旅游统计数据的可获取性，基于面板数据对乡村旅游进行多地区跨时间比较分析的研究很少，本文则采用了替代数据解决这一问题，通过面板数据探究乡村旅游发展对粮食安全影响的动态特征与规律，但这又不可避免地造成与实际数据有些许出入。本文引入计量经济学中的门槛回归模型分析乡村旅游对粮食安全的影响机理，确定乡村旅游对粮食安全的影响具有门槛效应，乡村旅游对粮食安全的影响存在“限度”，回答了前人针对不同地区不同时间的该问题的研究为什么存在相悖结论的问题，丰富了在乡村旅游社会影响方面的研究内容。基于此研究结果，在未来的研究中，可以结合相关理论进行更系统的思考，探究影响乡村旅游与粮食安全关系的中介变量与调节变量，完整揭开其理论黑箱。

参考文献：

[1] 史培军，杨明川，陈世敏．中国粮食自给率水平与安全性研究 [J]. 北京师范大学学报（社会科学版），1999 (06)，74-80.

[2] 汪国梁．提高农业供给体系质量效益 [N]. 安徽日报，2018—03—21 (007).

[3] Hjalager A M. Agricultural diversification into tourism-evidence of a European Community development programme [J]. Tourism Management，1996，17 (2)：103-111.

[4] Frechtling A，Tchetchik A. Does rural tourism benefit from agriculture? [J]. Tourism Management，2005，26 (4)：493-501.

[5] Hüller S，Heiny J，Leonhäuser I U. Linking agricultural food production and rural tourism in the Kazbegi district-A qualitative study [J]. Annals of Agrarian Science，2017，15 (01)：40-48.

[6] Lacitignola D，Petrosillo I，Cataldi M，et al. Modelling socio-ecological tourism-based

systems for sustainability [J]. Ecological Modelling，2007，206 (1-2)：191-204.

[7] McGehee N G. An agritourism systems mode：A weberian perspective [J]. Journal of Sustainable Tourism，2007，15 (2)：111-124.

[8] 卢朝晖，高贤伟．开发旅游农业 促进经济发展 [J]. 中国农垦经济，1998 (09)：44-45.

[9] 黄萍．城郊农业旅游开发中的“三农”利益保障问题——成都三圣乡农业旅游开发模式实证分析 [J]. 农村经济，2006 (01)：47-50.

[10] 邱云美．乡村旅游发展与“三农”问题的若干思考 [J]. 农业经济，2006 (09)：11-13.

[11] 罗伟，鄢志武，刘保丽．基于“三农”问题的新时期乡村旅游可持续发展研究 [J]. 安徽农业科学，2008 (14)：6025-6027.

[12] 胡文海，柳百萍．基于“三农旅游”发展的农业剩余劳动力有效转移——以合肥市为例 [J]. 农业经济问题，2009，30 (08)：84-86.

[13] 桂拉旦，刘少和．“以旅助农”传导机制分析及其政策建议 [J]. 开发研究，2010 (01)：86-89.

[14] 陈秀芝，庞英，丁娜．平度市粮食生产效率与乡村旅游发展研究 [J]. 资源开发与市场，2017，33 (08)：1017-1020.

[15] Hermans D. The encounter of agriculture and tourism a Catalan case [J]. Annals of Tourism Research，1981，8 (3)：462-479.

[16] Busby G，Rendle S. The transition from tourism on farms to farm tourism [J]. Tourism Management，2000，21 (8)：635-642.

[17] Hoefle S W. Multi-functionality，juxtaposition and conflict in the Central Amazon：Will tourism contribute to rural livelihoods and save the rainforest? [J]. Journal of Rural Studies，2016，44：24-36.

[18] Gugushvili T，Salukvadze G，Salukvadze J. Fragmented development：Tourism-driven economic changes in Kazbegi，Georgia [J]. Annals of Agrarian Science，2017，15 (1)：49-54.

[19] 彭慧，毕宇珠．旅游用地分类管理浅析 [J]. 中国土地，2015 (02)：33-34.

[20] 刘丹，巩前文．农地流转中“去粮化”行为对国家粮食安全的影响及治理对策 [J]. 农业现代化研究，2017，38 (04)：673-680.

[21] 黎洁，高岚．乡村旅游对农户农林业生产和外出务工影响研究——基于陕西22个旅游扶贫村农户调查数据 [J]. 人文地理，2019，34 (04)：143-151.

[22] Adams P D，Parmenter B R. An applied general equilibrium analysis of the economic effects of tourism in a quite small，quite open economy [J]. Applied Economics，1995，27：

985-994.

[23] Preuss H. A method for calculating the crowding-out effect in sport mega-event impact studies: The 2010 FIFA World Cup [J]. Development Southern Africa, 2011, 28 (3): 367-385.

[24] 王隽妮，万永坤，董锁成．旅游业“挤出效应”与区域差异分析 [J]. 资源科学，2015，37 (03)：573-580.

[25] 熊正贤．富民、减贫与挤出：武陵地区18个乡村旅游样本的调查研究 [J]. 云南民族大学学报（哲学社会科学版），2018，35 (05)：77-88.

[26] 王文森．变异系数——一个衡量离散程度简单而有用的统计指标 [J]. 中国统计，2007 (06)：41-42.

[27] 李如友，黄常州．中国交通基础设施对区域旅游发展的影响研究——基于门槛回归模型的证据 [J]. 旅游科学，2015，29 (2)：1-13，27.

[28] Hansen B E. Threshold effects in non-dynamic panels: Estimaction, testing and inference [J]. Journal of Econometrics, 1999, 93 (2): 345-368.

[29] 高延雷，张正岩，王志刚．基于熵权 TOPSIS 方法的粮食安全评价：从粮食主产区切入 [J]. 农林经济管理学报，2019，18 (02)：135-142.

[30] 叶宗裕．关于多指标综合评价中指标正向化和无量纲化方法的选择 [J]. 浙江统计，2003 (04)：25-26.

[31] 杨宏．新型城镇化背景下中国农业旅游发展路径探讨——基于日本农家乐旅游的分析 [J]. 世界农业，2016，(12).

[32] 卢小丽，刘伟伟，王立伟．乡村旅游内涵标准识别及其比较研究——对中外50个乡村旅游概念的定量分析 [J]. 资源开发与市场，2017，33 (06)：759-763.

[33] 易丹辉，王际宇．乡村旅游统计监测指标体系的构建 [J]. 统计与决策，2015 (18)：29-31.

[34] 公茂刚，王学真．我国粮食安全现状的多维度衡量 [J]. 新疆社会科学，2017 (06)：29-37+179.

[35] 王帅，赵秀梅．中国粮食流通与粮食安全：关键节点的风险识别 [J]. 西北农林科技大学学报（社会科学版），2019，19 (02)：124-132.

[36] 杨志海，王雅鹏．城镇化影响了粮食安全吗？——来自1462个县（市）面板数据的实证检验 [J]. 城市发展研究，2012，19 (10)：1-5.

[37] 刘丽辉，辛焕平．粮食安全与农业结构调整水平的协整分析——以广东省为例 [J].

中国农业资源与区划，2018，39（10）：23-29.

[38] 连玉君，程建．不同成长机会下资本结构与经营绩效之关系研究［J］．当代经济科学，2006（02）：97-103＋128.

[39] 罗翔，曾菊新，朱媛媛，张路．谁来养活中国：耕地压力在粮食安全中的作用及解释［J］．地理研究，2016，35（12）：2216-2226.

[40] 闫先东，张鹏辉．土地价格、土地财政与宏观经济波动［J］．金融研究，2019（09）：1-18.

[41] 杨慧，渠丽萍，杨保战，陈一璐，汤云．粮食与经济重心迁移路径及空间耦合关系分析——以湖北省粮食主产县为例［J］．中国农业资源与区划，2018，39（12）：40-47.

（刊发情况：刊发情况：《吉首大学学报（社会科学版）》2020 年第 3 期）

粮食安全与农旅融合的互动关系
——基于长江经济带粮食主产区的分析

方世敏，刘小燕
（湘潭大学 商学院，湖南 湘潭 411105）

摘要：用 2005—2019 年长江经济带粮食主产区面板数据，构建了面板向量自回归模型(PVAR)，实证分析粮食安全与农旅融合之间的关系，结果表明：粮食安全与农旅融合之间存在相互影响的关系，二者互为 Granger 因果关系；方差分解分析可知，粮食安全对农旅融合变动的解释力较大，而农旅融合对粮食安全变动的解释力较小。因此，需要在确保粮食安全的前提下推进农旅深度融合，相关部门应继续改进农业与旅游业融合发展的政策制度和基础条件；农家乐、休闲农庄等农旅融合项目的开发，应避开保障粮食生产的基本农田等重点区域，避免危及粮食安全。

关键词：粮食安全；农旅融合；面板 VAR 模型；长江经济带粮食主产区

粮食安全问题是关系国民生计的重要问题，是国家稳定和发展的基础。[1]463-472 2021 年中央一号文件精神进一步扩大了在保护粮食生产方面的内涵，提出了许多新政策，并明确提出要实施“长智齿”的重要举措，同时要求地区各级党委和政府部门都要认真扛起粮食安全政治责任，做到粮食安全党政同责。1983 年，联合国粮农组织指出，粮食安全以实现人们既能买得到，又能买得起所需要的基本食物为目标。国际社会对粮食安全普遍重视。我国既是一个农业大国，同时又是一个粮食消耗大国，中国的粮食安全问题不仅会影响本国的经济发展，还会对全球粮食安全产生巨大的影响。因此，我国一直高度重视粮食安全问题，长期实施国家粮食安全战略，“十三五”期间，我国粮食总产量一直保持在 1.3 万亿斤以上，相比新中国成立初期的 0.2 万亿斤，呈现出跨越式增长。虽然中国粮食产量在国家政策的支持下，呈现出持续增长的趋势，但我国粮食产量还是无法满足人们对粮食的需求，未来我国粮食安全依旧面临着巨大压力。此外，粮食安全除了总量供求以外，还涉及分配等一系列问题，因而还需要制定和完善

粮食安全政策。[2]2-14+29+93

实现农业现代化是我国改革开放以来的历史使命，乡村振兴是中国特色社会主义新时期的重大战略，发展农村第三产业、完善农业产业结构则是实现农业现代化、农业产业化、乡村振兴的重要手段。农业与旅游产业融合（以下简称“农旅融合”）能够推动农村经济的发展，是实现乡村振兴战略的重要路径[3]85-104。那么，农旅融合在促进农村经济发展的同时是否会影响粮食安全，而强力落实确保粮食安全的相关政策是否会影响农旅融合的发展水平？因此，分析粮食安全与农旅融合之间的互动关系值得我们持续关注和探讨。

1　文献综述

在研究粮食安全与旅游业的关系时，大多数学者认为，旅游业的发展对粮食安全有明显影响。Hüller et al.（2017）认为旅游业的发展能够帮助当地农业生产者销售过剩农产品，同时当地农产品附加值的增加也会对旅游业产生积极影响。[4]85-104Gössling et al.（2011）认为旅游业有助于目的地的粮食安全与可持续发展。[5]534-543张盼盼等（2018）认为旅游城市食物浪费问题日益突出，不利于中国食物可持续消费和粮食安全。[6]1186-1195也有部分学者得出了相悖的结论，Hoefle et al.（2016）和Gugushvili et al.（2017）在其研究中指出旅游业对粮食安全没有显著的影响。[7]24-36[8]49-54Beckford & Campbell（2013）以加勒比地区为案例地，研究发现在考虑粮食安全时，旅游业对当地农业发展的贡献率很小。[9]197-208

在进一步探讨粮食安全与乡村旅游相关问题时，国外学者Hjalager（1996）认为乡村旅游提高了更多的农业人员雇佣，促进了农产品的销售。[10]103-111Montefrio et al.（2021）在研究农业旅游在乡村振兴中的作用时指出，农业旅游可以通过开发景区来实现乡村振兴，但是会忽视粮食生产。[11]383-393这方面国内学者也进行了大量的研究。吴冠岑等（2013）认为乡村土地旅游化流转会影响乡村土地生态系统，进而威胁到粮食安全。[12]187-191与之相反的是，陈秀芝等（2017）、刘若男和石小亮（2017）指出乡村旅游会提高粮食生产效率[13]1017-1020，减缓劳动力外流[14]117-119，从而促进粮食安全。方世敏和戴玉聪（2020）则综合分析了两者的关系，发现在乡村旅游发展水平较低时，会促进粮食安全的发展，但当乡村旅游

发展水平跨越门槛值之后，会阻碍粮食安全的发展。[15]112-122

综上所述，目前关于粮食安全与旅游方面的研究主要集中在粮食安全与旅游业、乡村旅游关系的探究，尤其侧重关注旅游对粮食安全的影响，可谓成果丰硕，但鲜有探究粮食安全波动对旅游的发展有何影响，从而一定程度忽视了粮食安全与旅游互动关系的关键内在因素。由于农旅融合是发展乡村经济从而实现乡村振兴战略的重要路径之一，而保证粮食安全则是实施乡村振兴战略的首要前提，因而本文拟从旅游产业与农业两个产业融合水平的角度探讨粮食安全问题，以长江经济带粮食主产区为研究区域，构建粮食安全水平与农旅融合发展水平指标体系，建立粮食安全与农旅融合之间的面板 VAR 模型，分析粮食安全与农旅融合之间的内在因果关系，进而得出较为可靠的结论，为学界研究和相关部门政策制定提供参考。

2 研究设计

2.1 研究方法

本文通过构建面板 VAR 模型（PVAR）分析粮食安全与农旅融合之间的关系。Holtz-Eakin et al.（1988）最早提出了面板数据向量自回归模型，相比传统的 VAR 模型，其对样本数据的要求有所放松，同时包含了面板数据的优点，目前在相关研究中得到了广泛应用。[16]1371-1395 [17]64-77

本文构建的面板 VAR 模型如下：

$$\boldsymbol{y}_{it}=\boldsymbol{\alpha}_i+\boldsymbol{\beta}_t+\sum_{j=1}^{p}\boldsymbol{\beta}_p\boldsymbol{y}_{t-p}+\boldsymbol{\epsilon}_{it}$$

其中，$i=1$，2，…，6 表示省份，$t=2005$，2006，…，2019 表示年份，$\boldsymbol{y}_{it}=\{FS, ATL\}$，$p$ 为滞后阶数，$\boldsymbol{\alpha}_i$ 表示个体效应，即变量间的地域性差异，$\boldsymbol{\beta}_t$ 表示时间效应，即变量在时间上的差异，$\boldsymbol{\beta}_p$ 为 2×2 系数矩阵，$\boldsymbol{\epsilon}_{it}$ 是随机扰动项。

2.2 变量选择

2.2.1 粮食安全

food security 概念引入中国之初，人们食物消费水平不高，粮食消费是主要的食物消费[18]4-10。我国政府相当长时间将粮食自给率作为衡量粮食安全水平的标准，但随着时代的发展，仅仅从粮食生产的角度衡量粮食安全已经很难揭示粮食安全的本质。因而，本文从短期视角的生产性、获得性维度和长期视角的稳定性、持续性维度来衡量粮食安全水平。[15]112-122[19]135-142短期来看，保障粮食供给是实现粮食安全的必要条件[20]1-10，而粮食供给与粮食生产能力和保障条件息息相关，但是在粮食供给充足时，还需要通过市场配置、基础设施建设等措施确保人们有机会和能力获得粮食。长期来看，粮食生产面临着不可避免的自然风险，影响粮食产量的稳定，威胁粮食安全，同时，化肥、农药、塑料薄膜的使用虽然可以提高粮食产量，但是也会污染破坏水资源和耕地，不利于粮食安全。因此，供给侧生产性维度选取单位面积产量表示粮食生产能力，耕地面积比例和财政支农金额比例表示粮食生产的保障条件；获得性维度选取人均粮食占有量反映粮食产量对省内的满足程度，道路密集度反映粮食均衡供给的基础条件，也就是保障各地均能获得粮食；稳定性维度选取粮食总产量波动系数和粮食受灾比例波动系数表示粮食安全的稳定性；持续性维度选取化肥施用强度、农药施用强度和塑料薄膜使用强度来反映化肥、农药、塑料薄膜对粮食生产可持续性的影响。

2.2.2 农旅融合

梳理学界对于产业融合内涵的理解发现有两类界定：（1）融合动力说，认为产业融合就是通过技术进步和政府放松管制来减少产业间的壁垒，加强各产业企业间的竞争合作关系。[21]24-27技术进步为旅游业注入了新的活力，加速了旅游业产业融合和结构优化的步伐，是农业与旅游产业融合的直接推动力。[22]52-57人力资源作为农业、旅游产业发展过程的主要行为主体，是推动农业与旅游融合过程中的重要软实力。丰富的资本支持能够推动农业与旅游产业向更高水平发展，加速农旅融合。（2）融合环境说，认为产业融合是在经济全球化、高新技术迅速发展的大背景下产业提高生产率和竞争力的一种发展模式和产业组织形式。[23]105-110农业与旅游产业的融合是两产业发展到一定水平的必然产物。综合上述观点，本文认为农旅融合是指在农业与旅游产业发展的基础上，由于技术进步、人力投入、资本支持等原因，通过两个产业间各要素相互融合渗透进而形成新产业、新形态的过程。

基于上述分析，本文从农旅融合内涵的角度出发，通过融合动力和融合环境两个方面，构建农旅融合发展水平指标。融合动力方面包括技术进步、人力投入、资本支持三个维度，共同推动农业与旅游产业向更高层次和更高水平发展，故选取旅游技术水平、农业技术水平表征技术进步，旅游从业人数、农林牧渔从业人数表征人力投入，农林牧渔固定资产投资、住宿和餐饮业固定资产投资表征资本支持。融合环境方面仅纳入产业规模一个维度，农业与旅游产业规模是两产业发展的基础，也是两产业融合的环境支持，故选取农林牧渔总产值、旅游总收入、农业总产值占 GDP 比重、旅游收入占 GDP 比重作为产业发展水平的衡量指标[24]211-218。

2.3 样本选择与数据来源

粮食主产区是我国粮食生产的主要来源地，也是国家主体功能区规划中的限制开发区，2007 年至今，粮食产量占全国粮食总产量比重始终保持在 70%以上，[25]17-24+110到 2019 年，比重已达到 78.9%，为我国粮食安全提供了重要的保障。长江经济带是我国战略发展的重点区域，其战略目标是推动全国创新协调发展，也是我国粮食主产区集中区域。近年来，长江经济带农旅融合发展趋势明显，农业逐渐发挥其多功能作用，融合新形态不断涌现。因此，本文选取 2005—2019 年长江经济带粮食主产区（包括江苏、安徽、江西、湖北、湖南、四川六个省份）面板数据为研究对象，探讨粮食安全与农旅融合之间的互动关系。变量体系中旅游技术水平、农业技术水平的数据来自中外专利信息服务平台，以“旅游”“农业”为主题搜索每年不同地区的专利数量，[26]45-57其余指标来自 eps 数据库、各省统计年鉴、国家统计局、《中国旅游统计年鉴》。

3 实证分析

3.1 单位根检验和协整检验

在对模型进行估计之前，先对面板数据进行平稳性检验。从表 1 可以看出，ΔATL 和 ΔFS 均显著地拒绝原假设，说明农旅融合水平（ATL）和粮食安全水平（FS）都是一阶单整序列。基于此，对 FS 和 ATL 进行协整检验，检验结果如表 2，在 5%的显著性水平下，四个统计标准都不显著，说明 FS 和 ATL 两个变量间并不存在协整关系，即不存在长期的均衡关系。当变量之间不具有协整关系时，建立 PVAR 模型[27]22-29。因此，本文利用长江经济带粮食主产区 2005—2019 年 6 个省级面板数据构建 PVAR 模型，研究粮食安全水平与农旅融合发展水平之间的相互影响。

表 1　面板单位根检验结果

变量	LLC	IPS	ADF-Fisher	PP-Fisher
ATL	0.5781	0.8212	7.4878	5.9503
FS	4.3280	6.4920	3.0350	3.1390
ΔATL	−4.5134***	−3.6385***	34.1503***	39.5079***
ΔFS	−3.7632***	−1.6537**	19.9870*	19.2172*

注：***、**、*分别表示 1%、5%、10%显著水平下拒绝存在单位根的原假设。

表 2　粮食安全与农旅融合协整检验结果

统计标准	统计量	*Z* 值	*P* 值
Gt	0.620	3.760	1.000
Ga	−0.780	1.628	0.948
Pt	−1.312	−0.053	0.479
Pa	−0.432	0.503	0.692

3.2　滞后阶数选择

本文利用 AIC、BIC 和 HQIC 三个统计量取最小值的阶数来判断模型最优滞后阶数。经过综合考虑后，由表 3 可知，模型的最优滞后阶数为 2。

表 3　粮食安全与农旅融合 PVAR 滞后阶数检验结果

滞后阶数	AIC	BIC	HQIC
1	−2.2449	−1.7725*	−2.0624
2	−2.3711*	−1.7387	−2.1193*
3	−1.7686	−0.9724	−1.4540
4	−1.1842	−0.2069	−0.8019
5	−2.2250	−1.0463	−1.7704

3.3 GMM估计

为避免传统均值差分方法可能会产生的误差，本文采用 Helmert 过程转换，得到 h _ FS，h _ ATL，消除样本中的固定效应。粮食安全与农旅融合之间的 PVAR 模型参数估计结果如表 4 所示。当粮食安全为因变量时，滞后两期的农旅融合的变化对其表现为正向影响，这说明农旅融合能够推进粮食安全的发展。当农旅融合为因变量时，滞后一期的粮食安全对其表现为负向影响，即粮食安全会阻碍农旅融合的发展。

表 4 面板 VAR 模型 GMM 估计结果

	h _ FS		h _ ATL	
	b _ GMM	t _ GMM	b _ GMM	t _ GMM
L. h _ FS	1.2294	6.5484	−0.0167	−0.7817
L. h _ ATL	−0.0690	−0.0411	0.8741	4.1100
L2. h _ FS	−0.4219	−3.5423	0.0060	0.4764
L2. h _ ATL	0.9018	0.6311	0.0345	0.1797

3.4 脉冲响应分析

脉冲响应图可以观察变量之间的长期动态关系，能反映出变量对其本身和其他变量的动态影响，并给出影响的方向和程度。图 1a、1b、1c、1d 为粮食安全水平与农旅融合发展水平的脉冲响应图。

从脉冲图中可以看出：

当 ATL（农旅融合）受到冲击时，对自己的影响一直为正，并且这种正向作用逐渐降低并趋于零。ATL 的标准差冲击对 FS（粮食安全）的影响先增大后减小，在第 6 期达到最大后逐渐减小。这说明农旅融合发展水平在受到冲击时，会促进粮食安全的发展且促进作用先增强后减小。

当 FS 受到冲击时，对自己的影响先增大后减小，其中在第 1 期时达到最大后逐渐减小，在第 7 期时，影响由正转变为负，并逐渐趋于稳定。FS 的标准差冲击始终负向影响 ATL，在第 4 期时负向影响达到最大，随后影响程度逐渐减小。这说明粮食安全在受到冲击时，农旅融合发展水平出现负向变动，并且负向作用先增强后减小并趋于稳定。

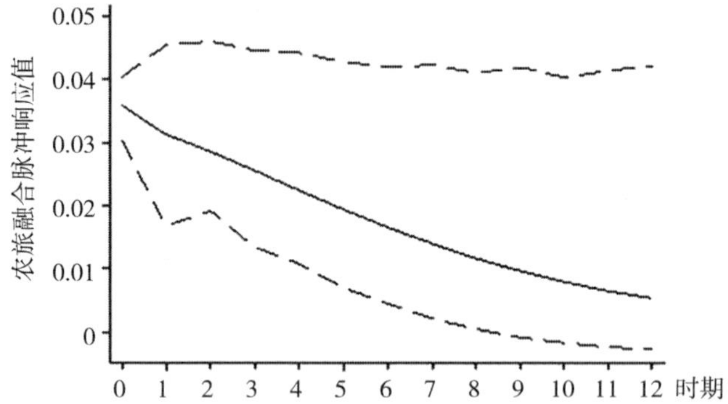

图 1a　滞后两期农旅融合对自身的脉冲响应函数

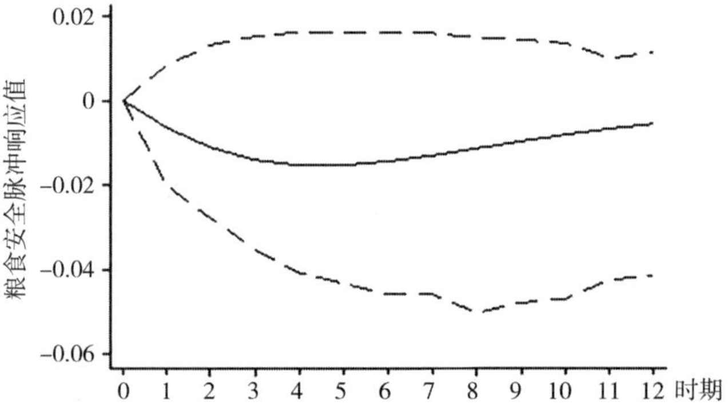

图 1b　滞后两期农旅融合对粮食安全的脉冲响应函数

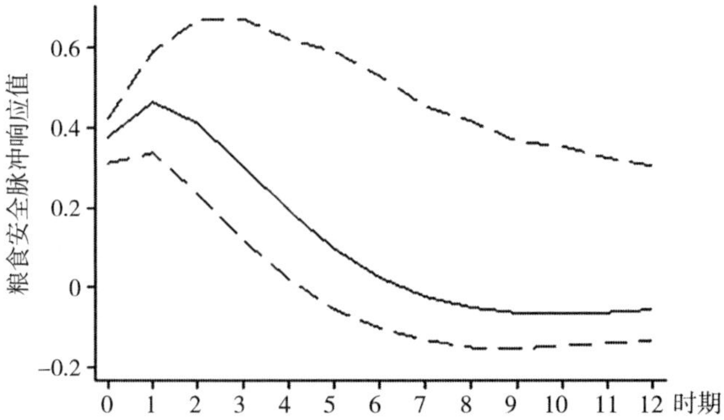

图 1c　滞后两期粮食安全对自身的脉冲响应函数

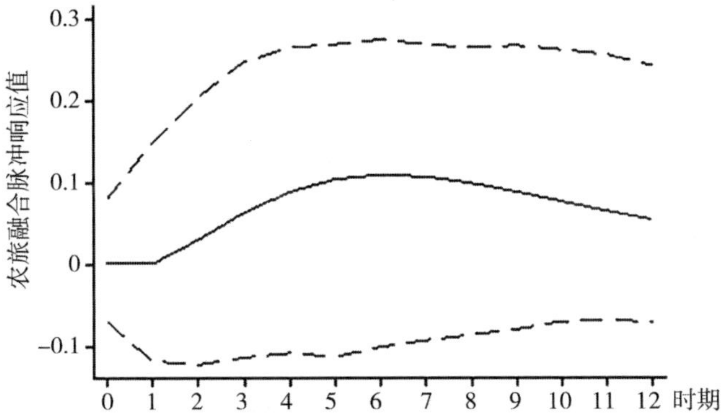

图 1d　滞后两期粮食安全对农旅融合的脉冲响应

3.5　方差分解分析

为揭示粮食安全水平与农旅融合发展水平的相互影响程度，本文在分析脉冲响应图的基础上，采用方差分解法对粮食安全水平与农旅融合发展水平进行方差分解，分析结果如表 5 所示。

在 FS 的方差分解中，FS 的波动对自身冲击影响较大，并且随着时间的延长逐渐下降，由第 10 期的 91.30%下降为第 30 期的 89.26%。FS 对 ATL 变动的解释能力较大，在第 10 期对其方差贡献率为 20.98%，第 30 期为 22.53%。在 ATL 的方差分解中，ATL 的波动对自身影响在第 30 期为 77.47%。ATL 对 FS 变动的解释能力较小，在第 30 期对其方差贡献度为 10.74%。

表 5　PVAR 方差分解结果

变量	时期	FS	ATL
FS	10	0.9130	0.0870
ATL	10	0.2098	0.7902
FS	20	0.8930	0.1070
ATL	20	0.2251	0.7749
FS	30	0.8926	0.1074
ATL	30	0.2253	0.7747

3.6 格兰杰因果检验

为了揭示粮食安全水平与农旅融合发展水平之间是否存在因果关系，本研究运用 Dumitrescu & Hurlin（2012）提出的格兰杰因果关系检验，该检验允许截面相关性和参数异质性。[28]1450-1460 检验结果如表 6 所示，粮食安全是农旅融合的格兰杰原因，农旅融合也是粮食安全的格兰杰原因，即二者具有相互影响的关系。

表 6　格兰杰因果检验结果

原假设	Z-bar	Z-bar-tilde	结果
FS 不是 ATL 的原因	5.0867***	2.2646**	拒绝
ATL 不是 FS 的原因	8.8194***	4.2442***	拒绝

4　结论、启示与展望

本文利用 2005—2019 年长江经济带粮食主产区粮食安全与农旅融合相关数据，构建了面板 VAR 模型，实证分析了粮食安全与农旅融合的关系，发现粮食安全与农旅融合之间存在双向因果关系，二者相互影响，农旅融合发展水平的波动会促进粮食安全的发展，并且促进作用随着时间的推移先增大后减小，但粮食安全在受到冲击时，农旅融合发展水平则出现负向变动，且负向作用先增强后减小并趋于稳定；粮食安全对农旅融合变动的解释力较大，而农旅融合对粮食安全变动的解释力较小。

基于以上结论，可得到如下启示：（1）增进农旅融合水平有助于维护粮食安全水平，从而推动农村经济的发展，实现乡村振兴的目标。通过农业与旅游产业的融合发展，涌现出多种新型业态，如农业景观、现代农业示范区、特色景观旅游名镇、田园综合体等，为当地带来经济效益，增加农民的工作岗位与农民收入，提高粮食生产投入，既保障国家粮食安全战略实施，又有利于农村经济的发展。因而，地方政府一方面应继续优化政策制度和基础条件，积极推进农业与旅游业融合发展；另一方面应加强监管，在确保粮食安全的前提下推进农旅融合健康可持续发展，以促进乡村振兴和农业现代化。（2）乡村旅游、农旅融合项目开发应严格遵守相关法律法规、国家重大战略，避开保障粮食生产的基本农田等重点区域，避免对粮食安全造成冲击。粮食安全是国之根本，我国始终将粮食安全视为重大战略。虽然农旅融合可以为当地带来经济收益，提高粮食生产效率，但随着融合广度与深度的不断加强，农用地面积会不断减少，农业种植结构与功能的转变使得生产功能逐渐减弱[29]2019-2026。为绝对保障国家粮食安全，包括农旅融合在内的促进农村经济社会发展的新经济形态，也必须退后或让位，这必定对农旅融合造成冲击。从近年中央四部委联合行动，对全国农村区域特别是粮食主产区的“大棚房”进行全面整治，拆除大量占用耕地的休闲旅游设施，也可以看到国家为维护耕地红线、坚守粮食安全底线的坚定决心。这需要地方政府农业、旅游等相关部门在农旅融合发展政策指向和实际工作中引起高度重视。

乡村旅游、农旅融合是关乎“三农”、农业产业化和乡村振兴的社会现实课题，也是学界关注的热点学术问题。本文从农业和旅游产业两个产业融合水平的角度探讨并证实了粮食安全与农旅融合之间的互动关系，在一定程度上丰富和扩展了相关问题研究。但鉴于跨区域和统计数据的可得性，本文的研究还有很多不足之处，在今后的研究中还需要进一步从微观层面采集一手数据进行实证研究，同时对其他区域的粮食安全与农旅融合之间的互动关系进一步地探讨，以增加结论的普适性。

参考文献：

［1］殷培红，方修琦，马玉玲，田青．21世纪初中国粮食短缺地区的空间格局和区域差异［J］．地理科学，2007（04）．

［2］张元红，刘长全，国鲁来．中国粮食安全状况评价与战略思考［J］．中国农村观察，2015（01）．

［3］胡平波，钟漪萍．政府支持下的农旅融合促进农业生态效率提升机理与实证分析——以全国休闲农业与乡村旅游示范县为例［J］．中国农村经济，2019（12）．

［4］Hüller S，Heiny J，Leonhäuser I U. Linking agricultural food production and rural tourism in the Kazbegi district - A qualitative study［J］．Annals of Agrarian Science，2017，15（1）．

［5］Gössling S，Garrod B，Aall C，et al. Food management in tourism：Reducing tourism’ s carbon ‘foodprint’［J］．Tourism Management，2011，32（3）．

[6] 张盼盼，王灵恩，白军飞，刘晓洁，成升魁，符绍鹏. 旅游城市餐饮消费者食物浪费行为研究 [J]. 资源科学，2018，40 (06)：1186-1195.

[7] Hoefle S W. Multi-functionality，juxtaposition and conflict in the Central Amazon：Will tourism contribute to rural livelihoods and save the rainforest? [J]. Journal of Rural Studies，2016 (44).

[8] Gugushvili T，Salukvadze G，Salukvadze J. Fragmented development：Tourism-driven economic changes in Kazbegi，Georgia [J]. Annals of Agrarian Science，2017，15 (1).

[9] Beckford C L，Campbell D R. Domestic food production and food security in the Caribbean：Building capacity and strengthening local food production systems [M]. New York：Palgrave Macmillan，2013.

[10] Hjalager A M. Agricultural diversification into tourism：Evidence of a European Community development programme [J]. Tourism Management，1996，17 (2).

[11] Montefrio M J F，Sin H L. Between food and spectacle：The complex reconfigurations of rural production in agritourism [J]. Geoforum，2021 (126).

[12] 吴冠岑，牛星，许恒周. 乡村土地旅游化流转的风险评价研究 [J]. 经济地理，2013，33 (03).

[13] 陈秀芝，庞英，丁娜. 平度市粮食生产效率与乡村旅游发展研究 [J]. 资源开发与市场，2017，33 (08).

[14] 刘若男，石小亮. 乡村旅游对农村劳动力外流与粮食安全的影响 [J]. 农村经济与科技，2017，28 (5).

[15] 方世敏，戴玉聪. 乡村旅游发展对粮食安全的影响——基于粮食主产区的门槛面板数据分析 [J]. 吉首大学学报（社会科学版），2020，41 (3).

[16] Holtz-Eakin D，Newey W，Rosen H S. Estimating vector autoregressions with panel data [J]. Econometrica，1988，56 (6).

[17] 陈守东，王淼. 我国银行体系的稳健性研究——基于面板 VAR 的实证分析 [J]. 数量经济技术经济研究，2011，28 (10).

[18] 李鹏，谭向勇，王玉斌. 从食物保障状况看中国当前粮食安全 [J]. 中国农村经济，2005 (06).

[19] 高延雷，张正岩，王志刚. 基于熵权 TOPSIS 方法的粮食安全评价：从粮食主产区切入 [J]. 农林经济管理学报，2019，18 (02).

[20] 姚成胜，滕毅，黄琳. 中国粮食安全评价指标体系构建及实证分析 [J]. 农业工程

学报，2015，31（04）.

［21］植草益．信息通讯业的产业融合［J］．中国工业经济，2001（02）.

［22］高凌江，夏杰长．中国旅游产业融合的动力机制、路径及政策选择［J］．首都经济贸易大学学报，2012，14（02）.

［23］孙永波，王道平．产业融合及如何促进我国产业融合的发展［J］．北京工商大学学报（社会科学版），2009（01）.

［24］方世敏，王海艳．基于系统论的农业与旅游产业融合：一种粘性的观点［J］．经济地理，2018，38（12）.

［25］蒋黎，朱福守．我国主产区粮食生产现状和政策建议［J］．农业经济问题，2015，36（12）.

［26］杨春宇，陈梅，徐兴花，任娟．旅游科技创新、产业升级与经济增长——基于面板数据联立方程模型的研究［J］．华侨大学学报（哲学社会科学版），2020（01）.

［27］游士兵，蔡远飞．人口老龄化对经济增长影响的动态分析——基于面板 VAR 模型的实证分析［J］．经济与管理，2017，31（01）.

［28］Dumitrescu E I，Hurlin C. Testing for Granger non-causality in heterogeneous panels［J］. Economic Modelling，2012，29（4）.

［29］麻学锋，刘玉林，谭佳欣．旅游驱动的乡村振兴实践及发展路径——以张家界市武陵源区为例［J］．地理科学，2020，40（12）.

（刊发情况：《湘潭大学学报（哲学社会科学版）》2022 年第 3 期）

后 记

《农旅融合机制研究——基于长江经济带粮食主产区的分析》即将付梓，距前一次出版专著已度十个春秋，人说“十年磨一剑”，我肯定不敢说我们这些年“磨出”的是锋利的宝剑，但说这个成果倾注了自己深藏内心的情愫却毋庸否认。我们持续关注休闲农业与乡村旅游远不止十年，近五年更是舍弃各方“诱惑”而专注于该领域关键性问题——农旅融合发展问题的探究，这其中固然有自己在高校从事旅游教学研究工作，又在20年前被湖南省农业厅乡镇企业局和湖南省休闲农业协会延揽至全省高星级休闲农庄评定和休闲农业发展辅导队伍多年的工作经历的因素，但自觉最为重要的还是因儿时生活环境萌生的对乡村、农业和农民深厚的情感，以及对在当今中国快速工业化、城镇化以致经济社会日新月异背景下“三农”问题未解的深深忧虑，从而试图以自己职业有限的工作平台与并非宽阔的专业视域为乡村振兴、农业产业升级和乡村居民生计可持续尽点绵薄之力。近十年来，我继续走出去积极参与全省休闲农业与乡村旅游社会服务工作，于校内则特意引导我的研究生关注乡村旅游问题，与我们团队合作申报获得多项乡村旅游主题部省级项目资助，2017年农旅融合发展专题还喜获国家社科基金立项资助，在此基础上展开相关问题探究。迄今，我与团队成员合作撰写并公开发表乡村旅游相关期刊论文、专题研究报告30余篇，其中农旅融合专题论文近10篇，并在此基础上整理出这项成果。

这些成果能够形成，首先要感谢我们团队的老伙伴阎友兵教授、林龙飞教授、龙祖坤教授、马丽君教授、李卫飞副教授、朱东国副教授、张伟伟副教授、罗栋副教授、谢春江博士等在研究主题确定、研究思路讨论等方面的倾力协作与无私帮助，以及颜佳华教授、章育良教授、郑赤建教授、刘建平教授的适时鞭策与热情勉励。

然后要感谢在我主持的一系列相关项目研究过程中先后积极参与申请标书撰写、资料数据收集、专题问题研讨、量化分析协助和成果汇集整理的陈洁、贺亚兰、陈文妍、王海艳、黄琰、戴巧灵、刘小燕、戴玉聪、李向阳、宋歌、邹牡燕、崔澳琳、杨立国、王琪、董柏宏等年轻的学子们，他们以饱满热情与聪明才智为研究增添活力、赋予灵感。

还要感谢就在我身边但却事务繁忙的"长期助理"黄利娜老师、刘丹博士，尽管她们公务家事忙碌，但每每在我庶务缠身、节奏纷乱的不堪之时总能惊喜地发觉身边冒出她俩及时雨般的倩影。

也必须感谢常亚波老师，作为我的老伴，她不是我研究团队的成员，却是我研究进度的监督员、实地考察的陪伴者和情绪上头时的安抚使，这么多年的学海历程从没有她的缺位，这个主题探究过程的实地调研环节更是有她的倾情参与。

最后，我要感谢湘潭大学出版社对本书出版周到、高效的安排，还有匿名审稿专家对书稿的认可并提出许多宝贵的修改意见。

谢谢！一并衷心感谢！

这个成果即将面世，有几分喜悦，但也深感惶恐。由于研究水平及客观环境条件的局限，我们的研究还很不完善，有些理论与方法的运用也未见得那么适配，特别是疫情因素造成的一手数据获取困难，给我们的成果留下一些瑕疵和遗憾，切盼同仁批评指正。

著者

癸卯年隆冬

图书在版编目（CIP）数据

农旅融合机制研究 ：基于长江经济带粮食主产区的分析 / 方世敏著．-- 湘潭 ：湘潭大学出版社，2023.10
ISBN 978-7-5687-1309-2

Ⅰ．①农… Ⅱ．①方… Ⅲ．①观光农业－旅游资源开发－研究－中国 Ⅳ．①F592.68

中国国家版本馆 CIP 数据核字（2023）第 239476 号

农旅融合机制研究——基于长江经济带粮食主产区的分析

NONGLǙ RONGHE JIZHI YANJIU——JIYU CHANGJIANG JINGJIDAI LIANGSHI ZHUCHANQU DE FENXI

方世敏 著

责任编辑：张宝香
封面设计：李 平
出版发行：湘潭大学出版社
社 址：湖南省湘潭大学工程训练大楼
电 话：0731-58298960 0731-58298966（传真）
邮 编：411105
网 址：http://press.xtu.edu.cn/
印 刷：长沙印通印刷有限公司
经 销：湖南省新华书店
开 本：710 mm×1000 mm 1/16
印 张：17.25
字 数：290 千字
版 次：2023 年 10 月第 1 版
印 次：2023 年 10 月第 1 次印刷
书 号：ISBN 978-7-5687-1309-2
定 价：68.00 元